U0930272

本格拉铁路施工与管理实务

Construção e Gestão do Caminho de Ferro de Benguela

邓　勇　刘　峰　吴应明　陈　磊　编著

中国铁道出版社

2017年·北　京

内 容 简 介

本书系统总结了由中铁二十局集团有限公司总承包建设，完全采用“中国标准”建成的最长铁路——安哥拉本格拉铁路，是一本关于海外铁路建设的技术、管理专著。本书共分4篇，第一篇项目管理篇，是针对工程规模大、安全风险高、语言交流不便等特点的海外项目，如何做好项目管理工作进行了较为全面的总结；第二篇技术管理篇，是讲述从技术管理上解决海外地域、气候、文化等方面对工程的影响；第三篇物资设备管理篇，是综合海外项目运输距离远、交通运输不便、物资匮乏等现象，多方面总结了物资设备问题的解决思路和措施；第四篇人员管理篇，是立身海外、探求发展，从人员管理和属地化推进等方面进行了分析和思考。

本书结合海外项目的特点，系统的阐述安哥拉本格拉铁路建设过程中的经验，为以后类似项目的建设提供一定的借鉴作用，可供从事海外铁路建设的工程技术人员和管理人员阅读和参考。

图书在版编目（CIP）数据

本格拉铁路施工与管理实务/邓勇等编著．—北京：中国铁道出版社，2017.11

ISBN 978-7-113-23912-1

Ⅰ.①本… Ⅱ.①邓… Ⅲ.①铁路工程-工程施工-施工管理-文集 Ⅳ.①U215.1-53

中国版本图书馆CIP数据核字（2017）第255194号

书　　名： 本格拉铁路施工与管理实务

作　　者： 邓　勇　刘　峰　吴应明　陈　磊

策划编辑： 江新锡　张卫晓

责任编辑： 黎　琳　　**编辑部电话：** 010-51873065　　**电子邮箱：** lightlilly@163.com

封面设计： 郑春鹏

责任校对： 焦桂荣

责任印制： 高春晓

出版发行： 中国铁道出版社（100054，北京市西城区右安门西街8号）

网　　址： http://www.tdpress.com

印　　刷： 中煤（北京）印务有限公司

版　　次： 2017年11月第1版　　2017年11月第1次印刷

开　　本： 787 mm×1 092 mm　1/16　印张：13.5　字数：307千

书　　号： ISBN 978-7-113-23912-1

定　　价： 120.00元

序

中铁二十局集团公司海外经营始于尼日尔，成名于安哥拉。

2004 年以来，在中国铁建股份公司“走出去”战略的指引下，中铁二十局集团公司承建了全长 1 344 公里的本格拉和全长 449 公里的罗安达铁路。本格拉铁路是中国企业本世纪海外一次性建成最长的铁路，也是中铁二十局以设计—采购—施工模式承建的最大海外项目，被李克强总理赞誉为是“中国铁路、中国铁路标准输出去”的代表。

在安哥拉铁路建设期间，有超过 5 000 位中国员工深入南部非洲的原始丛林、荒漠隔壁，直面地雷、疾病等严重危险，并先后经历了业主身份三次变更、两次信任危机、一次政权更迭，发展从“借船出海”到“自主掌舵”。在全球金融危机、社会治安恶化、各种风险不断加大等纷繁复杂的挑战面前，中铁二十局海外项目管理团队不负重托，不辱使命，在海外“赶考”中成绩优异。不仅出色地完成了铁路建设，推动了“中国标准”、“中国技术”在非洲落地，展现了“中国力量”，发出了“中国声音”，还在安哥拉创立、树立并叫响了 CR20 的品牌，实现滚动发展，让海外经营成为中铁二十局靓丽的名片。

中铁二十局集团公司董事长、党委书记邓勇，总经理陈宏伟及历任领导余文忠、况勇、周富、姜永军、雷升祥、赵国旗等都对安哥拉工程给予了高度关注，多次亲临安哥拉拜访客户、指导工作、看望慰问员工，做出了许多高瞻远瞩的战略决策。尤其是原董事长余文忠，对该项目的落地、建设起到了关键作用，实现了安哥拉市场“从零到一、从无到有”的转变。正是在中国铁建股份公司的正确领导下，在历届集团公司领导的关心、关注、指导下，安哥拉工程的管理水平、施工标准、利润创收、员工生活等不断迈上新台阶，成为海外乃至国内的示范性、标志性、样板工程。

习近平总书记在深情回顾和总结艰苦生活的收获时说,“七年上山下乡一是懂得了什么叫实际,二是培养了自信心”。这也道出了中铁二十局集团公司“走出去”的内涵和真谛。参与安哥拉铁路工程建设,是中铁二十局首次真正接触海外项目管理,克服了海外工作零起点、零经验困难,抓住机遇弯道超车,实现了单纯施工向全面发展的华丽转身;通过超大规模项目的管理与组织,积累了海外经营、项目管理弥足珍贵的经验,鼓足了迎接更大挑战的底气和信心,也在全集团形成了“没有海外发展就没有美好未来”的CR20共识。

本格拉铁路已于2017年7月进行了全面交付运营。在此之际,中铁二十局集团公司组织编撰《本格拉铁路施工与管理实务》一书,旨在总结经验、铭记历史、启迪未来。书成之际,应创作全体同志们的要求,我写下了上面的话。

邓恩

2017年10月于西安

EMPRESA DO CAMINHO DE FERRO DE BENGUELA – E.P.

À

CHINA RAILWAY 20 BUREAU
GROUP CORPORATION (CR20)
COMANDO GERAL EM ANGOLA
LUANDA

Sua Referência	Data S/Comunicação	Nossa Referência	Data
		Nº 873/CA-E	27/Março/2017

Assunto: **EXECUÇÃO DAS OBRAS DE REABILITAÇÃO DO CFB**

Excelências,

O CAMINHO DE FERRO DE BENGUELA-E.P (CFB-EP) vem pela presente manifestar confiança pelo trabalho realizado, até ao momento, pela CHINA RAILWAY 20 BUREAU GROUP CORPORATION (CR-20), no âmbito das obras de Reabilitação e Modernização das Infra-estruturas, tendo a destacar os resultados alcançados na conclusão do troço LOBITO-LUAU, cujo a entrega provisória foi bom sucesso.

Queremos ainda ressaltar, a qualidade das obras e o cumprimento dos prazos estabelecidos, bem como o relacionamento de cordialidade e seriedade entre as nossas Empresa.

Nesta conformidade, reiteramos votos de grande sucesso na conclusão total da obra prevista para o próximo ano de 2017, dando cumprimento ao Contrato assinado entre o Governo de Angola e a CR-20.

Sem outro assunto de momento, subscrevo-me.

De V.Excias
Com toda a consideração
O presidente do Conselho de Administração

CAMINHO DE FERRO DE BENGUELA - E.P.

Dr. José Carlos Gomes

鉴于中铁二十局集团有限公司在本格拉铁路大修工程和基础设施的现代化建设完成的工作，本格拉铁路局特此表彰中铁二十局集团有限公司是可信赖的合作伙伴。同时在洛比托至卢奥各段的竣工验交工作也取得了非常优异的成绩。由中铁二十局集团有限公司负责施工的本格拉铁路大修工程施工质量合格，施工工期可控，各方面工作都完成的很出色，因此中铁二十局集团有限公司与我局之间建立了真诚友好的重要合作关系。

Cabinda
卡宾达
马塔迪
Mbanza Congo
姆班扎刚果
扎伊尔省
ZAIRE
威热省
UIGE
Uige
威热
卡南加
刚果民主共和国
REPUBLICA
DEMOCRATICA
DO CONGO
卢卡帕
Lucapa
北隆达省
LUNDA NORTE
罗安达
LUANDA
卡希托
Caxito
KWANZA
NORTE
北宽扎省
LUANDA
罗安达省
BENGO
本戈省
Ndalatando
恩达拉坦多
Malanje
马兰热
绍里木
Saurimo
南宽扎省
KWANZA
SUL
马兰热省
MALANJE
LUNDA SUL
南隆达省
科卢韦齐
OCEANO
孙贝
Sumbe
大西洋
ATLANTICO
本格拉铁路
卢埃纳
Lwena
HUAMBO
Kuito
奎托
本格拉
Benguela
BENGUELA
Huambo
万博
比耶省
BIE
索卢韦齐
莫希科省
MOXICO
威拉省
HUILA
梅农盖
Menongue
赞比亚
ZAMBIA
Namibe
纳米贝
Lubango
卢班戈
库内内省
KUNENE
宽多-库邦戈省
KWANDO KUVANGO
卢萨卡
NAMIBE
纳米贝省
翁吉瓦
Ondjiva
温得和克
纳米比亚
NAMIBIA
博茨瓦纳
BOTSWANA

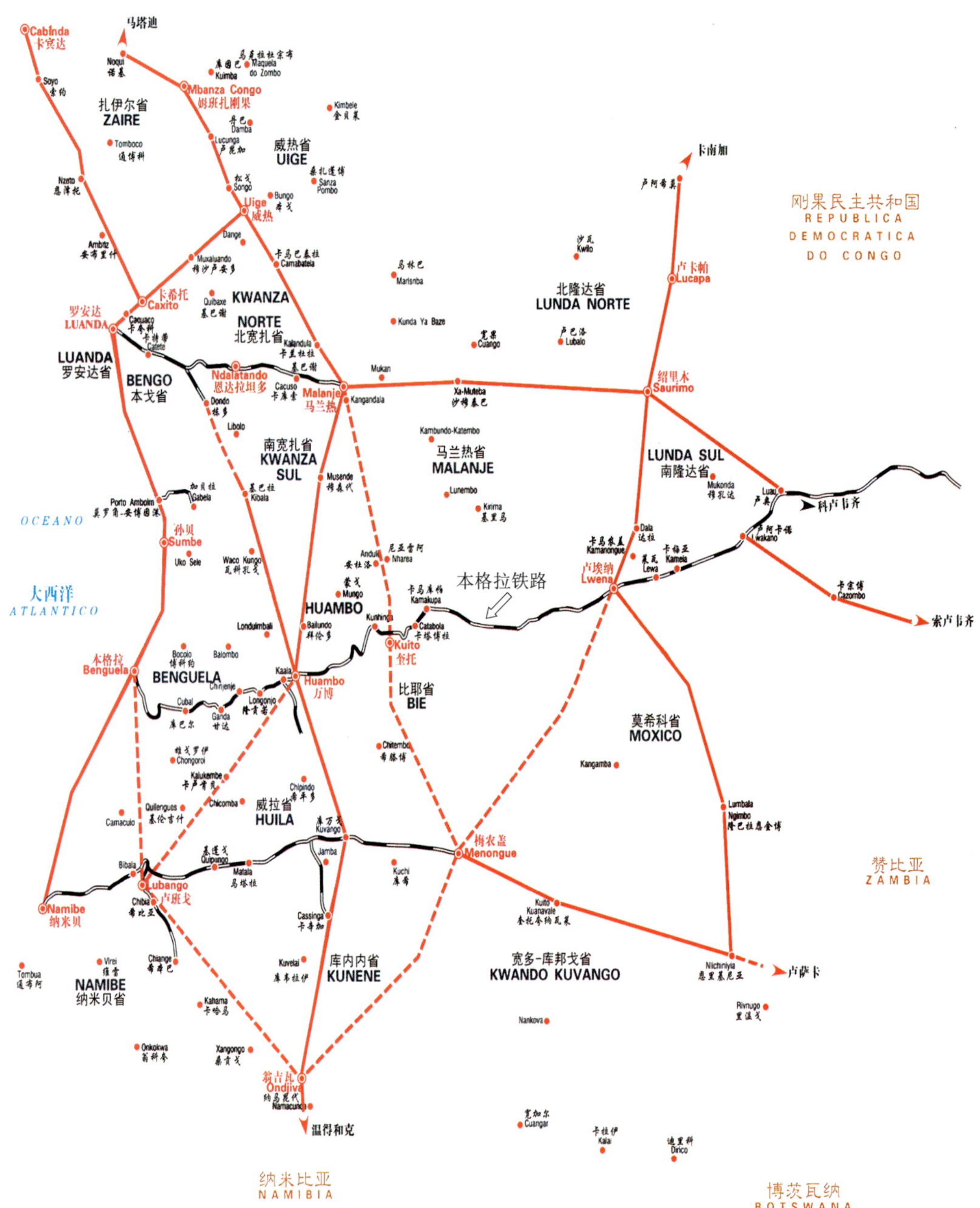

本格拉铁路线路示意图

本格拉铁路车站布置示意图

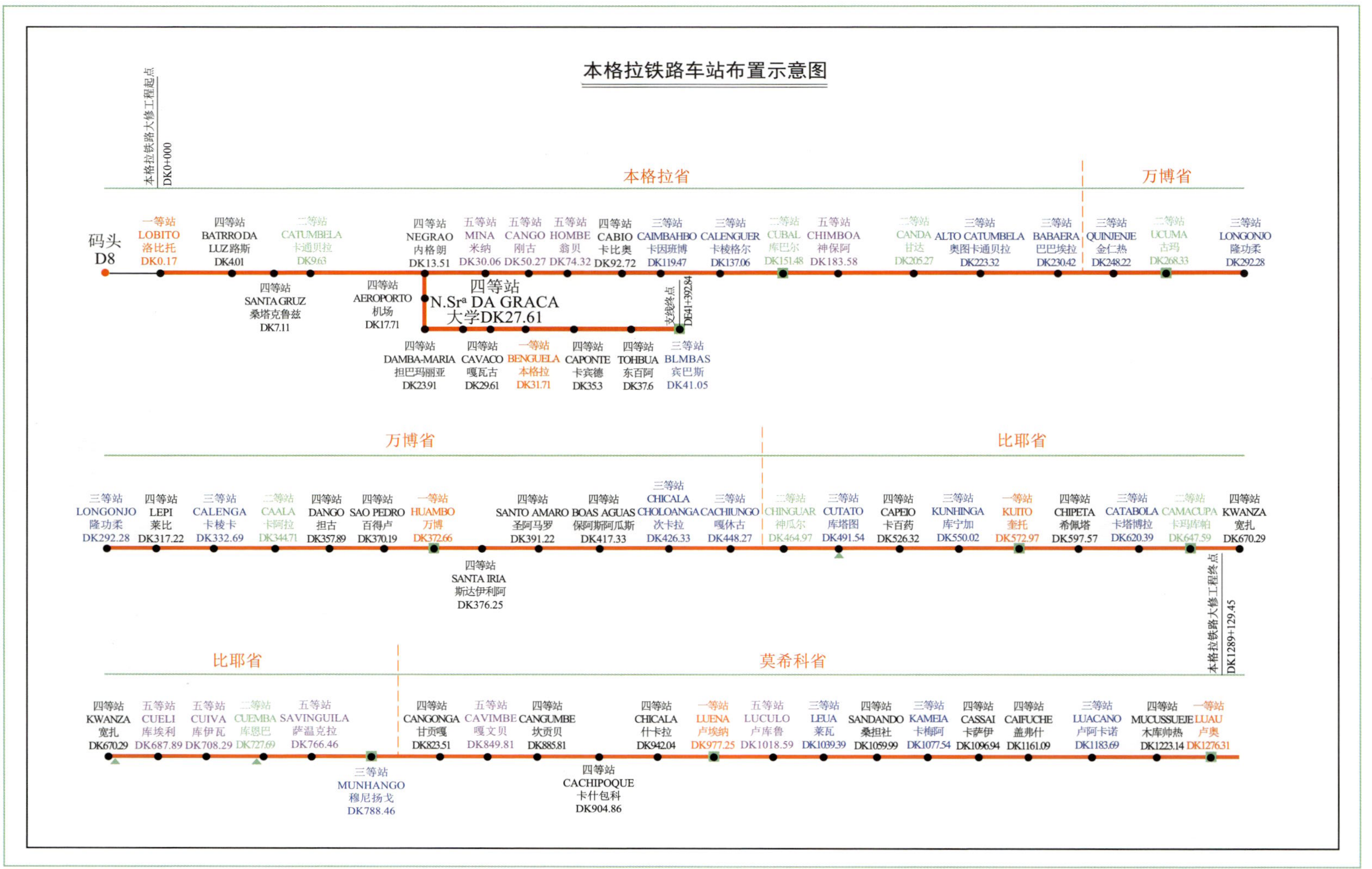

中铁二十局集团有限公司董事长邓勇与科佩利帕将军洽谈商务

O PCA da CR20 Sr. Deng Yong realiza uma conversa comercial com o General Sr. Kopelipa

中铁二十局集团有限公司董事长邓勇与安哥拉青年与体育部部长合影留念

O PCA da CR20 Sr. Deng Yong e o ministro da Juventude e Desportos

中铁二十局集团有限公司董事长邓勇与本格拉铁路局董事长合影

O PCA da CR20 Sr. Deng Yong e o Presidente de CFB Sr. José Carlos Gomes

中铁二十局集团有限公司总经理陈宏伟检查物流中心

O Director Geral da CR20 Sr. Chen Hongwei inspecciona o Centro de Logística

中铁二十局集团有限公司总经理助理刘峰与安哥拉总统亲切交谈

O Assistente do Diretor Geral da CR20 Sr. Liu Feng conversa com o Presidente de Angola

安哥拉总统及国家政要视察本格拉铁路

OPresidente de Angola e os dignitários políticos inspeccionam o CFB

中国铁建股份有限公司总裁庄尚标与安哥拉交通部长合影
O Presidente da CRCC Sr. Zhuang Shangbiao e o ministro dos Transportes

中国铁建股份有限公司总工程师雷升祥视察本格拉铁路洛比托车站
O Engenheiro chefe Sr. Lei Shengxiang da CRCC inspeciona a Estação de Lobito do CFB

中国铁建股份有限公司原总裁赵广发视察本格拉铁路建设情况
O Ex-Presidente da CRCC Sr. Zhao Guangfa inspecciona a construção do CFB

安哥拉交通部部长视察本格拉铁路

O ministro dos Transportes inspeciona o CFB

安哥拉莫希科省省长与中铁二十局集团有限公司员工亲切交谈

O Governador de Moxico e os trabalhadores da CR20 conversam com carinho

中铁二十局集团有限公司董事长邓勇与安哥拉航空和机场建设国有公司董事长会谈

O PCA da CR20 Sr. Deng Yong conversa com o PCA da Enana

中国驻安哥拉大使崔爱民到本格拉铁路慰问中安员工
O Embaixador da China em Angola Sr. Cui Aimin visita os trabalhadores chineses e angolanos

安哥拉总统会见中铁二十局集团有限公司原董事长余文忠
O Presidente de Angola recebe o ex-PCA da CR20 Sr. Yu Wenzhong

中铁二十局集团有限公司原董事长周富视察卢奥机场建设情况
O Ex-PCA da CR20 Sr. Zhou Fu inspeciona a situação de construção do Novo Aeroporto de Luau

中铁二十局集团有限公司原总经理姜永军与安哥拉交通部长亲切握手
O ex-Diretor Geral Sr. Jiang Yongjun da CR20 e o ministro dos Transportes apertam as mãos com carinho

安哥拉国际有限责任公司陈磊陪同安哥拉国家政要视察本格拉铁路
Sr. Chen Leida CR20 acompanha os dignitários políticos de Angola para a inspeção do CFB

本格拉铁路全线通车三国总统参加庆典
Os presidentes dos 3 Paises participam na inauguração de circulação do CFB

洛比托车站掠影
Estação do Lobito

万博车站站场掠影
Estação do Huambo

卢埃纳车站站场掠影
Estação da Luena

轨排厂施工掠影
Construção da fábrica de carril

道砟厂施工掠影
Construção da fábrica de balastro

桥梁施工掠影
Construção de ponte

本格拉铁路线路掠影
Caminho de Ferro de Benguela

大养机施工
Execução de trabalhos com acatadeita

轨排运输
Transportedos carris

安籍员工轨排组装作业
Trabalhadores angolanos fazem montagem de trilhos ferroviários

中安员工机械铺轨作业合影
Trabalhadores chineses e angolanos da turma de montagem mecanica de trilhos

对安籍员工进行通信电缆接续培训
Formação de conexão de cabo de comunicação aos trabalhadores angolanos

本格拉铁路竣工验收
Inspeçãopara receção do CFB

本格拉铁路移交签字
Cerimônia de entrega do CFB

安籍员工在中铁二十局集团有限公司座谈会现场
Trabalhadores angolanos estão no simpósio na CR20

中铁二十局集团有限公司董事长邓勇与安籍员工合影留念

O PCA Sr. Deng Yong da CR20 tirou uma foto memorável com os trabalhadores angolanos

安籍员工在中铁二十局集团机械公司车间参观

Trabalhadores angolanos visitam a oficina da Empresa de Máquinas de Engenharia da CR20

前　言

Prefácio

本格拉铁路位于安哥拉共和国中部，西起大西洋沿岸的洛比托港，途经万博(HUAMBO)、比耶(BIE)、卢埃纳(LUENA)等中心城市，东至刚果边境，穿越本格拉、万博、比耶、莫希科四个行政省，在卢奥市与刚果(金)铁路接轨，正线全长 1 344 km，是安哥拉三条铁路主干线之一。本格拉铁路是中铁二十局集团有限公司建设的最大的海外铁路项目。

O Caminho de Ferro de Benguela encontra-se no centro da República de Angola, o ponto de partida oeste é a cidade de Lobito que fica na costa atlântica, percorre as províncias de Benguela, Huambo, Bié e Moxico, passa pelas cidades Huambo, bié e Luena, o final até chega *à* fronteira com a República Democr*á*tica de Congo, liga o Caminho de Ferro de Congo na cidade fronteiriça Luau, tem a extensão de 1 344 km na linha principal, é uma das três linhas ferrovi*á*rias principais em Angola. O Caminho de Ferro de Benguela é o maior projeto ferroviário construída pela nossa empresa a CR20 no exterior.

本格拉铁路为 EPC 设计施工总承包项目，采用中国标准进行设计，2006 年开始进行建设。项目为战后重建项目，地处西非地区，具有非洲草原的气候特点，地雷多、疾病多、工程规模大、物资极度匮乏、战线特别长、分段开通的节点时间紧张，曾被一些西方国家认为是不可能完成的任务。

O Caminho de Ferro de Benguela é um EPC projeto de contratação geral, utiliza-se os padrões chineses para desenhar, iniciou-se a construção em 2006. Este projeto é de reconstrução pós-guerra, localiza-se na África ocidental, est*á* com as características do clima de pastagem africana, ali*á*s existem muitos obst*á*culos: muitas minas terrestres e doenças, projeto em larga escala, materiais são extremamente escassos, a linha de construção é particularmente longa, o tempo de início de funcionamento segmentado é apertado, era considerado como " missão impossível" pelos países ocidentais.

中铁二十局集团有限公司举全局之力进行了本格拉铁路的建设,先后有一、二、三、四、五、六、电务、物资公司、机械厂、国际公司计 3 000 多名员工参与过本铁项目的建设。该项目的顺利完成不仅给集团公司创造了效益,带动了职工就业,更是为集团公司走出去、培养海外人才,树立海外品牌起到示范效应。

A CR20 levava todo o entusiasmo e esforço para construir o Caminho de Ferro de Benguela, tiveram os participantes como: Companhia 1ª ,Companhia 2ª, Companhia 3ª, Companhia 4ª, Companhia 5ª, Companhia 6ª, companhia do serviço elétrico, companhia logistica, fábrica de máquina, companhia internacional, total foram 3 000 empregados que participaram no construção do Caminho de Ferro de Benguela. Neste projeto foi concluído com sucesso, não só criou os benefícios à CR20 e liderou os emprego dos trabalhadores, e támbem é um efeito de demostração para a CR20 irá ao mundo, formação os talentos no estrageiro, e estabelecimento a marca no estrageiro.

在项目建设的过程中广大员工积累了一些海外大型项目的施工特点和管理经验,本书主要从海外大型项目的特点出发,对技术、管理、物资设备保障、人员管理等方面进行了总结回顾和分析。希望该书的出版能对今后的海外项目有一些启发和借鉴作用。

Durante a construção, os nosso empregados resumem características de construção e experiências de gerenciamento do projecto grande no exterior, com base nas características, este livro faz revisão e analiza os aspectos: tecnologia, gestão, garantia de materiais e equipamentos, gestão de pessoal, etc. Espera que este livro possa iluminar e dar algumas referências para os projectos posteriores no exterior.

本书由中铁二十局集团有限公司邓勇策划、指导,邓勇、刘峰、吴应明、陈磊、宋荣军组织编撰,刘峰、吴应明、陈磊、马军峰、胡春涛、张峰、钱大桐、刘志、张永轩、张延成、张卫党、孙印义、朱峻宏、段志华、文波、刘全胜、岳宗显参与编审工作。感谢历任领导对本书的编写做出明确的指导;感谢集团公司各业务部门、各单位对本格拉铁路的关心;感谢提供总结资料的中安人员和编制人员的总结。

Este livro é planeado e guiado pelo Deng Yong da China Railway 20th Bureau Group, Deng Yong, Liu Feng, Wu Yingming, Chen Lei, Song Rongjun organizam a elaborar, Liu Feng, Wu Yingming, Chen Lei, Ma Junfeng, Hu Chuntao, Zhang Feng, Qian Datong, Liu Zhi, Zhang Yongxuan, Zhang Yancheng, Zhang Weidang, Sun Yinyi, Zhu Junhong, Duan Zhihua, Wen Bo, Liu Quansheng, Yue Zongxian participam a redação e revisão. Agradeçamos bastante as orientações por chefes; agradeçamos as atenções dos departamentos e empresas da CR20; agradeçamos os trabalhos e resumos dos trabalhadores chineses e angolanos, e tradutores.

由于海外可探索的领域多,可涉及的范围广,本项目的经历只是海外项目建设中的一点经验,水平有限,不足之处敬请批评指正。

Por causa que existem muitas áreas que podem ser explorada, existem muitos âmbitos que podem ser desenvolvido. A experiência deste projeto é apenas uma pequena experiênia na construção de projeto estrangeiros, poderia ser criticado e corrigido qualquer conteúdo incorreto.

编者

Editor

二〇一七年十月

Outubro, 2017

目 录

Índice

项目管理篇

Gestão de Projeto

安哥拉市场经营分析与探讨…………………………………………………………… 邓　勇(003)
Análise e Discussão de Marketing em Angola ……………………………… Deng Yong

海外 **EPC** 项目的设计管理 ……………………………………………………… 钱大桐(007)
Gestão de desenho do projecto EPC no estrangeiro ………………………… Qian Datong

浅谈"成本十利润分成"管理模式在本铁项目中的成功运用………………… 张延成(011)
Sobre o modo de gestão de "Custo+Partilha de Lucros" aplicação bem sucedido no projrcto de Caminho de Ferro de Benguela ……………………………… Zhang Yancheng

浅谈本格拉铁路项目的成本控制措施……………………………………………… 闫　军(015)
Sobre as Medidas de Controle de Custos do Projeto de Caminho de Ferro de Benguela ……………………………………………………………………………… Yan Jun

如何做好本格拉铁路的医疗卫生保障工作………………………………………… 李晓伦(019)
Como faz boas trabalhos de médico ao Caminho de Ferro de Benguela …… Li Xiaolun

本格拉铁路临管期间行车调度管理……………………………… 段志华　肖仲贺(023)
Gestão de controle circulação no prazo de gestão provisória o Caminho de Ferro de Benguela …………………………………………… Duan Zhihua e Xiao Zhonghe

如何提高海外项目管理……………………………………………………………… 张永轩(028)
Como melhorar o gestão de projeto de estrangeiro …………………… Zhang Yongxuan

海外项目风险的预控……………………………………………… 胡春涛　梁钲浩(034)
Pré-controle de risco de projeto de estrangeiro ………… Hu Chuntao e Liang Zhenghao

发挥党建优势、助推项目发展 …………………………………………… 张永轩(038)
Utilizar vantagens da construção do partido, promover o desenvolvimento de projecto …………………………………………………………………… Zhang Yongxuan

浅谈本格拉铁路安全风险预防及控制……………………………………… 马　军(041)
Sobre Prevenção e controle do risco de segurança do Caminho de Ferro de Benguela …………………………………………………………………………… Ma Jun

本格拉铁路常见的质量风险及管理…………………………… 谢小丁　李彦澎(045)
Riscos de qualidade e gestão comuns de Caminho de Ferro de Benguela
…………………………………………………………… Xie Xiaoding e Li Yanpeng

非洲草原雨季施工组织安排…………………………………………… 梁钲浩(049)
Arranjos de construção das pastagens africanas na estação das chuvas
……………………………………………………………………… Liang Zhenghao

大型海外项目驻地建设与布局……………………………… 熊国明　朱　仙(057)
Construçaõ e distribuição de estaleiro de projecto grande estrangeiro
…………………………………………………………… Xiong Guoming e Zhu Xian

竣工移交工作的注意要点…………………………………… 刘　志　梁钲浩(062)
Os pontos de atenção da entrega da obra concluída ………… Liu Zhi e Liang Zhenghao

夯实党建基础工作,全面提升组织指挥能力 ………………………… 栾存营(066)
Fortalecer os trabalhos bãsicos de construção do partido, aumentar de forma abrangente a capacidade de organização e comando ……………… Luan Cunying

技术管理篇

Gestão Técnica

本格拉铁路项目道砟厂建设及生产…………………………… 朱　仙　牟鸿飞(073)
Construção e produção de Pedreira do projecto de Caminho de Ferro de Benguela
……………………………………………………………… Zhu Xian e Mou Hongfei

本格拉铁路特殊路基处理技术方案比选………………………………… 李彦澎(082)
Comparação os planos de técnico sobre tratamento da plataforma especial ao Caminho de Ferro de Benguela ……………………………… Li Yanpeng

热带草原气候条件下的附属物设计和施工………………… 杨金龙　刘春明(086)
Design e execução dos acessórios na condição de clima de Savana
………………………………………………………… Yang Jinlong e Liu Chunming

混凝土桥枕在 1 067 mm 轨距有砟桥面木枕改造中的应用 ……… 程凯书　胡春涛(093)
Utilização das travessas de betão de ponte ao tabuleiro com balastro de ponte com bitola 1 067 mm …………………………………… Cheng Kaishu e Hu Chuntao

本格拉铁路房建工程常见通病及解决方案……………………………………… 朱峻宏(100)
Assunto geral e solução sobre infra-estrutura ao Caminho de Ferro de Benguela ……………………………………………………………… Zhu Junhong

1 067 mm 轨距轨排设计及钉联技术 ……………………………………… 田殿军(103)
Os desenhos de filas dos carris com bitola 1 067 mm e técnico de junta com os rebites ……………………………………………………………… Tian Dianjun

本格拉铁路项目轨枕生产基地的设置和轨枕生产………………… 孙印义　袁辰浩(110)
Colocação os estaleiros de travessas de produção e porduzir travessas ……………………………………………………… Sun Yinyi e Yuan Chenhao

本格拉铁路长途光电缆敷设经验总结……………………………………… 郭彦江(122)
Resumo as experiências de colocação os cabos óptico de longa distância ao Caminho de Ferro de Benguela ……………………………………………… Guo Yanjiang

关于长大干线通信设备调试的组织…………………………… 张卫党　郭彦江(126)
Organização de teste os equipamentos de comunicação da linha largo ………………………………………………… Zhang Weidang e Guo Yanjiang

本格拉铁路信号设备联锁试验…………………………………… 刘向斐　丁鹏飞(133)
Ensaio de interbloqueio os equipamentos de sinalização do Caminho de Ferro de Benguela ……………………………………… Liu Xiangfei e Ding Pengfei

本格拉铁路供电系统解析………………………………………………… 张君明(136)
Análise o sistema de alimentação de electricidade do Caminho de Ferro de Benguela ……………………………………………………………… Zhang Junming

物资设备管理篇

Gestão dos Equipamentos e Materiais

海外项目的物资设备采购管理流程……………………………………………… 张　振(141)
Processo de gerenciamento e compras dos materiais e equipamentos do projeto no exterior …………………………………………………………… Zhang Zhen

关于海外项目清关工作的探讨……………………………………………………… 刘　凯(145)
Discussão sobre desembaraço alfandegário dos projectos no exterior ………… Liu Kai

大型海外项目的物流管理…………………………………………………… 文　波　葛　亮(149)
Gestão de logística para grandes projetos no exterior ……………… Wen Bo e Ge Liang

现场物资的运输与管理……………………………………………………… 周晓东　张　振(154)
Transporte e gestão de materiais no local ……………… Zhou Xiaodong e Zhang Zhen

浅谈本格拉铁路项目设备的维修与保养…………………………… 马国伟　王　闯(158)
Visão sobre a manutenção e reparação dos equipamentos do projeto Caminho
de Ferro de Benguela ……………………………………………… Ma Guowei e Wang Chuang

本格拉铁路大修工程线上设备运用与检修……………………………………… 王建军(164)
Uso e manutenção dos equipamentos da linha de construçaõ do Caminho
de Ferro de Benguela ……………………………………………………… Wang Jianjun

人员管理篇

Gestão dos Empregados

海外生产管理人员上场程序的探讨……………………………………………… 王全义(171)
Discussão sobre formação da equipe de trabalhadores de gerenciamento
e produção no exterior ……………………………………………………… Wang Quanyi

海外项目员工属地化管理探讨…………………………………………… 张　峰　梁钲浩(175)
Discussão sobre gerenciamento localizado dos empregados nos projectos
exteriores ……………………………………………… Zhang Feng e Liang Zhenghao

海外工程如何处理社区关系……………………………………………… 梁　健　刘全胜(179)
Como os projetos no exterior tratam as relações com a comunidade
……………………………………………………………… Liang Jian e Liu Quansheng

浅谈海外员工"职工之家"建设……………………………………………… 王书善(182)
Sobre a construção de "casa dos trabalhadores" no estrangeiro ……… Wang Shushan

员 工 寄 言……………………………………………………………………… (186)

后　　记……………………………………………………………………… (187)

项目管理篇

Gestão de Projeto

安哥拉市场经营分析与探讨

Análise e Discussão de Marketing em Angola

（邓　勇）

(Deng Yong)

【摘　要】 随着国家“走出去”战略、“一带一路”倡议的实施，近年来，国内、外建筑企业不断地涌入安哥拉市场寻求发展，建筑市场竞争日趋激烈。如何在安哥拉做好市场经营，实现可持续发展是每一个在安哥拉企业面临的问题，本文客观的对安哥拉市场进行了分析，提出了在安的市场经营定位和国企在安哥拉发展需着重注意和解决的问题，对在安哥拉的企业具有一定的指导意义。

【Resumo】 Com a execução da estratégia “Ir globalmente” e da iniciativa “Um Cinturão e Uma Rota” da China, nos últimos anos, as empresas chinesas e estrangeiras investem o mercado de Angola constantemente, a competição no mercado de construção está cada vez mais intensa. Como fazer Marketing com sucesso em Angola, e alcançar o desenvolvimento sustentável são as questões de que cada empresa em Angola tem que enfrentar, este artigo faz uma análise objetiva do mercado angolano, propõe o posicionamento de Mercado, e as precauções e problemas que as empresas estatais da China têm que prestar mais atenção dutante o desenvolvimento, faz orientação para as empresas em Angola.

【关键词】 安哥拉　建筑市场　定位　经营　可持续发展

【Palavra-chave】 Angola　Mercado de construão　Posicionamento　Marketing　Desenvolvimento sustentável

1 前　　言

安哥拉建筑市场处于快速发展阶段，是央企走出去的一个重要市场。近年来，中铁二十局集团有限公司陆续在安哥拉承建了罗安达铁路、本格拉铁路、卢奥新机场、罗安达市政道路、体育馆、住宅小区等基建工程，在安哥拉建筑市场中扮演着重要的角色。如何保持良性的可持续发展，是当前要思考的问题。针对安哥拉不断变化的建筑市场，认清形势，量体裁衣，苦练内功，首先解决安哥拉市场经营定位，总结以往市场经营方面的注意问题，提升和培育新的企业核心竞争力，实现企业“走出去、走进去、走上去”的海外经营目标。

2 安哥拉市场分析

根据市场的调查研究和最新召开的一系列会议，基本可以判定安哥拉的市场有潜力、有后劲、有空间，大有可为。在风险管控到位的情况下，安哥拉市场完全可以进一步深入开拓。

第十九届非盟首脑峰会提出了《非洲基础设施发展规划》，为非洲振兴基础设施描绘了宏伟蓝图，其中近期发展目标包括51个贯穿非洲大陆的公路网、铁路网、通信网和水利网等重大项目，基础设施建设成为非洲首要议题。在非洲基建工程市场发展历程中，交通运输和能源电力两个行业牢牢占据了市场绝对比例，而我国政府不断加大对非政策倾斜力度，从融资渠道、技术支持、产业布局等多方面加大对非的软、硬件投入，截止目前安哥拉是中国第三大投资目的国，为安哥拉基建和工程市场的繁荣注入了新的发展动力。

2.1 政局较为稳定，与主要大国关系良好

2002年结束了长达30年的内战，安人运成为一党独大的执政党，2017年议会选举，安人运以绝对优势继续成为执政党，执政业绩突出，可以确保掌控国家的稳定。安哥拉现正谋求成为主导地区的政治经济大国，与美国、俄罗斯、欧盟等主要大国及组织保持良好关系。与中国关系逐渐密切，1983年1月12日中安建交，友好关系持续发展，2006年以来双方高层互访频繁，2010年11月两国建立战略伙伴关系。安哥拉不断获得中国政府的援助贷款，同时，中国将增加安哥拉石油进口，双方关系进一步深入。

2.2 自然条件好，资源丰富

安哥拉位于非洲西南部，北邻刚果(金)，东接赞比亚，南连纳米比亚，西濒大西洋，面积124.6平方公里，与中国西藏面积相当，拥有长达1 650公里的黄金海岸线和罗安达、洛比托等深水良港。无严寒酷暑，四季气温差别不大，人口约2 400万。安哥拉盛产石油和钻石，初步探明的石油储量有137亿桶，钻石有近3.7亿克拉，现日产石油约160万桶，年产钻石700万克拉。森林、水利、海洋、沃土等农林牧业资源十分可观，矿产资源也十分丰富，储量大品位高的矿产主要有铁、磷酸盐、铜、锰、大理石及花岗岩等。由于石油等矿产资源丰富且大量出口，安哥拉外贸逆差将会得到平衡，具有发展经济基础和外债偿还能力。

2.3 经济发展良好，具备一定的潜力

近年来，安哥拉是非洲经济增长速度最快的国家之一，国家恢复重建和新建的基础设施规模巨大，建筑市场呈现相当活力，外国企业大规模进入，经济一片繁荣景象。

2.4 中资企业积极参与安哥拉建筑市场

安哥拉是中国在非洲重要的工程承包市场之一。中国企业积极参与安哥拉国家重建，在安开展工程承包项目的公司较多，涉及安农业、卫生、电力、公共工程、港口、码头、公路、铁路、住房、通信、渔业等多个部门和行业。

2.5 安哥拉对铁路网、公路网等基础设施建设及住房保障等民生工程提出发展规划

根据安哥拉铁路规划，未来将形成三纵三横格局，新建铁路总里程将达到8 000公里以上，总投资将达到500亿美元。安哥拉全国公路网全长约73 000公里，长度为非洲之最，全部建成需要大量投资。且已建成公路普遍是两车道，在首都罗安达堵车更为严重，随着车流量增大，改扩建将是发展趋势。

3 安哥拉市场变化分析

（1）规则逐步形成、市场不断规范、竞争也在加剧。东方的、西方的，央企的、民营的，大量涌入，市场机制逐步形成，竞争加剧，格局正在改变。

（2）民营企业比中央企业发展步伐更快。民营企业的机制更灵活，决策效率更高，大的投资项目快速地展开。

（3）我们与市场的融合急待提升。要适应竞争的新格局，创新思维和模式，报价、设计、税务、账套等必须尽快学会与国际接轨。

（4）商业的机会仍然很多。任何时候都存在商业机会，但机遇和风险并存，需要做深度的研究，科学的决策，让专业人员干专业的事，做低端是没有前景，必须从中高端切入市场。

4 安哥拉发展定位

企业在安哥拉的发展定位需结合自身优势来进行策划，中铁二十局集团有限公司总体发展思路是：紧密依托现有资源，立足市场，突出特色，创新思路，控制风险，优先发展工程承包业务板块，巩固铁路市场，开拓公路、市政、房屋建筑、环保、水利水电、电力等工程市场；加快发展物流贸易和机械维修、加工制造板块；探索农、林、牧、渔等产业开发。企业坚持“走出去”战略长期不动摇。

5 市场经营原则

（1）安哥拉海外市场经营要紧跟“一带一路”战略，不断密切保持与中国铁路总公司国际公司、中国土木工程集团有限公司等外经单位的联系，要善于借势。

（2）施工企业要加强与政府部门的合作，通过加强与政府部门的沟通和交流，参与政府部门组织的各种活动，获取目标市场的基本信息，并谋求政府在法律、安全等方面的支持和保护。以“真拜佛，拜真佛，取真经”的理念来搞经营，找准业主、跟定业主，善于创造条件，从前期规划、策划开始，树立企业品牌，先入为主，先声夺人。

（3）坚持资源优先。资源永远是短缺的，对土地、能源等资源类项目，要高度重视，多渠道获取，形成别人不可比拟的竞争优势。

（4）坚持效益优先。项目前期做好成本测算，赔本买卖不干，干项目是要“创誉创效”，始终以资金管理为红线，要突出效率第一，不做赔本的买卖。

（5）坚持风险预控的原则。海外风险与机遇并存，企业在安哥拉发展还将面临政治、支付、金融、市场、社会、健康、安全、税务、法律等一系列风险，需要准确把握政策，管控到位。

（6）确保项目建设质量的原则。中国政府历来高度重视在非洲援建的基础设施项目质量。通过多年精心打造，企业以高效的施工速度和优良的项目质量，在安哥拉赢得了良好的声誉。

（7）保证项目可持续运行，基础设施项目竣工后，坚持通过开展技术合作和人力资源培训等方式，帮助当地安哥拉提高对项目的使用管理能力，确保项目持续稳定运行，树立企业品牌。

(8)坚持履行社会责任，企业通过承担实施援助基础设施项目，积极在所在地从事力所能及、惠及民众的公益事业，积极融入当地社会，从而建立长期、稳定、和谐的合作关系。增强国家意识，忠诚、热爱企业，以祖国利益、企业利益为重，不辱国格、不失尊严。

6 市场经营中注意事项

(1)翻译与业务要相结合。经过培训和学习，管理人员必须掌握葡萄牙语，但同时还要精通业务，以便更好地在安哥拉开展工作。

(2)商贸工作中汇率的处理需要业务部门多研究、多思考，多借鉴成熟做法。

(3)市场逐渐规范，不再是战后的无序，要对标国际化大公司，对接国际化标准。学习先进的经验和做法、管理经验。最终实现以国际化的视野、国际化的思维、国际化的服务提升集团公司管理队伍的国际化能力和水平。

(4)坚持"以人才为本"的理念。拓展海外市场，人才是关键，要建立海外人才成长的渠道和体系，避免海外人才流失，完善休假制度，多教育和培养愿意立足海外事业的人才。研究当地法律以及政策法规，学习当地好的做法，做到取长补短，相得益彰。

(5)实施人才"本土化"战略。企业不仅要"走出去"，而且还要"走进去、走上去"，要让企业融入到当地的人文社会中去，做好市场定位的同时，做好企业宣传，通过品牌效应吸引使用一大批安哥拉当地人才，以降低风险和成本，在企业拓展各项业务中发挥积极的作用，做到真正的国际化。

(6)对内、对外诚信诚实，严格精细管理，要确保效益不流失。加强项目过程监控、财务检查、审计。

(7)对海外人员特别是做出成绩和贡献的人员要"高看一眼，厚爱三分"。

(8)加强党建思想工作，关注员工的身心健康。大家身处海外，远离祖国，独在异乡为异客，真正以人为本，在休假、轮岗、医疗卫生、生活保障、文化生活等方面真正体现出对员工的关怀，关注员工的心理变化和心理健康。

(9)必须要充分认识当前海外项目安全管理的复杂性，要进一步完善境外安全风险管理体系，完善境外安全管理制度，加大安全投入。

7 结 束 语

"走出去"是大型施工企业的必由之路，是必然选择，也是生存的选择。通过做好市场的分析研究和市场经营，使企业能"走进去、走上去"，保证可持续发展。只要施工企业深入了解市场变化，做好市场定位，提升市场经营水平，策略得当，并注意管控风险，必然可以迎来新的发展机遇。

邓勇(1969—)，男，教授级高工，硕士研究生毕业，1987 年 12 月参加工作。现任中铁二十局集团有限公司董事长、党委书记，从事行政管理与工程技术工作。

Deng Yong (1969—), Masculino, Engenheiro senior de nível Professor Catedrático, Mestrado, começou a trabalhar em Dezembro de 1987. No momento, assume o cargo de PCA da CR20, de secretário do partido, também é o responsável pelo gerenciamento administrativo e tecnologia da engenharia.

海外 EPC 项目的设计管理

Gestão de desenho do projecto EPC no estrangeiro

（钱大桐）

（Qian Datong）

【摘　要】 目前，海外工程项目广泛采用 EPC 承包模式（即设计、采购、施工总承包）。我单位也在积极探索如何做好 EPC 项目，而 EPC 项目中的设计管理对整个的方案和成本影响巨大，做好 EPC 项目的设计管理，才能做好 EPC 项目，本文结合安哥拉本格拉铁路的施工对 EPC 项目设计管理进行一个探讨，供以后类似项目借鉴。

【Resumo】 O momento presente, os porjetos da obra do estrangeiro amplo utilizado de modelo de EPC de empreitada（É desenhar, comparar, construir empreitada geral）. A CR20 também está a explorar ativamente como executar bem do projeto EPC, gestão de desenho tem grande influência os planos e os custos do projeto EPC, faz bem gestão de desenho do projeto EPC, então pode fazer bem o porjeto EPC. O artigo combinado com construção do Caminho de Ferro de Benguela, e apresenta o discussão sobre gestão de desenho do projeto EPC, e para que oferecer uma referência do porjeto similares do futuro.

【关键词】 海外工程　EPC 项目　设计　管理

【Palavra-chave】 Obra de estrangeiro　Projeto EPC　Desenho　Gestão

EPC 项目最重要的是在满足功能需要和技术要求的条件下尽可能的节约投资，EPC 项目的设计管理是整个项目管理中比较重要的一个环节，设计管理的好坏直接影响到使用功能和后期成本。

EPC 项目的设计管理主要贯穿前期、实施和后期三个阶段，各设计阶段由于设计任务、目的和要求不同，控制重点也有不同。在不同的阶段如何做好设计管理工作对施工的顺利推进和成本管理影响巨大。

1　项目设计情况介绍

1.1　项目简介

本格拉铁路目前是中国企业一次性建成线路最长的铁路项目，全长 1 344 km，由中铁二十局集团独家以 EPC 模式总承包。工程内容包含所有站前及站后工程，即路基、桥涵、轨道、通信、信号、电力、给排水、房屋、站场建筑及其他运营设施。铁路设计采用中国标准，物资装备全部从国内采购海运至安哥拉，设计速度 90 km/h，内燃机牵引，轨距

1 067 mm，最小曲线半径 150 m，50 kg/m 钢轨，9 号单开道岔。

1.2　设计标准

安哥拉原有铁路为葡萄牙人修建，标准为英国标准，采用钢轨枕、手扳道岔、30 轨无缝线路，行车速度不足 50 km/h。我们根据实地调查的情况，充分考虑本铁运量、运能并结合本铁初期安哥拉百废待兴，物资极度匮乏，没有任何工业生产能力现状，提出采用中国标准，使用国内常见的混凝土轨枕、50 kg/m 轨有缝线路进行本格拉铁路施工。此标准既能够保证满足非洲现状的功能要求，也可以保证施工质量和安全，促进项目快速有序的推进，同时确保了行车舒适性和行车速度，平均时速能达到 90 km/h，得到安哥拉本铁局的一致好评。

2　项目前期设计管理

前期主要是与国家铁路局沟通商定技术标准和功能需求，根据协商一致的标准和要求有针对性的展开设计并对设计方案进行审核。

(1)开展设计前，充分了解业主和管理承包商的意图。

(2)收集以往同类工程设计资料，对设计方案进行多方案比选。

(3)理解和把握关键技术标准，收集市场信息，了解当地实际的技术、经济水平，进行必要的现场踏勘(包括当地的历史、人文、气象、地理、市场、建筑现状、规范标准等等)。

(4)在方案比较和材料设备选用时，在满足业主的基本要求下必须注意技术与经济的有机结合。

(5)设计单位确定工程量单后，不能按国内定额来进行成本测定。不同国家发展水平和市场条件的不同，价格相差甚大，且同一国家不同地区，因环境条件的不同，价格水平也不一。因此，需根据国别条件、市场状况制定施工方案，根据计划投入的劳、材、机、周转材料、施工时间、关税等因素来测定成本。

通过这些措施的控制，通过技术比较、经济分析和效果评价等手段，力求在符合当地技术水平要求的前提下编制出合理的设计，在保证成本可控的情况下满足业主的期望(对工程既要求安全运行和合理寿命又追求最佳投资效益)。

3　实施阶段设计管理

对于国际大型 EPC 项目，总承包方作为牵头单位，对设计需把握主动权。本铁线设计单位完成初步设计和流程图完成后，先由总包单位(中铁二十局集团)审核，审核通过后要再与业主管理单位(本格拉铁路局)工程师对项目功能及技术进行审查，审查通过后再进行详细设计。

实施阶段的设计管理主要从以下几个方面来进行控制：

3.1　采用限额设计的管理方法

采用 EPC 模式的项目，一般都是总价包干，特别是安哥拉，基本不存在索赔的现象。因此，设计采用的方案和规模不能突破计划投入的施工成本，需把前期阶段的设计工程量作为施工图设计工程量的最高限额。

要求设计人员将投标报价的工程量分解到各专业，明确限额设计目标，严格按照招标文件中对设计的具体要求进行施工图设计，保证实际设计工程量与前期阶段编制的工程量不会出现大的差异，使限额设计贯穿于整个施工图设计之中，从设计源头控制投资费用。

3.2 形成风险共担机制

总包单位与设计单位在合同或协议中不仅要明确设计进度节点控制目标，也要明确因工程量差异带来的效益变化的分配形式，形成双方利益共享、风险共担的共存机制，调动设计人员降低工程费用的积极性，从根本上减少工程量变化带来的风险。

同时，在项目实际运作过程中一旦出现工程量增加，设计人员需积极配合，分析变化原因，优化设计，寻找化解风险的途径。

3.3 加强信息沟通，加快工程进度

EPC合同模式下承包商对设计、采购和施工进行总承包，项目运作中就要求总承包商充分发挥EPC项目整体协调优势，打破待设计图纸全部完成之后再进行采购和施工的模式。

(1)在项目初期和设计时就要充分考虑到设计对采购和施工的影响，优先安排订货周期长、制约施工关键控制点的设计工作。

(2)及时编制采购物资技术规格书，根据项目总体网络计划编制设计进度计划，将设计节点控制纳入项目计划监控体系。

(3)完成一部分分项工程设计后，按照业主管理要求履行审批程序就能交付采购和工程实施，缩短施工周期。

(4)要求设计向采购和施工适当延伸，实现设计、采购和施工的深度交叉。设计人员编制采购物资技术规格书后，还要参与技术评审，不仅有利于设计提前接触采购资料，及时处理供货商和设计衔接问题，加快设计进度，同时，通过对采购设备材料的评审也为进一步优化选材方案降低投资创造条件。必要时，设计人员对供货商提前进行设计技术交底，减少失误，加快供货速度，保证供货质量。

(5)作为EPC项目总承包商，需定期召开设计协调会，保证信息的畅通，保证业主的意图能及时反馈到设计上，同时也确保了设计文件的审批速度和审批质量；其次要加强设计与保障部门等相关方的联系，保证采购信息的及时沟通和反馈，及时提交订货资料，优化选材方案，降低工程费用。

3.4 注重设计审查工作，方便施工管理

在工程开工前对设计资料进行认真审查，把设计失误的“错、漏、碰、缺”消灭在工程开工前，不仅能够减少施工过程中的返工，缩短施工工期，而且还能减少材料浪费，节省工程费用。

EPC项目由于承包商是对工程全过程进行控制，对设计资料进行审查的条件比较充分，设计资料审查产生的经济效益则更为直接。

因此，EPC承包商须高度重视设计资料的审查工作，不仅要对设计技术可行性审查，更要对其材料选用的经济性和施工手段的合理性进行审查。设计资料审查时要注意与业主对设计的审批相结合，在设计过程中进行审查。在向业主递交设计资料前，EPC承包商要完成与设计人员的沟通工作，结合保障部门的信息，统一设备选型和材料选用意见。

3.5 加强与业主、监理之间的工作沟通，提升应对审查的能力

对于EPC项目，业主自身往往没有设计控制力量，对具体的设计过程更不会过细参

与，所以监理的审查意见及态度将直接影响设计进程。如果不能与之形成紧密工作关系，设计成果将很难得到有效批准。反之，则能起到事半功倍的效果。

在此环节上，承包商应充分考虑利益上的平衡，如选择的国内设计单位及相关设备和材料，总承包商可主动邀请业主和监理到国内访问，实地考察设计单位的设计能力，了解设备、材料厂商的加工能力和产品使用情况。经验显示，有时设计审查，不完全是技术因素，也有可能有政治因素和占领市场方面的考虑。本铁的建设基本实现物资设备采购的国产化。

3.6 充分调查了解当地的生活习惯和设计形式

设计前充分调查当地的生活习惯，使设计的样式和使用习惯符合当地风俗。同时设计中采用的材料要尽量选用当地比较丰富的材料，如果当地的材料不能满足，则可选用当地类似工程用的较多的结构形式。

4 工程后期的设计管理

由于采用标准有和技术能力的差异，文字不统一，要真正实现工程的正常运转，仍需做好工程后期的设计工作，工程后期设计主要做好以下几个工作：

(1)完成操作手册编写、编制备品备件清单。对系统工程，要有各设备、材料供应商提供产品说明书。

(2)提供详细的操作和维修方面的技术资料，总承包商在此过程中应做好技术接口工作，做好调试方案，确保项目技术功能的落实。

(3)对于有些项目还有管理培训的后续工作。

5 总　　结

随着国家综合国力的增强，施工企业走向国际市场承揽总包业务，是企业壮大发展的必由出路。因此只有转变观念，适应和掌握 EPC 项目管理规律，根据项目实际，调整好自己在项目实施中的角色、职责和位置，控制和把握建筑业价值链上游地位的设计环节，施工企业才有可能实现 EPC 项目的管理目标。

钱大桐(1979—)，男，高级工程师，2001 年毕业于太原理工大学，现任安哥拉国际公司本格拉铁路工程指挥部副指挥长。2012 年到安哥拉后先后负责本格拉铁路、卢奥机场的技术和管理工作。

Qian Datong(1979—), Masculino, Engenheiro sênior, graduou da Universidade de Tecnologia de Taiyuan, TUT em 2001, é vice-comandante de comando do projecto de Caminho de Ferro de Benguela, da China Railway 20 Group Internacional Angola, Lda. Chegou a Angola em 2012, é responsável por trabalhos técnicos e de gestão de aeroporto de Luau e CFB.

浅谈“成本＋利润分成”管理模式在本铁项目中的成功运用

Sobre o modo de gestão de “Custo＋Partilha de Lucros” aplicação bem sucedido no projrcto de Caminho de Ferro de Benguela

（张延成）

(Zhang Yancheng)

【摘　要】 工程项目特别是海外项目中标后，通过何种方式去管理好项目，实现预期的管理目标和收益，是项目管理者要面临的主要问题，也就是面对一个项目选择一个什么样的管理模式、采取什么措施来实现既定管理目标的问题。本文就本格拉铁路（以下简称本铁）项目施工中采用“成本＋利润分成”管理模式的目的和优点以及如何用好这种管理模式等问题来展开论述。

【Resumo】 Projecto de Obra e sobretudo após adjudicatário de projecto transmarino, Como gerenciar o projeto e alcançar os objetivos e benefícios de gerenciamento esperados é o principal problema enfrentado pelo gerente de projeto, ou seja, escolher qual tipo de modelo de gestão para o projecto, adoptar quais medidas para alcançar os objetivos de gerenciamento estabelecidos. Artigo presente discute os objetivos e as vantagens de adopção de modo de gestão de“Custo ＋Partilha de lucros”e como utilizar bem este modo de gestão no projecto de Caminho de Ferro de Benguela(a seguir designado "CFB").

【关键词】 管理模式　成本＋利润分成　本铁项目

【Palavra-chave】 Modo de gestão　Custo＋partilha de lucros　Projecto de Caminho de Ferro de Benguela

1 引　　言

本格拉铁路全长 1 344 km，是中铁二十局集团公司（以下简称 CR20）首次在非洲国家安哥拉以 EPC 工程总承包模式中标的一次性建成里程最长的铁路。该项目总投资 18.038 亿美元，项目建设资金通过中国贷款融资，2007 年开工建设，计划工期 5 年，中间受经济危机和国际原油价格下跌影响，工期一度滞后，2017 年 7 月签字验交。

本格拉铁路是业主以 EPC 模式承包给承建商中铁二十局的，该铁路在建设过程中完全采用中国标准进行设计、施工、采购。面对地处海外，规模如此庞大的项目，经过集团公司深思熟虑，成立了局指挥部，协调各个子公司成立的项目部两级管理，法人负责的模式。

并通过建立了二级核算管理机构，通过采用“成本＋利润分成”的管理模式有效地控制了成本，防止了利润外流，并实现了项目利润最大化。本文主要从项目的机构设置以及采取的项目管理模式等方面表述其成功运用。

2　管理机构的设置和管理模式的选择

2.1　管理机构的设置

CR20 以 EPC 工程总承包模式中标本格拉铁路后，根据项目和自身特点和需要，迅速组建了项目管理机构，设立了中铁二十局集团安哥拉工程指挥部，并根据职能和工作任务不同，分别下设了设计项目部、上海后勤组和保障中心以及由各参建子公司组建的第一、二、四、六、电务和铺架项目部，除设计部分由上海轨道交通设计院负责组建设计项目部外，采购和施工环节涉及的部门和机构均由中铁二十局内部单位组建。

2.2　“成本＋利润分成”管理模式的内涵

CR20 在拿到项目后，为了有效控制项目总成本，防止利润流失，指挥部在 CR20 内部单位中采用了“成本＋利润分成”的管理模式，实行二级核算管理。即指挥部首先通过对各项目以实发成本价拨付现场资金进行施工，并进行零利润计价；然后在项目实施过程中或完成后通过按产值占比和综合考评方式对项目利润进行考核分配。采用这种模式不但有效地控制了项目总体成本支出，同时还提高了各参建单位的积极性和经济效益，也防止了企业和项目整体利润的外流。本铁建设实践证明，这种管理模式的运用是成功的，它为 CR20 创造了较高的利润率。它是企业有效管控项目施工成本，并实现利润最大化的有效手段和工具。

3　“成本＋利润分成”管理模式的优点

CR20 安哥拉工程指挥部在本铁项目管理中选择“成本＋利润分成”管理模式，主要有以下几点好处。

(1)通过优先选择 CR20 内部单位组建管理机构，有力地保证了项目队伍稳定、可控。这主要表现在如下几个方面：

①各参建项目部多数为 CR20 内部有实力的子公司组建而成，不受外部因素干扰。

②通过建立内部施工队和内部工班，采用职工带劳务模式和中方员工带当地劳务模式，有效减少了中间分包商，避免了施工中常见的推诿扯皮现象。

③选择内部单位组建队伍，便于相互协调，发挥集体优势，提高项目执行力。

④通过组建内部队伍，有效地解决了大量职工的就业，有利于企业的和谐与稳定。

⑤选择内部队伍，便于各单位间相互共享内部人力、设备、材料、资金和生活设施等各类资源，提高效率，充分发挥各自的能动性。

(2)组建架子队，由中方职工带劳务模式，在本格拉铁路项目中得到了很好的推广。具有以下几点好处：

①带动职工就业，一定程度上提高了职工收入。

②安哥拉当地劳动力资源丰富，大量采用当地劳务，降低施工成本。

③施工进度、质量可控。

(3)采用成本价(零利润)施工模式，使本铁项目的前期成本和总体成本受控。在本铁项目的建设过程中，指挥部首先核定了各施工项的成本价格，并以此作为各单位申请现场经费、验工计价和年终计算产值的依据。而各项中的利润部分剥离出来，暂留在项目资金池中，这有利于施工中有效控制成本超支和现金流的支出，为项目最终的整体盈利赢得了可能性。这种成本价施工模式相比于项目承包模式，有力地降低了各项目的管理风险。

(4)在成本价施工的前提下，指挥部通过阶段性"利润分成"模式，既保证CR20整体效益不流失，也有效地保证了各参建项目能够共同收益。同时也把各项目部因管理不当可能造成的利润流失的风险降到最低。

(5)通过设立国内后勤组对大宗物资设备材料进行集中采购，也有以下几点好处：

①有利于发挥大宗采购的低价优势。

②集中采购能减少各项目部在采购环节中人力、物力和财力的重复投入，从而进一步降低各项目的管理成本。

③集中采购还便于各项目间的信息和资源的共享。

④集中采购也便于统一运输、报关、清关、仓储和发放等。

(6)"成本＋利润分成"管理模式的成功运用，为企业锻炼和培养了一大批能够适应海外环境的各类人才。通过锻炼，我们不但学习和掌握了大量的海外工程管理知识，而且还培养出了大批的语言人才、技术人才、管理人才，服务型人才以及双料人才或多能型人才等，这为CR20进一步走向国际工程建设领域奠定了知识和人才基础。

(7)通过"成本＋利润分成"管理模式10年来的成功运用，不但CR20的整体效益和社会声誉与地位得到了提升，同时我们CR20的广大参建员工也脱贫致富。10年来，本格拉铁路累计为中方员工提供了上万个就业机会，使1 000多个家庭的经济状况得到了极大改善，取得了良好的社会效益。

4 如何用好"成本＋利润分成"管理模式

如何用好"成本＋利润分成"管理模式，充分发挥其作用，首先要具备下列几个前提和条件：

(1)首先项目经过测算，要有一定的利润空间。

(2)双方要有利润共享和风险共担的能力和意识。

(3)管理机构要有充足的资金保证。

(4)要有能适应这种管理模式的对象，并对这种管理模式充分理解和认可。即要有接受这种管理模式的施工单位，这是运用的基础和前提。

(5)管理机构要在施工前核定出切合实际的零利润成本单价，并尽可能接近实际所需价格，以使被管理单位能够维持施工的正常运转，不至于因亏损而停工或退场。必要时要根据实际情况进行合理的调价和补差。

(6)被管理单位要有极强的成本意识和控制施工成本的能力，与管理机构一起共同控制好成本支出。

(7)管理机构要定期对项目进行利润测算，并按照合同约定对被管理单位兑现利润分成。

这几个条件是保证这种管理模式能够成功运用的基础和保障。

5 结束语

十年的管理实践，本格拉铁路项目通过采用“成本＋利润分成”管理模式的运用，不仅有效地控制了项目总体成本，而且避免了成本超支和利润流失，提高了企业的综合效益和员工的收入，减轻了员工的经济压力，并为内部员工创造了大量就业岗位，实现了项目经济效益和社会效益最大化。这充分证明“成本＋利润分成”管理模式是成功的。这种管理模式的成功实践对今后类似项目的管理具有重要的借鉴意义。

张延成(1974—)，男，工程师，1996 年毕业于石家庄铁道学院计算机及应用专业。2009 年至今在中铁二十局集团安哥拉本格拉铁路工程第四项目经理部工作，主要从事工程队长、项目经理工作。

Zhang Yancheng(1974—), Masculino, Engenheiro, é formado em informática pela faculdade ferroviária Shijiazhuang em 1996, tendo trabalhado na Gerência do 4ª projecto de Caminho de Ferro de Benguela em Angola da China Ferrovia CR20 desde ano 2009 até momento presente, trabalho principalmente era chefe de equipa da obra ,agora é gerente do projecto.

浅谈本格拉铁路项目的成本控制措施

Sobre as Medidas de Controle de Custos do Projeto de Caminho de Ferro de Benguela

（闫　军）

（YanJun）

【摘　要】随着社会的发展，建筑市场竞争日益激烈，成本控制已然成为项目追求利润最大化的关键手段，为了能更好的做到项目管理平稳、成本控制有序、企业收益提升，项目管理必须在成本控制措施方面加大力度。

【Resumo】Com o desenvolvimento da sociedade, a concorrência construtor é cada vez mais forte, controle de custos tornou-se um meio fundamental para procurar a maximização do lucro, a fim de melhor conseguir estabilização de gestão do projecto, controle de custos é ordenado, elevação de benefício da empresa, gerência do projecto deve intensificar esforços em medidas de controle de custos.

【关键词】项目建设　成本控制

【Palavra-chave】Construção de projecto　Controle de custos

项目管理篇

1 导　言

本格拉铁路采用"EPC总承包"模式，即设计、采购、施工一体化的承包模式，有利于整个项目的统筹规划和协同运作，可以有效解决设计与施工的衔接问题，减少采购与施工的中间环节，顺利解决施工方案中的实用性、技术性、安全性之间的矛盾，能够最大限度地发挥工程项目管理各方的优势，实现工程项目管理的各项目标。在成本控制方面，采用"成本计量加利润分成"管理模式，对成本控制措施提出了更高的要求。

2 工程设计阶段的成本控制

在建设工程项目的整个开发程序过程中，设计阶段有着承上启下的重要作用，是整个建设项目成本控制的关键与重点，设计质量的好坏直接影响建设费用的多少和建设工期的长短，直接决定人力、物力和财力投入的多少，因此，设计阶段对项目投资的影响是极其重要的，特别是初步设计阶段对项目经济的影响更是达到95%。针对EPC管理模式下合同总额一定的情况，本格拉铁路项目工程设计阶段的成本控制主要从以下几个方面采取措施：

2.1　线路平、纵断面设计时的选择

本格拉铁路为改建项目施工，线路尽量沿原有铁路线走向，减少土建工程量，降低成本。同时在不过多增加工程量的前提下，对曲线半径、缓和曲线长度、线路坡度、坡度长度等方面进行适当调整，优化方案，便于施工和以后的行车运营。

2.2　轨道设计方面的成本控制

采用成熟的中国标准设计，钢轨正线铺设使用国产 50 kg/m，25 m 标准轨；轨枕使用预应力钢筋混凝土枕（专线 9640-Ⅱ），1 680 根/km 铺设，弹条Ⅰ型扣件；道床使用单层道砟道床，道床厚度 35 cm；正线上道岔均更换为 50 kg/m，9 号道岔（专线 9992）。

2.3　路基设计方面的成本控制

主要控制措施：路基方面的成本控制主要集中在填料的选择，选料时尽量就近选择丰富的、适用的填筑材料，减少远运，节约成本。

2.4　站场设计方面的成本控制

主要控制措施：横列式车站站型布置；根据人口流通量设计站场的大小布置，并适当的预留发展余地；除一、二级站外，站场形式宜尽量保持统一，便于施工，降低成本。

3　工程施工阶段的成本控制

工程施工阶段是控制建设工程项目成本的主要阶段，它通过确定成本目标并按计划成本进行施工资源配置，对施工现场发生的各种成本费用进行有效控制，本格拉铁路项目成本控制的动态管理主要围绕人员、材料及机械等因素而展开。

3.1　有效控制人工费

人工费约占全部工程项目成本的 10%～12%，并且随劳动力市场价格变化而变化，如何对施工期间所需发生的人工费进行控制，主要措施如下：

（1）牢固树立成本意识。如果施工人员素质低、成本概念模糊或淡薄，必然会导致行动的错位、劳动生产率低下，最终会使效益白白地减少。

（2）依据施工进度计划的安排，配备合理的班组规模进行施工，班组以“1 名工班长（职工或外聘员工）＋多名当地劳务”组成。随后根据工程分部分项内容，对每天的用工数量及工程完成情况进行记录、对比，找出存在的问题，采取相应的措施，对控制指标加以修正。

（3）根据当地的气候、施工条件及施工任务量完成情况制定施工人员相应的工资标准及奖罚措施。

（4）安哥拉国家劳务用工费用偏低，宜采用就近原则，在施工过程中尽量多培训、储备当地技术人才，减少国内管理人员的用工数量。

3.2　科学控制材料费

材料费约占全部工程项目成本的 65%～75%，直接影响工程成本和经济效益。针对材料费用的成本控制，主要措施如下：

（1）成立物流集散中心，统一国内采购及项目发放。通过项目前期市场调查，安哥拉国家的材料、物资资源匮乏，无法满足整个项目的施工需要，同时价格偏高，在综合对比后，决定统一自国内采购，海运至项目所在地，同时在材料、物资的装、运、卸、存过程中加强对成品、半成品的保护，有效控制成本消耗。

(2)配合当地清关单位进行材料、物资提取，减少清关费用。经物流中心与安哥拉国家清关部门及当地清关单位的了解、对比，发现在有当地清关单位参与的清关过程中，征收的清关费用较低，项目采用当地清关单位协助配合能够更好的节约成本。

(3)个别材料的当地采购，采用两人组进行，有利于互相监督，减少采购中因腐败而造成的成本增加，同时进行货比三家，择优选择。

(4)建立碎石生产线。通过项目前期市场调查，当地碎石生产商主要为葡萄牙公司，且出售单价颇高，如项目自行建立生产线生产碎石可大量节省成本消耗。

(5)建立轨排大型预制场。通过调查，安哥拉国家无轨排预制场，本格拉铁路项目的需求量又大，如通过国内运输至项目所在地，成本费用偏高，经对比分析，本着成本控制的原则，项目决定建立轨排大型预制场。

3.3 合理控制机械使用费

机械使用费约占全部工程项目成本的5%～8%，机械费控制指标，主要体现在充分利用现有机械设备进行内部合理调度，力求提高机械利用率，主要措施如下：

(1)根据施工组织安排，优化设备采购计划，在施工高峰期时，可考虑适当的短期设备租赁。

(2)设备集中采购，尽可能采用型号相同的施工设备，以减少设备维修人员的数量和维修配件的多样化。

(3)由于本铁项目的施工工期较长，人员更换频繁，在一定的时间内项目实行专车专人负责制度，加强设备的经常保养，尽可能减少经常维修费及大修费用，保证设备的正常出勤率，同时减少因未能及时保养导致的设备提前老化及油料超耗，同时做好设备的保养及维修记录，方便接手司机熟悉车况。

(4)建立项目的设备维修团队，采取修旧利废措施，盘活资产。

3.4 加强质量管理，减少返工损失

项目成本与其产品的质量水平存在着密切的相互依存关系。质量成本包括控制成本和故障成本两个主要方面。控制成本属于质量保证费用，与质量水平成正比关系；故障成本属于损失性费用，与质量水平成反比关系。在项目施工过程中，应严把施工质量关，减少故障成本费用的开支。

3.5 安全就是效益

项目要树立安全就是效益的观念，积极预防和避免可能发生的安全事故，对安全事故的多发区域应时刻监控，减少或避免发生安全事故；要严格执行奖罚制度，使全体员工树立起清醒的安全意识，从源头上消除安全事故隐患。施工安全直接影响施工项目的成本。安全工作越好，处理安全事故支出的费用就越少，施工所受的干扰也就越小，因而费用支出也越少。否则，如出现重大安全事故，不仅会给企业带来巨大的损失，也会影响工人的施工情绪，导致劳动生产率下降，施工进度势必受到影响，从而加大施工成本。

4 结束语

通过一系列成本管控措施的实施，大大降低了项目的施工成本，创造了很好的利润，同时也保障了工程实体的顺利推进，于 2017 年 7 月本格拉铁路完成了初步验交工作。

闫军(1983—)，男，工程师，2005 年毕业于黑龙江大学道路与桥梁工程专业。2013 年至今在中铁二十局集团安哥拉本格拉铁路工程第四项目部工作，主要从事计量工作。

Yan Jun (1983—), Masculino, Engenheiro, é formado em engenharia de pontes e calçadas pela Universidade HeiLongJiang em 2005, tendo trabalhado na Gerência do 4ª projecto de Caminho de Ferro de Benguela em Angola da China Ferrovia CR20 desde ano 2013 até momento presente. trabalho principalmente é Trabalho de medição.

如何做好本格拉铁路的医疗卫生保障工作

Como faz bons trabalhos de médico do Caminho de Ferro de Benguela

（李晓伦）
(Li Xiaolun)

【摘 要】 在本格拉铁路大修工程施工期间，通过设置医疗机构，加强疾病预防，提高医护人员业务水平和素质，合理利用安哥拉现有医疗条件等方式，来保障参建员工的身体健康和生命安全，进而保证施工生产的顺利进行。

【Resumo】 No prazo de construção o Caminho de Ferro de Benguela, através de instalação os instituto médico, reforço prevenão de doenças, melhorar capacidade dos pessoais de saúde, razoável uso existe condições de médico e outro modos, para garantia saúde e seguro dos empregados do projeto.

【关键词】 医疗机构　疟疾　合作　典型病例

【Palavra-chave】 Instituto médico　Malária　Coordenação　Casos típicos

安哥拉历经30年战乱，当地医疗资源匮乏，医疗技术水平落后，本格拉铁路沿线在战争中医疗设施破坏程度更为明显。本格拉铁路点多线长，交通、通讯不畅，线路穿越莽莽森林和沼泽，几十公里荒芜人烟，无电缺水，各队（驻点）多数处于荒郊野外，自然环境恶劣，给疾病、传染病防范与治疗带来了巨大压力。因此，如何进行海外大型项目的医疗卫生保障，为本格拉铁路顺利建设起到保驾护航作用，消除参建员由疾病产生的心理和身体创伤，将是必须解决的问题。

1　高度重视，设立医疗机构

安哥拉当地的医疗条件差，医院数量少且集中在为数不多的几座重要城市，不能满足施工所需的医疗保障，因此，本格拉铁路项目从人员上场开始就针对本铁全线人员分布进行医疗机构部署。首先，在安哥拉罗安达市内设立工地医院，负责本格拉铁路沿线各卫生所、医务所日常管理及全线参建员工的医疗保障工作，负责当地大型医院的协调救治工作；其次，在重要地段城市卢埃纳和库巴尔员工集中地区设立中心卫生所，提供职工一般疾病的快速医疗救治保障；另外，在各施工队配备医务所，负责常规和多发疾病的诊治。据统计，本铁施工高峰期，沿线共设置医务所20多处，各医务所平均间隔50 km左右，确保职工能够得到及时医疗救助。

项目管理篇

2 重视宣传，加强传染疾病防治

当地比较常见的传染病有：疟疾、霍乱、登革热、黄热病、血吸虫病等。其中，疟疾被世界卫生组织列为八大传染病之一，安哥拉则位居全球疟疾高发区之首，参建员工感染病例最多，严重威胁员工生命安全、身体健康，进而影响本铁施工生产任务的顺利完成。疟疾主要是雌性蚊虫叮咬，造成疟原虫侵入脑、肝脏等引起病发症状。感冒使人体抗病力降低，疟原虫趁虚而入，极易诱发疟疾。疟疾并发症状临床表现为：突起的寒颤、高热、大量出汗等。针对此情况，对于疟疾的预防，主要采取了以下措施：

（1）驻地卫生所医生定期到自己管辖的区域去为参建员工大力宣传预防疾病、传染病的知识，使大家提高认识、重视疾病。

（2）控制传染源：疟疾的主要传播媒介是蚊虫，专职医生定期用喷雾器配兑药物对驻地院内角落、水沟、厕所、房内等地方进行喷洒，消灭蚊虫。

（3）切断传播途径：各个项目部和队（场、所）安排有值日员工配合专职医生，负责居住内外环境整洁，清除周围杂草、垃圾和污水坑，喷洒药物，清理蚊虫滋生地。

（4）做好员工自身防护：防止蚊虫叮咬，告诉员工在室外作业不穿短袖短裤，减少皮肤裸露，在室内休息时，放好蚊帐，保持室内通风干燥。

（5）提醒员工降温及时添加衣服，夜间加盖好被褥，防止受凉感冒，抵抗力下降感染疟疾。

（6）不随便饮用当地水，生活用水必须选择当地水质较好的源头，用水车拉运至驻地，通过净化和药物处理保证用水安全，且饮用水必须完全煮沸。

（7）不要淋雨，洗冷水澡，预防感冒，减少疟疾发病率。

（8）各项目部定期或不定期由办公室牵头，医生、安质人员配合，到各个工点巡诊，发现病情及时医治，防微杜渐。

3 重视食堂卫生

管好食品卫生，防止病从口入。做好营区内食堂食品卫生安全工作，防止病从口入。医生要经常对食堂食品和卫生进行检查，督导厨师做好食品卫生安全工作，严格贯彻执行工地医院制定的卫生所医生对食堂监督制度。要求食堂禁止提供霉烂变质、过期、半生不熟的食品等，防止食物中毒，确保员工的身体健康和生命安全。

4 加强医务人员的水平和素质

由于安哥拉的地理条件限制，本格拉铁路大部分工点距离罗安达工地医院达一千多公里，病人转送医院比较困难。施工现场一个医生要负责几个工点的员工，管辖区域达百公里以外。这就要求医生对内科、外科及传染病的医疗知识都要精通并熟练掌握，能够独立的完成常规常见病症医疗任务。因此，工地医生坚持业务学习，不断提升业务水平，不断总结和积累临床医疗经验。同时，基层卫生所医生定期向医院申领药物，保证常用药品和急救药品充足。牢抓医护人员思想，做到对广大员工一视同仁，以亲人般的态度去工作，时刻牢记医生的行为准则，及时医治，以保证员工身体健康为己任。

5 加强与当地医院的合作，建立应急预案

5.1 与当地医院建立好关系

为充分利用当地医疗卫生资源，本着急、危、重症病人后送就地就近的原则，通过政府及军方在安哥拉与7所医院建立了友好互助关系，即本格拉省医院、洛比托港港口医院、万博省医院、库巴尔市医院、卢埃纳省医院、罗安达总统府医院以及罗安达钻石公司医院，从而有效保证了重症病人的后送。

5.2 与当地中国医院建立合作

在安哥拉与中方中铁四局医院、勤丰医院、永铭医院、中泰医院共四所医院建立了合作关系，急需药品相互调配使用，重症病人后送机制。

5.3 对医护人员双重分工管理

各卫生所医生实行双重管理，工地医院负责药品、器械的配发，不同病症治疗经验交流学习，重、难病症医疗救助协调；各项目部、队部负责医生的日常管理，并对医生医疗技术水平、医疗质量、服务态度、敬业精神、职业道德、遵守规章制度等方面进行监督和民主满意度评议。

6 典型病例

(1)2006年下半年一场发生在马兰热市附近的车祸，造成职工王某头部和内脏外伤、肋骨和锁骨等多处粉碎性骨折，生命垂危，由于失血过多，当时血压只有30～50 mmHg，经卫生所医生现场紧急处置，送到马兰热省医院进行检查并抢救。可血压一直没有回升，我方医生果断建议马兰热现场办领导，让综合二队所有员工来医院为病员献血，共动员50余人前来医院化验血型，当晚为其输入了1 000 mL新鲜血液，病人血压得到恢复。事发当晚联系了军方直升机，军方直升机紧急出动。由于是夜间，直升机在马兰热机场无法降落，必须要等到第二天天明，这就意味着病人要与死神进行十几个小时抗争。我方医生和安方医生全力抢救，第二天用军方直升机送往罗安达总统府医院继续抢救，病情稳定后回国进一步治疗。此次事故处理及时、方法准确，抢救及时有效，将伤者从死亡线上拉了回来，挽救了伤者生命。本次抢救动用了中安资源，协同作战，挽救了受伤员工的生命，为后续的医疗保障提供了经验。

(2)2008年司机王某晚饭后突发心脏病，生命垂危。在库巴中心卫生所进行抢救后，病人病情仍然严重，当晚紧急送往洛比托港口医院进一步抢救。心电图检查确诊为急性大面积心肌梗死。经当地医院抢救后病情达到控制，第二天工地医院派救护车将病人接到罗安达半岛医院，进入重症监护室继续进行抢救。此次抢救工作工地医院领导组织指挥有方，医务工作人员努力，采取措施果断，分段进行后送，为病人争取时间，由此挽救了病人生命。此次成功抢救也体现了协同作战，快速应对突发病情的措施和流程比较到位，为本铁的建设提供了有力的保障。

7　经验总结

海外大型项目施工，安全可靠的医疗保障是一个必要前提。本格拉铁路医疗保障工作，通过合理设置医疗机构，做好预防措施，建立联动联防的机制，有效的控制疾病对人身和施工生产的影响，具备了快速进行医疗救助的能力。近 10 年中，本铁项目建立的卫生保障体系的顺利运转，保障了铁路建设工作的正常进行，为职工、为企业做出了巨大贡献。

项目管理篇

李晓伦(1961—)，男，主治医师，1987 年毕业于西安市卫生学校。2006 年到安格拉工作，主要从事医疗工作，目前担任安哥拉国际公司机关门诊部主任。

Li Xiaolun(1961—), Masculino, Médico, graduou da Escola de saúde do Município Xi'an em 1987, começou os trabalhos médicos em Angola em 2006, no momento, é o diretor da departamento de clínica da China Railway 20 Group Internacional Angola, Lda.

本格拉铁路临管期间行车调度管理

Gestão de controle circulação no prazo de gestão provisória o Caminho de Ferro de Benguela

（段志华　肖仲贺）

(Duan Zhihua e Xiao Zhonghe)

【摘　要】 本文主要讲述在安哥拉国家政治需求下，出现铁路施工与临时运营的并存局面。为保证行车和施工安全，不断完善铁路行车的管理工作。经历了血的教训，最后业主单位与我们协商制定了铁路调度系统联合办公的方案，并签发了《本格拉铁路行车调度管理办法》，双方都必须按办法中的相关规定合理的、安全的进行施工和运营。

【Resumo】 O artigo apresenta que sob solicitação do político de Angola, aconteceu situação de construção ferroviária e funcionamento provisória ao mesmo tempo. Para que confirmar os circulações e segurança de construção, deve continuar a melhorar os trabalho de gestão do circulação de ferroviá. Experimentou os lições dolorosa, finalmente o dono da obra consultou com a CR20 que estabeleceram o plano de trabalhar conjunto do sistem de controle ferroviária, e emitido《Metódo de gestão o sistema de controle de circulação do Caminho de Ferro de Benguela》, e ambos os dois partes devem cumprir os regulamentos relativos, e construção e operação dos seguras e razoáveis.

【关键词】 行车调度　路票闭塞　管理模式

【Palavra-chave】 Controle de circulação　Documento bloquar　Modelo de gestão

1　前　　言

本格拉铁路是采用中国标准在海外一次性建成最长的铁路，全长 1 344 km，设计速度 90 km/h，是该国有史以来速度最快的铁路。本格拉铁路项目点多线长，物资、设备、材料运输量极大，沿线当地道路情况不能满足施工需求，施工便道的运输能力有限且维修成本巨大，必须进行铁路低成本运输和施工。随着施工生产的不断推进，安哥拉政府为达到政治宣传目的，迫使铁路根据轨道铺设完成段落的情况，进行临时运营，所有线上行车和施工转变为既有线管理模式，加上本铁局调度管理体系不健全、安全意识淡薄，因此，如何保证铁路行车和施工安全则是必须首先解决的问题。

2　以往运营方式

2.1　施工与运营并存产生的历史背景

由于多年内战，公共交通损坏严重，城市间物资运输困难，群众正常生活需求不能得到保障。所以，2011 年当本格拉铁路铺轨至万博车站后，安哥拉政府便施压本格拉铁路局，要求在轨道铺通的段落进行铁路临时运营，解决群众物资生活保障问题，树立政府良好形象。我方多次与本铁局沟通，充分说明了铁路施工和运营并存的相互影响和不安全性，但是迫于安哥拉政府的压力，最终本格拉铁路还是从单一施工，转变到施工与运营并存的局面。

2.2 铁路施工与临时运营管理

施工与运营并存的施工管理模式开启后，我们设立了临时行车调度联络员，负责与运营单位（本铁局）联系，将施工机车车辆上线时间、施工地点等线上信息及时传达给运营单位，并监督每天的铁路施工和运营情况，处理应急事件的双方沟通工作。本铁局每周日下午将他们下一周的铁路运营计划，主要包括机车运行时间、区段等以书面形式告知我方行车调度联络员。随后，行车调度联络员将本铁局下周运营情况通知相关施工和铁路运输单位，并收集其线上施工、运输信息，以书面形式告知运营单位。

2.3 安方行车管理弊端

本铁局临时运营铁路的整体管理体系存在诸多弊端，主要体现为：铁路运营管理混乱、计划性不强、机务人员的安全意识淡薄问题，缺少行车安全意识，不及时与中方调度人员沟通，随意发车等。这些问题，极易造成人员伤亡、机车车辆冲撞追尾事故发生，给施工带来了诸多不便，安全无法保证。2012 年本格拉铁路通车卢埃纳，2014 年通车到卢奥，所有人脸上洋溢着喜悦的笑容，然而在笑容的背后，付出了多少因行车事故导致的惨痛代价。

3 现有运营模式

3.1 行车调度管理体系概述

2015 年 7 月，经过多次与运营单位协商，最终确定了联合共管本格拉铁路行车调度的管理模式，并制定签发了双方都必须遵守的《本格拉铁路行车调度管理办法》，以“电话＋路票”的闭塞方式运营本格拉铁路。同时，成立海外工程行车调度系统，为行车调度管理工作翻开了崭新的篇章，正式步入规范化、合理化，行车安全性得到了极大提高。调度系统设调度中心和车站调度，负责本格拉铁路全线铁路行车调度工作，本格拉铁路指挥部调度室为调度中心的监管单位，对整个调度系统工作进行监督。

3.2 调度中心总调度职责

（1）组织制定行车调度规程，参与运营技术管理、行车组织以及突发事件预案。

（2）组织、控制有关行车人员按运行图行车，遇到列车晚点和突发事件时，及时采取调整措施，迅速恢复列车正常运行。

（3）密切注意列车动态，并根据行车实际情况，调整行车计划。

（4）负责行车、设备事故及突发事件救援抢修的调度指挥，采取有效措施防止事故扩大，尽快恢复正常运行；按事故报告程序及时做好上报和下达工作。

（5）负责审核行车计划（列车运行图）及线下单位既有线施工作业计划。

（6）监督、指导各级调度人员建立生产运营、调度指挥等各项原始记录、统计和分析表，并按规定向上级主管部门上报。

（7）维护调度纪律，督查各基层单位执行调度员命令和有关规章制度的情况，发现问题立即上报上级主管部门。

(8)下达各类行车调度命令。

3.3 调度中心行车调度职责

(1)监控列车到达、出发及途中运行情况,确保列车正常运行秩序。

(2)及时、准确地上报并配合总调处理行车异常情况,防止行车事故发生。

(3)当发生行车事故时,及时向上级主管部门汇报,并配合总调指挥,积极参与组织救援工作。

(4)编制及下达日行车计划、既有线施工日计划等。

(5)建立调度指挥各项原始记录、统计和分析台账等。

3.4 车站调度值班员职责

(1)车站值班员工作必须坚持集中领导,统一指挥、逐级负责的原则。

(2)车站值班员必须认真执行列车调度命令,服从调度指挥,正确运用正线、到发线,保证不间断接发列车,按行车计划(运行图)办理行车。

(3)接发列车时由车站值班员亲自办理,办理内容包括列车闭塞、布置进路、开放信号、交接凭证、接送列车、指示发车或发车、报点等工作。

(4)如遇紧急情况,需及时上报调度中心总调或行调,不得隐瞒、虚报或谎报。

(5)及时填写行车日志及各项调度报表,按行车计划严格发放、回收路票。

(6)车站值班员兼职扳道员。值班员对本站的日常管理负主要领导责任,负责车站道岔运用和管理工作及管辖线路的检查,掌握管辖区段列车运行情况,做好列车的接发、车辆的防溜工作,以及车站行车设施的安全保护等。发现线下施工单位作业影响行车安全的有权进行制止并责令整改,拒不整改的上报调度指挥中心

(7)编制、下达调车作业计划,组织实施调车作业;积极组织道砟车、水泥车等装卸车工作,组织好发车前车辆装载、捆绑及卸车后各种捆绑材料的检查、回收工作。

3.5 行车、既有线施工计划

3.5.1 计划上报

(1)各单位于前一日的15:00时前向调度指挥中心以书面形式提报次日行车、既有线施工计划,15:00时以后不再接受计划提报。

(2)凡是有车辆出行计划的均需提前一天提报行车计划,填写《本格拉铁路既有线行车计划申请表》;凡在铁路线上影响列车运行的施工均归为既有线施工,均需提前一天提报施工计划,填写《本格拉铁路既有线施工计划申请表》,不影响铁路列车运行的施工可不报。

(3)所有上报的计划时间实行24小时制,日计划编制时间从18:00起至次日18:00。

3.5.2 计划编制与审核

调度中心行车调度根据各单位提报的行车、既有线施工日计划,结合铁路局次日行车计划,在当日17:00之前编制完成次日本格拉铁路全线行车日计划及既有线施工日计划。编制后对计划进行认真核对,核对无误后报总调审核确认。

3.5.3 计划下达

(1)经总调度审核后的行车日计划、既有线施工日计划在18:00之前签字下发至各车站值班员及各单位调度室。填写《本格拉铁路既有线行车计划》、《本格拉铁路既有线施工计划》下达至各单位。各单位根据下达的行车日计划及既有线施工日计划通知到施工队,严格按照计划组织行车、施工等。

(2)车站值班员根据审核的既有线施工计划将施工地段和限速在路票中注明。

(3)下达的计划各接收单位认真核实,发现问题及时跟总调联系。

(4)各单位由于自身缘故次日不能正常发车或取消发车,需提前报车站值班员,车站值班员报调度指挥中心更改行车计划。

(5)当列车遇到紧急情况时,比如列车故障、掉道需要救援或有病号、伤员需要紧急救治的情况,需要紧急增开列车时,需求方必须提前报告调度中心并经调度中心同意后方可增开列车。调度中心接到上述紧急请求后,应根据情况及时调整行车计划,优先安排加开(救援)列车。

3.6 “电话+路票”闭塞

3.6.1 定 义

电话闭塞法是车站之间通过站间电话办理闭塞,以电话确认作为确认闭塞区间空闲的凭证,以路票作为列车占用区间的凭证,以车站值班员的发车手信号作为发车凭证的一种行车方法。

闭塞区间:相同运行方向两架相邻出站信号机间,或出站信号机与相邻出/入段信号机间的区域。

3.6.2 基本要求

(1)行车时间以罗安达时间为准,实行24小时制。调度中心和各站调度应调整统一时间。

(2)列车运行以开往洛比托车站方向为上行,反之为下行。我方列车及铁路局列车车次均以机车、轨道车编号为准。

(3)我方列车必须在设车站值班员的车站办理路票作为行车凭证;安方列车在我方不设车站值班员车站会车时,由安方调度自行办理,但必须告知我方调度人员。

(4)同向列车发车时,发车时间间隔最短不小于40 min,根据前方列车运行速度延长间隔时间。跟踪发出的列车必须以在视线范围内能随时停车的速度运行。

(5)我方机车、轨道车由车站值班员开通进路;安方列车由安方人员开通进路,我方车站值班员必须提前确认进路。

(6)车站值班员向司机下达口头指令时,司机必须复诵。

(7)调度中心调度和车站值班员接听或拨打与行车有关的电话,有必要时要用手机录音功能进行录音,并认真做好记录。

3.6.3 办理程序

(1)请求闭塞:发车站确认至前方站区间、前方站站内均空闲(跟踪发出列车达到间隔时间要求),准备好发车进路后,向接车站提出发车闭塞请求。

(2)承认闭塞:接车站确认本站站内及本站至后方站(按列车前进方向计)区间均空闲,准备好接车进路后,同意发车闭塞请求。

(3)填写路票:接到同意发车的承认闭塞指令后,发车站值班员填写路票并逐字逐项复诵,核对无误后,传达并亲自交给司机。

填写路票的车站值班员要在路票上签名,路票填写要字迹工整、清楚,不得涂改。

(4)交换路票:除始发站以外,车站值班员要先将司机手中的后方车站的路票收回以后方可将本站的路票交给司机。收回后方车站的路票要划“×”注销,并在本站存留一个月，以备查验。

(5)阅读路票：路票是司机开行列车进入区间的唯一凭证，司机接到路票后，应与车站值班员(或指定胜任人员)进行核对并复诵，确认无误后，参照发车时间准备发车。

(6)列车出发：车站值班员确认司机关门后，向司机显示发车信号，信号显示地点为端门外特殊部位司机可目视的合适位置。司机在接到车站值班员的发车信号后，鸣笛回示后动车，值班员在列车鸣笛后收回信号。

(7)出发报点：在列车出发后，发车站立即向前方站、后方站和行车调度通报发车时间。前方站接到发车站列车发出的通知后，加强对车站的监控。

(8)列车整列到达指定股道并发出后，视为前一区段闭塞解除。

3.7 调度指挥中心设立地点和调度值班员分布情况

(1)在洛比托站综合调度楼设调度中心办公室，与本格拉铁路局调度联合办公。调度中心设总调度 1 人，行车调度 1 人，翻译 1 人，车站调度值班员初定 10 人，后期根据工程施工情况调整。车站值班员分别在内格朗(K15)、卡因班博(K120)、卡棱卡(K382)、万博(K422)、奎托(K623)、卡玛库巴(K699)、库恩巴(K780)、坎贡贝(K940)、卢埃纳(K1032)、卢奥(K1331)等 10 个车站设置。

(2)车站调度地点并非完全固定，伴随着施工中心的不断延伸，其位置将不断进行更换，以提高施工作业效率和加强密集施工区域行车安全保障。

4 结束语

调度系统自 2015 年 7 月成立以来，使铁路运营行车安全得到了有效保障，降低了线上施工作业人员的安全风险，提高了铁路运输效率，加快了工程施工进度。同时，本铁局的运营能力也得到了显著提高，据不完全统计，安方(万博→卢奥)方向，客运量由 2015 年 7 月前的月输送旅客量 25 380 人提高到了 227 890 人，货运量由 2015 年 7 月前(万博→卢奥)方向每月 2 趟货运提高到 24 趟。

安全是铁路运输工作的生命线，安全工作必须从一点一滴抓起，调度系统必须牢固树立安全工作只有起点没有终点的理念，积极提高与安方调度系统联合办公的效率，始终坚持安全第一的位置不动摇、导向不偏移、标准不降低。并以调度命令为控制点，确保调度安全；以安全信息处理为关键点，确保季节性安全；以施工组织为着力点，确保施工安全有序。尤其要严控非正常情况下列车的通行，接到任何危及行车安全的信息，现场情况难以判明时，要坚决拦停并封锁区间，宁可错停，不可盲行。拉起调度员违章事故危机高压线，充分运用政治和经济手段管理，杜绝违章事故危机蔓延。

段志华(1984—)，男，工程师，2007 年毕业于兰州交通大学。2011 年开始在中铁二十局集团安哥拉本格拉铁路工程指挥部工作，主要从事电务工程技术和工程调度管理与研究。

Duan Zhihua (1984—), Masculino, Engenheiro, graduou da Universidade de Lanzhou Jiaotong em 2007, começou a trabalhar no comando do projecto de Caminho de Ferro de Benguela, da China Railway 20 Group Internacional Angola, Lda em 2011, é um responsável por tecnologia de energia e gestão e pesquisa da coordenação da obra.

如何提高海外项目管理

Como melhorar o gestão de projeto de estrangeiro

(张永轩)

(Zhang Yongxuan)

【摘　要】 随着海外市场的快速发展，企业进入非洲安哥拉市场，项目管理日益变得重要，其管理成效的好坏影响着企业的可持续发展能力。以本格拉铁路 EPC 项目为例，如何改进和强化海外项目管理，根据本格拉铁路项目管理运作中的体会，从人员、队伍、物资设备、技术、对外协调、文化建设、合同、成本等管理方面进行了一些思考和总结。

【Resumo】 Com o desenvolvimento rápido dos mercados estrangeiros, as empresas chinesas entram ao mercado de Angola, gestão de projeto será mais importante, eficárica de gestão é boa ou ruim, e vai influenciar os capacidades de desenvolvimento sustentável da empresa. Cita como exemplo do Caminho de Ferro de Benguela, como alterar e reforçar os gestões de projeto de estrangeiro, em conformidade com experiência do gestão de projeto do Caminho de Ferro de Benguela, e realizaram-se alguns pensamentos e resumos de gestão de projeto pelos trabalhadores, equipas, equipamentos, técnico, coordenação externa, construção de cultura, contrato e custo etc.

【关键词】 海外　提高　项目管理

【Palavra-chave】 Estrangeiro　Melhorar　Gestão de projeto

本格拉铁路采用 EPC 总承包模式，总造价 18.3 亿美金，根据工程规模与特点，项目管理模式为集团公司直管项目。

1　人员管理

1.1　项目经理的选拔

海外工程项目实施需要调动多种资源共同完成，最基本、最重要、最具有创造性的资源就是人力资源。首先要选好项目经理，应该把政治素质优、工作能力强、富有进取心和开拓意识作为选拔项目经理的标准。

1.2　内部管理要有严格的制度

本格拉铁路项目具体的岗位职责分工明确，让每个岗位人员都清楚哪些是自己必须完成的；在分工的同时，更要强调协作理念；一个项目是一个复杂的系统工程，需要不同专业的技术和服务，更需要切合实际的制度提供保障。在实践中，本格拉铁路采用自上场时组织人员进行编制项目管理制度、施工队管理制度，保障了项目管理正常运转，根据安哥拉实际情况和不断变化，进行动态完善管理制度，同时注重执行力度。只有这样，才能适应建筑市场的不断变化，才能把“流水的兵”打造成“铁的营盘”。

1.3 要求项目管理人员坚持不断学习成长

一是自身的政治理论学习，培养正确的价值观、挫折观，先做人，再做事。二是向经验丰富的老师傅(这里指在安哥拉工作较久的员工)学习。老师傅经历的多、看到的多、处理的问题多，拥有丰富的经验，要想成功运作复杂的海外项目，必须虚心向他们学习。三要向身边的同事学习。每个人身上都有很多闪光点，生活习惯上的、工作态度上的、待人接物上的、专业技术上的、吃苦耐劳作风上的等，都需要大家看在眼里记在心上，相互取长补短，努力把自己培养成一名复合型人才。四要向一线员工学习，因为一线员工对生产具体操作技术最具有发言权只有从他们那里得到一手资料，才能制定可行的安全生产制度。

1.4 制定人性化的员工休假制度

员工在海外工作，思乡之情在所难免。在不影响项目实施前提下，利用休假调整员工的工作状态，本格拉铁路项目制定了一套合理的轮岗休假制度。在安哥拉工作满 11 个月的员工可申请休假，工作交由同事兼职。施工一线的员工根据施工阶段，合理调配休假，既缓解了海外工作压力且不耽误岗位工作，到期不愿意休假的员工，发放相关补助，真正的做到人性化管理。

只有对项目人员进行科学、有效的管理，才能最终真正达到“干一项工程，创一方信誉，赢得一片市场，培养一批人才”的良好目标。

2 队伍管理

一个项目，实际上就是一个团队。一个团队由各方面的人员组成，只有大家同心协力、目标一致，才能将工程在规定的工期内按合同要求完成，并取得良好的经济效益。所以，在项目管理中，团队建设显得十分重要。

2.1 项目团队管理

项目团队的群体动力出自全体人员互动而形成的力量，这股力量是发展有效团队的因素，在有形无形之间影响着各成员，有必要充分认识，更要善于利用。有效运用团队精神，可以提高项目运作的质量及人员的工作士气。项目成员要成为一个有效团队，需具有下列特征：项目部人员之间互相依赖，有着良好的协调与互动关系；共同合作，工作效率高于个人独自工作的最佳表现；项目部能给予成员渴望的归属感；项目成员间互相勉励、彼此高度信任，一个优质、高效、团结的团队才能使项目顺利实施完成。

2.2 属地化管理

海外项目实施属地化已成为企业发展的一种趋势，大大降低了人工成本，为企业创造更多的效益。本格拉铁路项目进场时就开始注重属地化建设：第一，培养当地员工技能，从普工发展到专业技术工种；第二，大力发展当地小组长，由当地员工管理当地员工；第三，在项目上使用一部分业务人员，大大减少了中方人员的投入，创造了一定的社会效益和经济效益。

因此，项目部一定要建立成一个有效的项目管理团队，全体人员以坦诚、开放、互信的态度互相交往，充分发挥项目团队精神，为共同的项目目标而努力，使项目管理顺利、成功。

3 物资设备采购管理

（1）根据本项目需求特点，即物资、设备采购量大，结合安哥拉市场的调查，从价格和到货周期均无法满足项目的实施，最终确定大部分物资设备由国内集采运输抵安。国内采购做好以下几方面工作：一是做好前期市场调查，包含市场价格水平、能否办理物资出境检验检疫手续、到货周期、供应商相关业绩等方面；二是结合项目总体计划，前方做好物资设备采购的总体规划和安排；三是选取优秀的供应商，要求供应商具备一定的备货能力、信誉好、产品质量可靠、办理出口许可证、商检、向境外供货的业务能力和专业能力等；四是集中招标采购，有效的得到厂商的价格优惠、合同履行、售后服务；五是设备型号在满足项目实施的条件下尽量统一，便于管理、维修及易损配件的储备。

（2）要具有国际化采购视野。虽然大部分永久设备在国内采购，通过多方面沟通，业主坚持指定个别设备品牌，例如针对使用习惯方面；同时要适应安哥拉现阶段的实际情况，也有部分设备经过市场调查后实行当地采购，一是满足了业主的要求，二是便于交工后设备维护和检修。本格拉铁路项目通过对特种施工设备的设备性能、质量、经济性方面进行比较，个别设备计划在第三国采购，一是要求重点关注设备的质量、性能、成交价格，在合同谈判前充分进行信息收集、调研，加强风险防范意识；二是采购人员具备国际化采购的相关经验，熟知国际化采购的合同谈判、合同条款的把关、交货的要求等；三是安排好采购计划，在时间上预留空间。

4 技术管理

技术管理是项目管理的重中之重，技术管理不到位，生产将无法得到保证，项目处处被动，业主将对你的能力表示怀疑，各项工作都会受到影响，也会给企业声誉带来不好影响。因此，必须根据项目需要，选配合适的工程师、技术员，为生产顺利进行配置强有力的人力资源。

（1）技术管理工作要实现规范化、标准化、制度化，必须做好每个环节的工作。在项目成立后，要立即组织有关人员认真进行技术准备工作，熟悉图纸、工程特点；进驻现场后要与业主加强沟通，提出问题，弄清情况；组织技术人员就项目内容、技术标准、工程特点、工期进度安排、工艺质量标准、设备物资供应的安排、安全保障措施等进行技术摸底；在整个项目工程实施过程中，项目部技术管理人员要做到每天深入一线，了解工程动态，处理技术难题；各类技术资料要做到完整、清晰，只有做实每个环节的技术工作，才能切实保障工程质量。

（2）培养专业加外语的全方面人才。由于施工环境的不同，海外项目的工程技术人员除要具备一定的管理经验和能力之外，还必须具备一定的外语交流能力。本格拉项目进场时采用外聘葡语翻译，随着项目的推进，陆续安排 15 名专业技术人员回国学习葡语，学习后返安工作，学习效果良好，与业主、监理交流无障碍，个别人员已成为项目的首席翻译，满足了海外工程项目对工程技术人员的特殊要求，迎合了海外项目管理的发展趋势。

5 对外协调

鉴于海外项目的国际化特点，作为建筑企业将会和业主、监理、当地政府人员频繁的沟通联系，并将不可避免地产生各种各样的矛盾和问题。因此，积极协调各方关系、加强沟通、解决问题、化解矛盾，努力为项目完成创造和谐环境，对于确保工程任务顺利完成显得尤为重要。在对外协调工作中，应注意以下五点：

(1)基础工作要做牢。一定要用技术立本的原则、以创精品工程的决心和实际取得的工作成绩，把与外界有可能发生的矛盾消除在萌芽状态。

(2)提高员工素质。在海外工作生活时，项目部的每一位员工都会和各方产生接触，那么，他所说的话、做的事都会代表着企业的形象。因此，要加强对员工的培训，提高做事的责任心，不该说的话不说，不该做的事不做。

(3)提高协调水平，做到言之有理、言之有据、言而有信，掌握一些谈判的知识和艺术，更好地为工程顺利进展服务。

(4)加强与业主的沟通，利用他们的优势和身份，与其形成合力，使协调工作更上一层楼。

(5)提高内部的工作效率，及时兑现对外的协调承诺。对外无小事，经过多次协商才确定的方案或合同，如果因内部原因而失信，往往使工作变得被动，协调人员积极性降低，对外也会因此而丧失诚信度，使矛盾变得越来越复杂，不利于工作的正常开展。

6 文化管理

项目文化建设是直接触摸到市场脉搏的最具生命活力的一项工作。一个项目搞得好和坏，最直接的表象就是项目部这个团队是否有战斗力，员工队伍是否有执行力。

(1)在一个具体的项目上，企业文化建设首先要体现项目部内部管理上的人性化，抓好后勤服务，把饮食搞好；根据实际情况尽量创建一个合适的工作和起居场所；争取配置一些文体活动设施；强化企业价值观、企业精神、企业理念，使之深植于每位员工的脑海中，教育管理人员在待人接物中要有礼节礼貌，在处理文字来往中要做到规范到位等。企业文化建设在现场主要表现在文明安全生产上，包括悬挂具有中葡文对照的安全标语警示、配备齐全的安全设施、保持干净整洁的生产现场、一线员工着装统一等。

(2)要想把项目企业文化建设搞好，三个方面缺一不可。一是领导要重视，理解其内涵与外延；二是要有统一标准，展现企业的国际形象；三要舍得投入，但要适可而止，防止矫枉过正。

(3)把项目文化建设搞好了，不仅会给内部团队带来无穷的动力和激情，还会从外部得到无尚的社会荣誉和表扬，决不能轻视这一块。本格拉铁路项目部从 2007 年进场起，就开展了海外企业文化创建工作，努力实现让业主、员工“双满意”目标，在项目部特色文化建设上进行了有益的探索。

项目管理篇

7 合同管理

(1)EPC合同的签订从权利义务不平衡(业主权利过分扩大)、合同用语逻辑严密性、范围界定准确性等方面多注意,首先需要加强对EPC总承包模式合同的学习、研究,提高合同的谈判技巧,从而签订一个公平互惠的合同。

(2)做好设计分包合同的管理,EPC模式设计阶段对项目成本的影响达到整个项目总投资的75%。设计管理非常重要,一是应全部了解业主的需求,对业主模糊的内容进行确认,给项目设计划定一个明确的边框;二是进行动态管理项目设计进度计划,明确各专业间的接口内容和责任;三是签订设计分包合同时,以限额设计、成本节约奖励等方式激励设计分包商注重设计优化。

(3)专业分包合同的管理,一是建立合理的分包招标制度,依据项目整体计划进行分包招标计划,由计划合同部牵头,专业技术人员提出相关的技术规范要求,价格、预算、商务条款等方面由计划合同部负责编制;二是计划合同部应对主合同中承包商的义务和风险进行合理的传递给专业分包商;三是注重合同边框的划定,与分包商签订的分包合同变化同样也要划定清除,如施工用水、用电、保险等义务均要明确。

8 成本管理

EPC工程总承包项目的成本包含设计费用、施工费用、材料设备采购费用以及用于项目管理的全部费用。在项目施工建设的全过程,成本管理工作都是贯穿其中的。作为一项十分重要的工作,其管理的范围以及涉及的因素很多,如何做好EPC工程总承包项目的成本管理工作,对实现项目的经济效益和社会效益具有十分重要的意义。

8.1 设计阶段推行限额设计

严格对分包设计院的设计工作进行审核把关,在保证设计理念和使用功能上满足业主的要求为前提,对投资进行限额设计,从而保证成本概算是在总投资限额范围内的;把工程量的控制和投资的分解作为首要工作,限额设计能够更加合理的确定项目的设计原则和标准,限额设计可以对每一个阶段进行把关,有效的控制投资成本。

8.2 提高全员的成本控制意识,不要让成本管理流于形式

EPC工程总承包项目的成本管理工作是一项复杂的系统工程,与项目每个部门及每一个员工的利益都是密切相关的,都需具备较强的经济观念和较强的成本控制意识。在项目初期,成立成本管理领导小组,并对全员进行成本管理培训,在项目每一个部门建立一个成本控制网络,提高班组的经济核算能力。项目施工每个阶段,都应在保证项目施工质量的前提下,做好成本工作。

8.3 成本管理定额化

根据现场施工统计数据,项目应分别编制《人工费分析表》、《材料定额计划表》、《机械设备耗油量定额控制表》控制文件,同时完善考核和奖惩制度保证定额管理措施的有效实施,使各项成本均在可控范围内。

8.4 员工属地化

大量使用当地员工和当地管理人员，既降低综合人工费，又提供了就业岗位，创造了一定社会效益。

本格拉铁路项目通过从人员、队伍、物资设备、技术、对外协调、文化建设、合同、成本管理方面建立有效的管理机制，有效的提升海外项目管理整体水平，实现企业利润，提高海外竞争力，为长期的海外经营打下良好的基础。

张永轩(1974—)男，政工师，2007 毕业于江苏省省委党校经济与管理专业。2012 年至今在中铁二十局集团安哥拉本格拉铁路工程指挥部第一项目经理部工作，主要从事党务工作。

Zhang Yongxuan (1974—), Masculino, Engenheiro partido, graduado do Universidade do partido de provincial do Jiangsu em ano 2007, especializado em economia e gestão, desde do ano 2012 até momento presente, servido no departamento de gerente do projeto 1° ao comando da obra do Caminho de Ferro de Benguela, é responsável principalmente de lidar trabalhos do partido.

海外项目风险的预控

Pré-controle de risco de projeto de estrangeiro

（胡春涛　梁钲浩）

(Hu Chuntao e Liang Zhenghao)

【摘　要】 建筑企业拓展海外业务已经成为一个行业趋势，然而“走出去”是个系统工程，海外建设项目一般来说投资大、建设运营时间长、参与方多，项目潜在多方面的风险，需全面的对海外风险进行识别和预控，才能确保建筑企业可以顺利地“走出去”，然后把利润安全地“带回来”。

【Resumo】 Empresa de construção expande negócios de estrangeiro que é uma tendência da indústria, uma vez que “Irá para mundo” é um projeto de sistema, projeto de construção ao estrangeiro tem as características de grande investimento, longo tempo de construção e operação, muitos participantes, projeto existe risos multifacetado, precisamos indentificar e pré-controlar os riscos do estrangeiro, e pode garantir que empresa de construção pode “Irá para mundo” com sucesso, e depois levam-se os lucros “Voltará do mundo”.

【关键词】 本格拉铁路　风险识别　预控

【Palavras-chave】 Caminho de Ferro de Benguela　Indentificar os riscos　Pré-controlar

本格拉铁路采用EPC总承包模式，总造价18.3亿美金，根据工程规模与特点，项目管理模式为集团公司直管项目。本格拉铁路位于非洲西南部安哥拉共和国，安哥拉为多党派国家，2002年内战结束后，快速发展基建，经济潜力非常大，现处于快速发展阶段。以本格拉铁路为例，根据安哥拉国情，需要从政治安全、汇率、通货膨胀、投标、自然环境方面对风险进行识别和预控。

1　政治安全风险

1.1　分析识别

企业在海外承包工程面临着比国内更为复杂的环境，尤其是政治风险，是很难预料和规避的。不同的国家有不同的政治制度，一旦出现政党更迭，元首替换，往往很难保证经济政策的延续性。上一届政府的决策，下一届政府不再执行，很可能导致项目中途下马，前期投入往往就打了水漂。安哥拉5年进行一次政党大选，安哥拉政党相对稳定。

地区冲突与恐怖活动频繁。恐怖主义者为了扩大事端，制造声势，达到某种政治目的，不惜袭击在其境内工作和生活的外国人。如安哥拉卡宾达飞地，2016 年反政府武装组织发出驱赶华人的消息，时常袭击政府军，对执政党不满。

1.2　预控措施

(1)通过从驻外大使馆、合作伙伴等多重渠道，收集项目所在国的政局稳定程度、地区环境、物资运输通道等风险信息。在项目实施前、中、后分别进行分析与评估，定期发布安全形势周报和安全预警信息，指导项目做好安全预防工作，消除潜在的安全风险。制定安哥拉政治风险应急预案，确保将损失降到最小。

(2)合同条款的重要性。对高安全风险的地区市场，将安全保障作为条款写入合同或正式书面文件，明确甲方有义务采取一切必要措施保护我施工人员的人身安全和正常施工秩序；紧急情况下，甲方有义务提供应急设施和其他必要帮助。对具有潜在安全风险的工程项目，在合同谈判的时候，可以通过要求增设专门的安全条款，规定由当地政府或军方负责保护承包人员的安全，可转嫁安全风险或者尽可能降低安全事故发生的可能。在安哥拉经营的大部分私人企业即使使用当地保安，基本都经历过驻地被抢劫；本格拉铁路在合同内要求采用军方保卫，效果明显，驻地安全可靠。

(3)遵守当地法律，建立友好合作关系。海外项目要尊重当地的文化、历史、宗教、风俗、价值观，最大限度地减少企业和当地社会的文化冲突，还要积极参加项目所在国和地区的公益活动，与项目当地社区、行业、雇员和谐相处，共同创造社会价值，营造和谐有利的社会发展环境。

2　汇率波动和通货膨胀风险

2.1　分析识别

汇率波动、通货膨胀因素，是海外工程都必须面对的考验。本格拉铁路工程的施工期长达十年，进场时银行汇率为 1 美金兑换 70 宽扎(安哥拉货币，黑市 1∶85)，现银行汇率为 1 美金兑换 165 宽扎(黑市 1∶400)，高峰期黑市已达到 1∶600，可见当地货币抗风险的能力，2007 年至 2017 年 7 月，美元兑换人民币的汇率从 1∶7.3 降至 1∶6.7，若受到汇率损失，企业在项目中获得的利润将会损失，最终到手的利润和本应到手的利润相比大大减少。

汇率波动和通货膨胀造成人工费用、生活费用、材料和设备价格上涨等一系列的连锁反应，引起了工程造价提高，将会使企业面临利润减少甚至产生亏损的局面。就安哥拉当地普工日工资做对比，2007 年当地的平均日工资为 500 宽扎，2015 年当地的平均日工资已达到 800 宽扎，材料的价格甚至成倍增长。

2.2　预控措施

(1)一些小国的抗利率风险能力较小，利率波动较大。所以，签订合同时要约定合同价款的币种，通过多方面分析，企业充分认识合同货币的重要性，本格拉铁路采用以美元结算的方式，规避了以当地货币结算的风险。

(2)在项目策划阶段，通过多渠道咨询，对安哥拉当地货币及美元与人民币的汇率进行详细调研、评估，并在报价中体现一定的调整比率，考虑一定价格的浮动，并采取金融保值、保险获赔等风险管理措施，转移并减轻此类风险影响，保证企业的自身利益。

(3)本格拉铁路采用中国标准建设，除极少部分物资设备通过经济方案比选，在安哥拉当地采购外，其他的材料和设备全部从国内集中采购，大大的规避了因铁路标准采用全球化采购的风险。

3　投标风险

3.1　分析识别

中、美、葡、俄、巴西等国家建筑企业均参与了本格拉铁路投标，该项目具有规模大、地形复杂、施工难度大、条件差等特点，最终中方以更加低廉的报价和比竞争对手更短的工期赢得了该项目。投标风险贯穿工程始终，从工程的立项开始，到工程保修期终止，一旦出现不可控经营风险，将给承包商造成无法承受的经济损失。

3.2　预控措施

(1)认真做好投标前实地考察的质量，加强投标报价的力量，仔细分析招标文件条款，制定合理的报价方案，控制投标风险的发生。

(2)在项目投标阶段，大力推广成熟的中国标准，并设计出符合安哥拉国情的铁路标准，让业主认可，同时在设计过程中注重因地制宜，设计优化工作直接关系到项目最终的利润。

(3)充分的前期调查。项目实施中大力推广属地化用工的方式，大大降低了施工期间的成本，同时也创造了良好的社会效益。

4　自然环境风险

4.1　分析识别

当地的公路不普及，道路窄，交通条件差，当地驾驶员驾驶习惯不好，酒驾和超速是普遍现象，物资按计划安全到达成了最大的难题；由于27年内战，安哥拉全境有2 000多万枚地雷，铁路沿线就埋藏着很多地雷，施工条件极差；安哥拉气候环境复杂，疟疾肆虐，血吸虫病滋生，给参建员工增加被感染疾病的风险；本格拉铁路东西横跨四省，沿线有热带草原气候、亚热带气候、高海拔地区的温带气候，每年有半年以上的雨季，有雨量大、周期长、频率高等特点，严重影响施工进度；沿线的地质复杂，有渗水土、粉砂土、沼泽地，施工难度极大。恶劣的施工条件、突发性事故和自然灾害将会给承包商带来巨大的经济损失，这对项目实施是致命的。

4.2　预控措施

(1)交通运输方面：组建车队进行运输，每次运输有中方人员押车并安排一名修理工随车；对当地驾驶人员进行行车安全培训，以实例教学的方式，充分让当地驾驶人员认识到行车安全的重要性，同时定期考核，择优录取，养成良好的驾驶习惯，从而保障物资按计划安全地运输到目的地，保障现场的施工。

(2)排雷方面：项目实地考察阶段进行了全面的现场调查，将铁路沿线的排雷工作写进了合同，由安哥拉军方提供施工作业面。

(3)医疗方面：对当地疾病方面充分调研，沿线每隔150 km左右或人员集中区域配备1名有经验的医生，设工地医院，对新上场人员集中学习安哥拉常见病的发病特征和预防措施，定期对员工进行体检，备足药品，降低员工在安哥拉的发病率。

(4)施工组织方面：通过及时地调整雨季施工计划，优化施工方案，采取加固防范措施，保证了工程的顺利开展，降低了雨季对施工影响，确保了工期。

海外工程一向被视为是高风险事业，本格拉铁路 EPC 总承包项目采用风险规避、风险降低、风险转移的管理措施，有效的解决了各类风险对项目的影响，总结了一些有效的风险管理措施，可供类似工程参考。针对不同背景、社会环境下的海外市场，企业仍需加强海外工程风险管理技能培训，提高企业在海外风险管理水平，增强企业的竞争力。

胡春涛(1975—)，男，高级工程师，2000 年毕业于兰州铁道学院土木工程系建筑工程专业。2011 年至今在中铁二十局集团安哥拉本格拉铁路工程指挥部工作，主要从事铁路工程项目管理与技术研究工作。

Hu Chuntao(1975—), Masculino, Engenheiro sênior, graduado do Universidade de Jiaotong do Lanzhou, especializado em engenharia de construção, desde do ano 2011 até momento presente, servido no comando da obra do Caminho de Ferro de Benguela, é responsável principalmente de gestão do projeto de ferrovia e pesquisa técnica.

发挥党建优势、助推项目发展

Utilizar vantagens da construção do partido, promover o desenvolvimento de projecto

（张永轩）

(Zhang Yongxuan)

【摘　要】 本文针对海外项目的特点，如何做好党建工作，对推动项目的建设，起到保驾护航的作用，对海外类似的项目具有一定的借鉴意义。

【Resumo】 Com base nas características dos projectos no exterior, apresenta-se neste artigo os conteúdos em seguinte: como faz os trabalhos da construção do partido, promove o desenvolvimento de projecto, oferece garantia e proteção para projectos, dá referências para outros projectos semelhantes no exterior.

【关键词】 党建　海外项目

【Palavra-chave】 Construção do partido　Projectos no exterior

1　前　　言

本格拉铁路穿越原始森林和沼泽地带，点多线长，条件艰苦，物资匮乏。项目党工委根据项目特点，不断创新工作思路，开展争先创优活动，积极加强项目组织建设，以施工生产为中心创造性的开展工作，较好发挥党组织的战斗堡垒和党员模范带头作用，有效推进党建工作，为项目的各项工作顺利开展提供了坚实的政治保证和组织保证。

2　党建主要工作思路

2.1　加强项目安全风险防控

安哥拉政治局势复杂，随着国家经济持续下滑，带来的治安形势不断恶化，时有盗抢绑架事件发生，企业员工不免产生恐慌情绪。党工委为确保项目安全运行，充分发挥政治核心作用和思想政治工作的优势，制定了严格的管理制度和保障措施，及时掌握政治动态，全面分析项目危险因素，制定防范应急预案，做好分析研判，加强动态监控。教育中国员工遵守当地的法律、法规，尊重宗教、风俗习惯，减少和当地社会的文化冲突，积极参与当地的公益活动，避免劳资纠纷，与项目驻地社区 、行业、雇员和谐相处，共同创造社会价值，营造和谐有利的社会发展环境。

2.2　发挥党建工作坚持以人为本，创造项目和谐环境

本格拉铁路穿越原始森林和沼泽地带，施工环境恶劣，资源匮乏，工作条件艰苦，地方

疾病的威胁，如：疟疾、登革热、血吸虫等疾病给职工带来健康风险，狭窄的社交环境无法疏解员工思想波动。项目党工委以“三线”(生活线、文化线、卫生保健线)建设作为依托开展党建工作，关爱员工，为员工办实事、办好事，确保队伍的稳定。

(1)动员并落实在驻地开垦荒地建立菜篮子工程，让员工吃上了绿色蔬菜，保证了身体健康。为员工购置了热水器、空调、电风扇、洗衣机等家电设备，让员工住的温馨、工作开心、吃的舒心。

(2)项目部设立了工地卫生所，聘请了专职医生，从国内购置了常规药品、B 超机、心电图机、血糖仪等检查仪器。各驻点配备驻地医生和卫生防疫员，随时为员工提供卫生医疗保障，各驻地定期喷洒消毒液，预防各种疾病的流行和传播。

(3)由于施工任务重，生活单调枯燥，党工委从改善员工的工作和生活条件入手，完善各项生活工作设施，为各驻地建起了篮球场、乒乓球室，安装了卫星电视，使得员工在工作之余丰富了业余生活，锻炼了身体，陶冶了情操，缓解了员工的心理压力。另外，每逢传统节日前夕，为员工寄一张明信片和亲情电话卡，员工通过视频或者电话在万里之外和家人诉说思念之情，让远方的亲人了解在安哥拉的生活和工作情况，促使家人打消了担心和顾虑，确保了员工安心工作，进一步激发了工作热情。真切的关爱使员工产生了强大的向心力和凝聚力，为完成各项施工任务注入了强大动力。

2.3　以党建活动促进施工生产

围绕施工生产抓党建，抓好党建促生产，是政治工作的根本原则，是海外党建工作的指导思想。紧抓施工生产中的重点、难点，针对性的开展质量、安全、效益教育，不断增强员工的安全质量和成本意识，结合项目实际，深入开展“党员先锋岗”、“党员突击队”、“争先创优”等主题党建活动，一个党员一面旗帜，一个支部一个堡垒。党员争先锋，员工争优秀，单位争先进，充分发挥了党员干部在急、难、险、要等施工任务中的先锋模范作用。确保项目安全、质量、工期、效益和文明施工总体实现，使党员干部在施工主战场中真正成为一面旗帜，使党支部真正成为一个堡垒。

2.4　加强项目党风廉政建设

项目党工委全面落实党中央的“八项规定”、“六项禁令”，深入开展“三严三实”、“两学一做”的主题教育活动。从思想上提高全体党员的严格务实、严守纪律、严拒腐化意识，规范个人作风行为，发扬优良传统，弘扬社会主义核心价值观。由于项目点多线长，不仅给队伍管理带来加大难度，监督变得更加困难，对党员政治思想素质、对廉洁自律能力、对制度落实和执行提出了更高的要求。项目党工委在各综合队建立了党支部，配备了党支部书记，通过微信群、工作群、办理工地简报的形式及时地传达、下达党建工作任务和上级的要求。组织全体党员干部召开反腐倡廉专题学习会议，传达反腐倡廉文件精神，组织观看警示片等直观的、生动的学习形式，与会党员干部接受教育深刻，提高了思想觉悟，坚定了理想信念。为强化监督考核，项目党工委领导干部 13 人签订了《廉洁从业承诺书》，承诺书在项目各驻地企务公开栏公示，进一步强化项目党风廉政建设，端正工作作风，让领导干部正确的对待和行使企业和员工赋予的工作职责，不断提高廉洁自律的意识，加强自我约束力，从思想上和源头上杜绝腐败，起到了积极的推动作用。与此同时，项目党工委不断的完善项目的监督体系和规章制度，坚持“三重一大”的落实，有效的规避各种风险和加强权力的相互约束作用。风气正则人心定，人心定则队伍齐，队伍齐则项目稳，促进了各项业务的有序开展，营造了公平公正、廉洁气正的工作环境和氛围。

2.5 突出爱国主义教育，提升员工的政治素养

涉外无小事，处处讲政治。在“走出去”的浪潮之中，企业员工在海外的表现，不是一种单纯的个人行为，是当地人对国人的整体观感。为此项目党工委突出爱国主义教育，积极开展保密意识教育，教育党员和员工自觉保守国家秘密和企业商业秘密，处处维护国人形象，不损害国家利益，不损害党和国家的荣誉。针对安哥拉的实际情况，项目党工委从细节入手，对员工进行当地的法律、宗教、文化、信仰、民俗教育，无论在任何场所，不参与、不介入安哥拉国家一切政治活动，任何情况下都要自觉遵守当地的法律法规和尊重民风民俗，都要把国家和企业的利益放在第一位，做企业的忠诚卫士。每逢“五一”、“七一”、“十一”节假日，党工委结合节假日开展学党史、上党课、老党员重温入党誓词、唱国歌等一系列的活动，激发了员工爱党爱国情怀。

3 总　　结

做好海外工程项目党建工作是党建工作的新课题，是建筑企业走出国门走向世界的新需要，是企业核心竞争力的新动力，紧密切合国家“一带一路”的倡议。只有把开拓创新和注重实效结合起来，在继承和发扬国有企业党建工作的优良传统基础上，围绕生产经营中心，不断地研究把握海外工程项目的新特点，适应新要求、新形势、新任务，在实践中不断探索，才能把海外项目党建工作提高到一个新水平。

张永轩(1974—)男，政工师，2007毕业于江苏省省委党校经管专业。2012年至今在中铁二十局集团安哥拉本格拉铁路工程指挥部第一项目经理部工作，主要从事党务工作。

Zhang Yongxuan (1974—), Masculino, Engenheiro partido, graduado do Universidade do partido de provincial do Jiangsu em ano 2007, especializado em economia e gestão, desde do ano 2012 até momento presente, servido no departamento de gerente do projeto 1° ao comando da obra do Caminho de Ferro de Benguela, é responsável principalmente de lidar trabalhos do partido.

浅谈本格拉铁路安全风险预防及控制

Sobre Prevenção e controle do risco de segurança do Caminho de Ferro de Benguela

（马　军）

（Ma Jun）

【摘　要】 文本作者结合自己在海外工作经历及施工中遇到实际情况，从自然风险、交通安全风险、其他外部风险、工伤事故预防及处理等方面，分析本格拉工程施工中存在的安全风险，提出了降低风险的预防及控制措施。

【Resumo】 O autor do artigo presente combina com a sua própria experiência de trabalho no exterior e as situações reais na construções, analisa os riscos de segurança existentes na construção do Caminho de Ferro de Benguela dos aspectos de risco natural, risco de segurança do tráfego, outros riscos externos, prevenção e tratamento de acidentes de trabalho e apresenta as medidas de prevenção e controle para reduzir os riscos.

【关键词】 本格拉铁路　风险　预防　控制

【Palavras-chave】 Caminho de Ferro de Benguela　Risco　Prevenção　Controle

项目管理篇

1　前　　言

安哥拉经过长达27年的内战，经济萧条，工业薄弱，生活水平较低，疾病、地雷、骚乱现象较多。安全风险较高，如何控制好安全风险，保障项目顺利推进，通过本格拉铁路工程的建设积累了一定的经验，为今后工程提供更好的借鉴。

2　安全风险的分类

结合安哥拉的特点及施工中遇到的安全实际情况，现将安全风险分类如下：

(1)自然风险，如高温、洪水、水源稀缺等。

(2)交通安全，如道路损坏严重、弯多、坡陡，驾驶员安全意识较差，超载、超速等。

(3)施工风险，如机械设备管理、文明施工、高空作业、消防安全等。

(4)其他风险，如文化、宗教信仰、治安、政治、环境、传染性疾病等。

3　安全风险预防及控制

3.1　自然条件带来的安全风险

安哥拉地属非洲南部，其中北部大部分地区属热带草原气候，南部属亚热带气候，高海拔地区属温带气候。每年 10 月至次年 4 月为雨季，5 月至 9 月为旱季，安哥拉也是水资源稀缺的国家。因此，这些恶劣的条件给施工带来的影响不容忽视。

（1）高温天气下施工带来的主要风险是中暑。防止中暑，一是加强宣传，开展宣传教育活动，提高员工的自我保护能力。二是合理调配员工的作息时间，避免员工在高温时间段作业。三是配备齐全必要的防暑降温药品。四是完善办公区及生活区防暑设施，完善医疗机制，以便发生中暑事件时能够及时救治。

（2）雨季施工主要风险是，安哥拉雨季时雨水较多，从而引发洪水等一些自然灾害，而这些灾害给施工带来了很大的风险。在这些区域承接工程，应充分了解地方的地质条件及气候条件。在工程临建施工时必须充分考虑办公、生活区的防洪功能，避免将办公室、生活区设置在地势低洼及临山的地方；完善厂区临时排水设施，成立防洪应急小组，充分配备如水泵、沙袋等防洪应急物资。安哥拉雨季雷雨天气较多，应加强驻地及施工区域的防雷避雷措施，同时加强员工安全教育，提高员工的自我保护意识。

（3）安哥拉水资源比较稀缺，目前省会以下城市乃至部分省会城市极少有自来水供应，缺水可能导致多种传染病高发。水源稀缺区域施工，必须建立完善的用水保障机制，如开挖水井、配备运水车及储水池，以确保日常施工及生活用水。

3.2 交通安全风险

安哥拉境内由于经过 27 年的内战及经济的萎靡使其道路基础设施差，道路损坏严重、弯多、坡陡，驾驶员安全意识较差，超载、超速现象较为普遍，导致该国道路交通事故频发。因此，在该国家施工，道路交通风险不可忽视。

（1）首先，应加强员工教育。严禁员工违章驾驶，外国人在当地要取得驾驶执照难度较大，因此应严格限制员工在当地驾驶车辆，以免发生交通事故时承担全部责任。

（2）其次，尽量租用当地车辆，合理规避风险。租用车辆时，应选择实力较强的出租方，要求车辆具备当地交通法规的全部手续，并签订租赁合同，明确出租方的责任，以免发生事故时纠缠不清。

（3）最后招聘驾驶员时应充分考虑驾驶员的技能、心理素质等。应加任驾驶员安全教育，不违章冒险开车。加强车辆的日常检查、维护、保养，不开带病车。

3.3 施工现场安全风险

（1）工程施工中每天都会有很多的机械辅助人员施工，而机械设备在施工中存在一定安全风险，如机械设备缺乏保养、带病作业、违规操作等诸多安全风险。因此，针对此类风险，一是建立机械设备安全管理制度，二是加强员工培训教育，三是严查现场违规操作。

（2）文明施工主要风险是，安全防护不到位、材料堆放混乱、标识标牌未按规定悬挂、劳保用品未按规定配备及作业不标准化等。因此，预防及控制此类风险，首先建立安全管理体系及各项安全管理制度、保证措施，其次强化作业人员安全教育，多次定期或不定期对施工现场进行安全隐患检查。

（3）高空作业主要风险是，“三宝”（安全帽、安全带和安全网）配备、安全带使用、脚手架搭设等。规避此类风险一是加强员工专业技能培训，二是建立专项施工方案及考核机制，三是严查各类违规作业。

（4）安哥拉气候与国内气候差异较大，每年 10 月至次年 4 月为雨季，而雨季雨水较多，各类杂草、树木生长较快，每年 5 月至 9 月为旱季，而旱季天气没有雨水，且紫外线强，杂草干燥，当地居民有烧荒的习惯，因此这些环境、气候、人为因素给消防安全带来很大安全隐患，如何预防控制此类风险 ，首先制定完善消防安全管理制度及应急预案，其次设置防火隔离带、防洪沟，配备齐全各种消防设施，再次加强员工消防安全教育，最后规范施工、生活用电、易燃易爆物品管理。

3.4 其他外部环境因素存在的安全风险

(1)安哥拉部族众多，信仰多有不同，文化禁忌较多，如不尊重他们的文化及生活习惯，容易引发冲突，带来意外伤害。因此，针对此类风险，公司应建立和完善管理制度，加强员工对当地法律法规、民风民俗及宗教信仰相关知识的学习，教育员工尊重当地风俗习惯、宗教信仰等。

(2)安哥拉由于 27 年内战，安哥拉全境有 2 000 多万枚地雷，主要是反坦克雷，也有少量的步兵雷。为防止因地雷造成的人员伤亡，一是联系加强对员工的宣传教育，二是联系安哥拉军方排雷，三是禁止员工在除施工区域以外的地方逗留。

(3)近年来由于该国家经济低靡，而国内教育落后，使大多数人文化教育落后，法律意识淡薄，导致该国经常发生偷盗、绑架事件，从而对人身安全及财产安全带来很大的安全风险。而防预风险一是严禁员工不假外出、无故外出等现象，严禁到人多或偏僻的地方去。二是外出办事不要携带大量现金或贵重物品。三是一旦发生意外，如钱物、有效证件被抢，应立即向所在单位进行报告，以便于及时向当地警察局报案。

(4)安哥拉是属于多党派参与治理的国家，其中总统换届是 5 年举行一次，在选举换届期间各类游行集会活动较多，各党派之间互相攻击，使此期间该国局势极不稳定，各类治安事件数量急剧上升。因此，给员工人身、财产安全增加了诸多风险。针对此类风险一是加强员工、车辆、驻地及施工区域安全管理。二是严禁员工参加各党派组织的各类游行活动，并严禁接受活动发放的纪念品。三是完善安全管理机制，完善应急预案。四是减少员工外出活动。

(5)安哥拉的地理环境和国内差异较大，森林及草原覆盖面积广阔，而森林、草原内各种凶猛的野兽、毒蛇及各种有毒蚊虫、植物较多，从而给野外作业人员带来很大的安全风险。针对此类风险一是加强员工安全培训，二是向当地居民询问各种动植物、蚊虫分布情况及防范措施，三是严禁员工到施工区生活区域以外的地方活动，四是制定完善的事故应急预案。

(6)安哥拉属于热带草原气候、亚热带气候国家，一些恶性传染性疾病较多，如疟疾、黄热病、艾滋病、登革热、血吸虫病等。

对付传染性疾病，首先要了解该国疫情分布情况，积极预防，如在出国前安排员工到检验检疫部门体检及注射防疫疫苗；其次，当地水源所含成分较为复杂，直接饮用生水或下河洗澡极易染病，尽量不被蚊虫叮咬、尽量不淋雨，保持好个人卫生，生活用水应抽样送检，在检测合格后方可使用，建立员工浴室，严禁外出下河洗澡，平时多喝开水、多锻炼，增强身体免疫力，良好的生活作息是关键。非洲是艾滋病的高发区，和当地人的正常握手、共事等接触不会染病，它的主要传播途径是母乳、血液和性传播。疟疾其传播途径是通过蚊虫传播，其症状为发烧、关节疼痛等。黄热病通过蚊叮咬传播，其症状包括寒战、发热，剧烈头痛、背痛、全身肌肉痛，恶心、呕吐。再次，加强员工传染病知识教育，减少外出活动，尽量减少接触可能的传染源，以便在发病早期及时发现、及时治疗，防止病情开始恶化时方才引起重视。最后，如在国外得过传染性疾病，回国时必须及时向出入境检验检疫部门申报，回国后也要保持警惕，如若发现身体不适应及时到指定医院就诊。

4 工伤事故预防及处理

铁路建设施工现场存在着高空作业、交叉作业、设备运输的、设备吊装多、施工机械多等特点。施工环境较为复杂、危险，工伤等意外事故不可避免。因此，对工伤事故应高度重视。

首先，要以预防为主。建立健全安全管理体系，加强员工安全意识教育，加强现场安全监督，减少人为的不安全行为及控制物的不安全状态，将事故发生的可能性减少到最低。

其次，要做好应急准备。铁路施工工地通常远离城市，周边城镇医疗条件相对比较落后，因此，所到一地，首先了解当地医院的位置及医疗条件。尽可能在现场配备医务室及医务人员，备用紧急药品及用品；事故发生后，如伤情不明，应送往就近的医院进行检查及作简单处理后，再由医生全程陪同送往条件更好的大医院治疗，避免直接送去大医院延误了抢救时机，甚至造成伤害加重。对需长时间治疗的伤员，伤情稳定后尽可能安排回国治疗。

最后，建立员工个人健康信息库，记录员工的血型、药物过敏信息等，为抢救赢得时间。

5 结束语

自 2005 年上场以来，我集团公司已在安哥拉发展超过 10 年。10 多年间我们坚持安全第一，预防为主，综合治理的发展理念，安全是企业立足海外发展的根本。风险客观存在，我们必须正视它，未雨绸缪，做好防控措施，避免不必要的损失。从公司角度讲，应注重提升公司管理水平和应急能力，关注工程所在国时事；从员工个人角度讲，应不断提升自身素质，增强安全风险意识，遵守公司安全管理制度，积累自我保护的经验等。

马军(1984—)，男，2006 年毕业于中铁二十局技工学校架模专业。2015 年至今在中铁二十局集团安哥拉本格拉铁路工程第四项目部工作，主要从事安全质量工作。

Ma Jun (1984—), Masculino, é formado em Modelo de quadro pela faculdade engenharia técnica China Ferrovia CR20 em 2006, tendo trabalhado na Gerência do 4ª projecto de Caminho de Ferro de Benguela em Angola da China Ferrovia CR20 desde ano 2015 até momento presente. trabalho principalmente é Qualidade e Segurança da obra.

本格拉铁路常见的质量风险及管理

Riscos de qualidade e gestão comuns de Caminho de Ferro de Benguela

（谢小丁　李彦澎）

(Xie Xiaoding e Li Yanpeng)

【摘　要】本格拉铁路为 EPC 总承包，从原材料到成品，从设计到施工“一站式服务”。本格拉铁路施工，面临施工线路长，施工项目多。在施工过程中，如何结合铁路沿线的地质条件、地形地貌、气候，使铁路质量风险最小化、让质量可控是项目实施中的关键。

【Resumo】O Caminho de Ferro de Benguela é um EPC Projeto de contratação geral, o empreiteiro assume todo, de matérias-primas aos produtos acabados, de design a construção. A construção de Caminho de Ferro de Benguela encara os problemas como: a linha longa de construção, os itens de construção são diversos, e durante a construção, como tomam as condições geológicas, topografia, clima de toda a linha em consideração, minimizar o risco da qualidade de caminho de ferro, deixa a qualidade estar dentro de contrôle são os pontos chaves do projecto.

【关键词】铁路　EPC 总承包　质量风险

【Palavra-chave】Caminho de Ferro　EPC Projeto de contratação geral　Risco de qualidade

项目管理篇

1　工程概述

本格拉铁路位于安哥拉共和国中部，西起洛比托港，途经本格拉省、万博省、比耶省、莫希科省，终点为莫希科省卢奥市与刚果边境交界处。铁路自起点开始，地质情况依次为：粉质黏土、淤泥质粉质黏土、淤泥质湿地、粉砂性土、沼泽堆积的淤泥质粉质黏土。受气候条件影响，安哥拉分为旱季、雨季两个季节，雨季受降雨影响，湿地、粉砂性土、沼泽地病害凸显。

2　常见及重点质量风险

本格拉铁路自 2007 年进场到 2017 年 7 月初验结束，项目实施过程中不断总结，因地制宜制定经济合理的方案，对常见的质量风险项目进行了统计、分析和预控。

2.1 本格拉铁路项目常见质量通病(详见表1)

表1 常见质量风险源统计表及措施

项目		质量病害	病害分析	预防措施
路基工程	路基渗水	产生液化、沉陷变形	地处低洼段,存在地表水,地质情况为湿地	通过开挖排水沟降排,达到降低水位的效果,设置浆砌(混凝土)排水沟,对路基进行防护
	粉砂土路基	冲槽	土质黏土较少,雨量集中,持续时间长	高填方路基采用硬路肩+植草的防护组合,路堑段采用L形水沟(单边墙)+植草的防护组合,普通路段采用植草防护即可
涵洞附属工程	涵洞出入口铺砌垂群	涵洞口铺砌垂群冲刷	雨季持续周期长,雨量集中,水量大,将泥沙带走,导致铺砌垂群冲刷,造成隐患	出入口铺砌采用植草软防护进行预防,通过植草能有效解决雨水携带的泥沙,避免涵洞出入口冲刷
轨道附属工程	平交道口	道口线路下沉,混凝土道口板损坏,维护难度大	安哥拉汽车运输没有检测、限制吨位,长期宜造成道口下沉	调整铺面板平交道口做成整体道床平交道口,一次性成型,减少维护成本和行车安全
车站站房	室内木门	易受昆虫啃食	安哥拉蚂蚁昆虫多,啃食木头	因地制宜,对站房室内木门更换为塑钢门
	外墙涂料、护栏油漆	褪色	安哥拉旱季日照时间长,紫外线强	及时调整,采用当地专用的名牌油漆
通信工程	通信光缆	白蚁啃食、接头防水处理	部分地段分布白蚁,啃食光缆,致使光缆断裂;沼泽地光缆接头潮湿,影响正常使用	白蚁分布地段采用防白蚁专用光缆,沼泽地光缆接头采购特殊防水处理的材料

2.2 本格拉铁路特殊质量风险分析

根据安哥拉地质特征、气候特点等实际情况,本铁线尤其需要注重的质量通病有,一是粉砂土路基的冲刷,因为黏性土含量低,加上安哥拉的雨季持续周期长,雨水冲刷携带粉砂土,导致水土流失出现冲槽。二是安哥拉日照时间较长,受强紫外线影响,外墙涂料褪色严重。三是安哥拉白蚁破坏力强,且具有相当的隐蔽性,白蚁主要的食料为木材及含纤维的物质,在啃食过程中,其体内分泌的蚁酸,使材料腐蚀,光缆断裂,因此站房公寓木门及地埋通信的光电缆等易受到破坏。四是沼泽地段通信光缆接头常年潮湿,影响正常使用。

3 质量风险管控措施

为了确保工程质量达标,规避质量风险的出现,控制质量风险最小化,进行了多项质量风险管控措施:

3.1 技术监管

3.1.1 施工技术交底

下发施工技术交底,让各项目所有技术人员了解施工质量控制要点,并将施工技术交底层层下发直到工班一线。在施工过程中，对施工质量进行监管，使施工质量处于可控状态。

3.1.2　施工方案优化比选

本格拉铁路通过长期施工，针对铁路沿线的地质条件、地形地貌、气候等因素产生的病害原因，结合现场实际情况，通过方案优化后的调整，因地制宜的制定施工方案，积攒了一定的经验，例如粉砂土路基冲沟的软防护（植草防护），杜绝了质量风险。

3.2　质量宣传与考核

3.2.1　施工质量月报

对施工现场的人员配置、材料堆码、机械状况、现场施工进行不定期检查，对违规操作、违规施工、质量不合格，以及按规范施工、内实外美等施工项目记录在案并进行影像资料留存，对于违规施工项目，下发整改通知单，限期整改。月底收集并整理施工现场的影像资料，编辑成册，下发学习，有助于提高全员的质量意识并增强员工荣辱感。

3.2.2　施工质量季度考核

每季度末，由项目组织对下级单位进行一次质量考核，考核项目围绕现场施工及内业资料，通过现场施工反映各参建单位的质量管理力度，通过内业资料折射现场施工的管理标准。施工质量季度考核以打分形式对各参建单位进行评比，评比结束后，各参建单位对该季度质量管理进行书面总结。其中施工质量月报纳入质量季度考核中。通过施工质量季度考核，对评比出的优胜单位进行奖金鼓励，提高各参建单位的积极性，激发和创造各参建单位相互之间你超我赶的氛围。

3.3　组织学习、交流探讨

3.3.1　参加质量培训教育，提高质量意识

组织中国员工和当地员工，通过图文并茂学习施工质量技术标准，对质量病害的特点进行分析讲解，强化员工的质量意识；通过观看警示影像教育和学习，让其充分认识到质量的重要性。

3.3.2　建立质量问题库并不断补充更新

不断积累在施工过程中遇到的质量问题并记录在案，形成质量问题库，对质量频发的问题单独汇总并不断补充更新，定期下发到各参建单位组织学习，有代表性的新问题有必要进行上会讨论、剖析、并给出解决方案及预防措施，对新问题的解决方案进行试验段测试，以此确定方案是否可行，便于总结及向各参建单位大范围推广。

3.3.3　组织质量观摩团，汲取经验，打开新思路

定期召集各参建单位的工程质量部、工程技术部人员，组织现场质量观摩会，对各参建单位的亮点工程、优质工程进行观摩、学习。通过现场观摩，对施工工序的比选、施工质量控制、施工中存在的问题及解决的方法一一进行讲解，使观摩团成员便于借鉴及相互交流探讨，促使大家引发新亮点，打开新思路，尽量避免了走弯路、错路。

4　成品保护措施

为保证施工成品内实外美，在施工过程中要对已完工程进行保护，否则一旦遭受因气候条件产生的破坏及人为破坏，将会增加修复工作，造成工料浪费、工期拖延及经济损失。因此，成品保护是质量风险重要组成部分。结合安哥拉国情、当地文化及雨季特点，制定

一系列成品保护措施：

（1）制定路基与路基附属工程的质量隐患排查制度，并记录在案。要求旱季每月1次，由于雨季具有降雨周期长、覆盖广、雨量大的特点，因此雨季每月2次。根据不同的结构物类型制定成品保护措施，根据出现问题的轻重缓急程度，科学的组织施工人员进行维护保养工作。

（2）涵洞及涵洞附属是保障路基稳定不可或缺的重要组成部分，涵洞的成品保护重点集中在防止洞口出入口铺砌冲空以及止涵洞边坡六棱块防护塌陷、涵管堵塞的现象。

（3）线路养护工作是本格拉铁路行车安全的保障，尤其车站进出站道岔、小半径曲线是线路养护工作内容的重点，每月25日定期对各个车站的进出站道岔及小半径曲线的进行检查，定期对道岔滑床板进行必要的涂油保养。

（4）车站如主体工程、室内外工程、装修工程的成品保护，要根据当地环境、气候天气等情况采取预防措施。其中比较典型的是：室内工程的木门极易遭受来自白蚁的啃噬，导致木门损坏。车站室外的墙体涂料，由于当地紫外线强烈，涂料极易褪色。根据该特点，将木门改为塑钢门解决白蚁啃噬的现象。针对涂料褪色则需选用适合和适应当地气候的优质涂料。

5 总　　结

本格拉铁路战线长、规模大、专业多，质量监控较为困难，通过质量风险管理措施，大幅提高了质量管理水平，使本格拉铁路施工质量建设处于全方位、无死角的监管状态。从事前准备、事中控制、事后总结三个方面严格要求和把关，使质量风险最小化目标得以实现，一次成型、一次成优的工程已成为常态，为本格拉铁路顺利验交奠定了坚实的基础。

谢小丁（1981—），男，高级工程师，2005年毕业于西安工业大学土木工程专业。2012年开始在中铁二十局集团安哥拉本格拉铁路工程指挥部工作，主要从事工程技术管理与研究。

Xie Xiaoding（1981—），Masculino，Engenheiro sênior，graduou na especialidade de Engenharia civil da Xi'an Universidade de Tecnologia，começou a trabalhar no comando do projecto de Caminho de Ferro de Benguela，da China Railway 20 Group Internacional Angola，Lda em 2012，trabalha principalmente em Gerenciamento e pesquisa das tecnologias de engenharia.

非洲草原雨季施工组织安排

Arranjos de construção das pastagens africanas na estação das chuvas

（梁钲浩）

(Liang Zhenghao)

【摘　要】 非洲草原雨季降雨量大、雨季周期长，雨季合理的组织施工，是工程按期交付的关键。以本格拉铁路为例，项目工期紧、任务重，雨季施工存在物资运输困难、生产效率低等实际情况，本文分析了雨季施工保障措施，以确保雨季正常施工，按期完工。

【Resumo】 A precipitação das pastagens africanas na estação chuvosa é grande, a duração da estação chuvosa é longa, os arranjos de construção razoáveis é a chave para a entrega do projeto a tempo. Citar o Caminho de Ferro de Benguela como exemplo, o prazo da obra é curta, trabalhos de construção são pesadas, existem os problemas, por exemplo, é difícil transportar os materiais, a eficiência de produção é baixa na estação chuvosa. Este artigo faz análise das medidas de salvaguarda da construção na estação chuvosa, para garantir a construção normal, e a conclusão a tempo.

【关键词】 非洲　雨季施工　措施

【Palavra-chave】 África　Construção na estação chuvosa　Medidas

1　安哥拉雨季气候特点

安哥拉季节变化明显，全年分旱、雨两季。本格拉铁路线达 1 344 km，是安哥拉铁路网三横中的重要一横，位于安哥拉中部，横跨四省，西起大西洋海岸本格拉省，途经万博省、比耶省，东至莫希科省卢奥市，卢奥市与刚果接壤，沿线气候有所差异。

本格拉地处安哥拉中西部省份，临大西洋，沿海年降水量不足 300 mm；万博省、比耶省、莫希科省年降雨量均达 1 500 mm 以上，10 月至次年 4 月为雨季，平均气温为 26 ℃，气候炎热，温度高，湿度大，5 至 9 月为旱季，平均气温为 24 ℃，相对凉爽，干燥无雨。

2　按期完工的重要性

本格拉铁路作为安哥拉有史以来修建的线路最长、速度最快、规模最大的现代化铁路项目，在安哥拉基建中处于非常重要的地位，同时也是执政党发展国内基建的标志性工程之一，是政治性工程。

铁路沿线公路交通差，部分省会城市间有公路连接，其他城市间的连接道路均为土路，雨季基本无法通行，铁路的建设大大改善了当地人民的日常出行，带动了当地经济发展，是一项造福人民的工程。

本格拉铁路下一步将与赞比亚、刚果民主共和国、莫桑比克等周边国家铁路网进行连接，构建和连接大西洋和印度洋的铁路大通道。因此，确保按期完工通车的重要性可想而知。

3 施工部署与安排

本格拉铁路施工的总体思路为分段施工、分段验交，每次的通车庆典都是安哥拉比较重大的事件，时间不容拖延，既是安哥拉政府的需要，也是CR20立足安哥拉的需要。因此，本铁建设过程中每次通车庆典的时间节点都对我们提出了严峻的挑战，而安哥拉每年有近8个月的时间处于雨季，严重影响施工，直接制约施工进度。项目根据工程量分配分部管段长度，各分部对管段内施工内容进行梳理，编制总体施工进度计划。雨季期间必须安排路基、桥涵、轨道工程施工，否则无法按期完成，从而制定相应的措施确保雨季施工。

统筹安排单项、分项工程的施工计划，针对本格拉工程的特点，考虑到有的施工工序雨季施工影响较小，而有的工序受雨季影响较大的情况，必须综合考虑施工的先后次序，避免在雨季进行距离驻地较远的地点开展施工，尽量在驻地附近开展施工。全面安排，合理组织，要采取满足施工技术、质量和安全要求的针对性措施。

4 雨季施工难点

4.1 物资运输难点

施工线长、地质复杂、地形困难，铁路沿线仅有200 km的柏油路，其他均为土路，路况极差，地形复杂，时常出现车辆趴窝等问题，物资运输是一大难点。虽然部分物资考虑在雨季来临前提前运输至施工现场，但由于部分材料受国内采购周期的制约，部分材料仍存在雨季运输问题。

4.2 生产效率低

每年1月、4月、10月降雨量较低，2月、3月、11月、12月降雨量大，连降暴雨，平均每天降雨1至3次，降雨时间长达8个小时，施工的有效时间短，直接影响施工效率。其次，雨季是疟疾病高发期，大部分在安工作过的员工均有得过疟疾的经历，天气炎热，易中暑，员工的身体健康与否，也是影响施工效率的原因之一。雨季施工便道条件极差，加大了机械设备磨损，影响机械设备的完好率、出勤率，也是影响生产效率的关键。

5 雨季施工保障措施

5.1 人员组织保障

(1)在雨季来临之前，项目部建立雨季施工领导小组，责任到人，各分部成立雨季施工领导小组，层层落实；在雨季施工中定期检查，严格雨季施工“雨前、雨中、雨后”三检制，对发现的问题及时整改。

(2)组织对中方员工、安方员工进行雨期施工安全教育，提高每个员工的安全意识和质量意识，防止发生工程事故和人员的遭电击、触电、高空坠物、物体打击及淹亡等安全事故发生。

(3)组织学习雨期施工技术、安全措施，落实劳动力、材料、机具计划。

5.2 物资运输保障

首先在雨季来临前，做好物资计划，并在旱季来临前采用汽车运输做好备料工作。由于大部分材料都是从国内采购，到港提柜有一定的周期，雨季同样也需进行物资运输。

(1)项目建设初期，组建运输队，雨季来临前做好运输车辆的维修保养工作，负责雨季各施工点的物资运输工作。组建运输队的优点在于：一是路途遥远，社会治安堪忧，相互照应，同时也配备 1 名军保跟车，确保安全；二是便于车辆相互救援，雨季便道差，时常出现车辆趴窝，每趟运输配置 1 名修理工，及时处理车辆故障。

(2)项目建设中期部分铁路已开通机务作业，采用机务运输和汽车运输相结合的方式。本格拉铁路物流基地设在本格拉，靠近本格拉码头，中期利用机务运输至卡凌卡、万博后，再通过汽运转运至施工现场，大大的缩减运输周期，减少了运输成本，

(3)项目后期，充分利用铁路运力大，干扰因素小等特点，全线采取机务运输物资，确保了物资运输的及时性，大大降低了运输成本。

5.3 机械设备保障

(1)通过设备台账，雨季施工前对机械设备进行一次彻底的维护保养工作，挑选综合性能较好的设备，保障雨季施工，降低损坏率。

(2)定人定车管理，并执行严格的考核制度，提高机械设备操作人员的主观能动性，从而确保机械设备出勤率。

5.4 流动作业点提高雨季生产效率

项目中期、后期大力采取流动作业点进行施工，采用铁路宿营车根据驻点人员数量进行合理配置，不仅解决了因工作点分散搬迁驻地的繁琐，使雨季施工更灵活，更大大的提高了生产效率。

5.5 技术准备

(1)加强气象预报的收集工作，以便根据天气变化情况及时调整施工部署。安哥拉的气象预报条件相对落后，除省会城市有气象部门，其他下属市县均未设气象监测部门，需要翻译与省会城市气象部门对接，同当地居民了解往年的气象水文情况，分段安排专人收集、汇总，根据了解的气象水文情况合理安排施工，同时建立好气象台账资料，利用本年的气象资料指导下个雨季的施工。降雨等级的分类、现象描述及降雨量如表 1 所示。

表 1　降雨等级分类

降雨等级	现象描述	降雨量(mm)	
		一天内	半天内
小　雨	雨能使地面湿润，但不泥泞	1～10	0.2～5
中　雨	雨降到屋顶有淅沥声，凹地积水	10～25	5.1～15
大　雨	降雨如倾盆落地四溅，平地积水	25～50	15.1～30
暴　雨	比大雨还大，能造成山洪暴发	50～100	30.1～70
大暴雨	比暴雨还大或时间长，造成洪涝灾害	100～120	70.1～140
特大暴雨	比大暴雨大，造成洪涝灾害	>200	>140

(2)雨季到来之前，提出雨季施工方案，做好雨季施工计划，通过项目工程部评审，组织有关人员按照方案要求进行技术交底，为施工提供技术准备。

(3)项目(分部)生产领导及技术人员组织进行现场调查,确认有条件在雨季施工的段落,施工现场及构件预制生产基地根据地形,选择在不受洪水、滑坡、泥石流影响的处所设置。对场地排水系统进行疏通,以保证水流畅通,具备防洪条件,场地不积水,并防止四周地面水倒流进入场内。

(4)为了克服雨季对施工造成的影响,保证质量和工期,必须采取一系列的施工技术及施工组织措施:

①为了克服雨季持续时间长所带来的困难,工程又必然要跨越雨季施工,这就要求在工期安排上要灵活机动,积极抢晴天,战雨天,见缝插针。遇大风、大雨不能正常施工时,则可以利用雨天进行设备维修,开展学习和技能培训,为下一步投入施工做好准备。

②雨季对工程施工极为不利。在生产安排上综合多方面的因素,采取行之有效的措施,把好质量关,尽量减少对质量和工期的影响。

(5)雨季施工应特别注意的几个问题是:严禁雨天进行非渗水土的填筑施工;不宜安排洼地路堤、地下水位较高地段路堤、松软土地基处理项目施工;开工前先做好临时排水设施;当路基为土质时,截水沟、边沟及时铺砌或采取其他防渗措施,保证边坡稳定。

5.6　后勤保障

安哥拉雨季温度高,气候潮湿,蚊虫多,是疟疾高发期。员工雨季淋雨后特别容易感染疟疾,需做好现场环卫工作,做好人员防淋雨措施,有效降低发病率,保障施工生产。

(1)项目设专职环卫管理人员,必须不定期的对施工现场周边环境卫生进行检查和监督。

(2)项目为员工配备齐全的雨季防护用品,结合施工现场搭设临时防雨棚,以便突降大雨时,方便人员避雨。

(3)本格拉铁路沿线很多地方没有手机信号,针对雨季施工计划,对雨季开设的施工作业点,配备足够的卫星电话,保障对外的沟通畅通。

(4)各卫生所备足雨季相应药品,厨房用保温桶准备好绿豆汤、茶叶水、白糖等防暑降温食品,准备藿香正气水、清凉油、风油精等防暑用药,发放给员工。

(5)炊事人员上岗前要进行体检并要定期进行身体检查;食品事物设置防蝇罩,夏季食物不得过夜,熟食生食应设专用菜刀,以防食物中毒。经常深入食堂检查饭菜卫生情况,防止食物中毒和传染病发生。

(6)厕所设专人清扫,回收水进行冲洗;门窗设防蝇纱门纱窗,定期灭蝇;派专人管理施工现场的卫生,并进行责任区划分,明确分工到人。

(7)搞好个人卫生,定期检查住所卫生;做好宿舍的通风排风,保持宿舍空气流通;准备好宿舍、办公室防暑降温用的电扇、空调等电器。

(8)加强对施工人员的教育,严禁任何人员到周边河流游泳,避免不安全行为和疾病的传播。

5.7　施工现场准备

(1)雨季来临前期,应做好人员劳动力的准备和安排;平时材料应准备充足并有足够的富余,确保雨季不因材料问题而影响工期。

(2)现场用电设备的电闸箱或开关采取进盒和搭篷等防雨、防潮措施,并安装接地保护装置。

(3)水泥、钢材等怕雨淋变形或易受潮块结的材料,水泥进库或进罐密封储藏,钢材等大型构建因现场建库成本高,采取垫高、覆盖保护措施。

(4)按照材料机具计划组织料具进场、分类保管并设置标识,以备急需使用。

(5)本格拉铁路沿线运输条件极差,沿铁路线仅有 200 km 当地公路平行铁路,可充分利用,大部分施工便道要新建,对工程现场进出的主要运输道路和特殊地段采用泥结碎石作路面,做好路拱并碾压坚实,充分利用拆除既有线路清筛道砟后剩余的道床来填筑泥结碎石路面,节约成本;对其他平行于铁路的施工便道采用素土填筑,做好路拱,碾压坚实;道路两侧设置完善的排水系统,保证不堵、不积水和冲刷路面。

(6)切实抓好雨季防洪防汛防雨的准备工作。施工前着重解决排水问题,即保证原有的排水系统尽量不被破坏,适当增设临时排水系统,保证雨季排水畅通。在设备上考虑多些抽水机、潜水泵排水机械设备。生活、生产设施及设备材料堆放等不要布置在低洼处。

6 主要分项工程施工技术措施

6.1 路基工程雨季施工措施

(1)雨季施工前做好施工准备工作,区分路段,进行适合于雨季施工项目的安排,并做好防水、防洪、排水工作。对可提前做永久性排水设施的排水工程提前进行施工。

(2)雨季进行地基换填施工要特别注意排水工作,施工的排水设施要确保能够完全排除地表水和外渗的地下水。回填作业紧跟挖除工作,不得长期将基底暴露或浸泡在积水中。

(3)路基填筑做到随挖、随运、随压,以保证路基质量。每层填土表面做成 2%~4% 的横坡,并应填平,雨季和收工前将铺填的松土碾压密实,不积水。雨后进入路基施工必须待填层面晾干后或采取其他措施,并确认填料含水量合格后才能开工。

(4)路基填筑各工序紧凑作业,施工段不易太长,尽量当天填筑的路段当天完成碾压;若遇大雨,则及时用塑料布铺盖防雨。

(5)在雨季来临前及雨季施工期间,做好路基面的排水工作,在路肩上设置挡水埂,纵向每隔 20 m 在边坡上用水泥砂浆设置一道临时急流槽,将雨水引排到路基排水沟内,防止边坡被雨水冲刷。

(6)路基雨季施工可安排开挖高度小、运距短的路堑施工。在施工中,随开挖及时做好临时排水沟,开挖底面平顺,不得有积水现象,并有向外侧不小于 4%的纵坡。通过雨季对地下水露头情况的观测,采取合理的措施进行引排。

(7)雨季进行混凝土及圬工作业时严格按规范进行施工,拌和站及砂石料仓均设遮雨棚,墩台混凝土施工设避雨棚,随时掌握天气预报,尽量避开雨天浇筑混凝土。

(8)大雨后对路基面平整度、排水坡设置、水土流失情况进行评价,以便进一步指导施工。软质岩、强风化硬质岩及土质路堑开挖时预留基底保护层,换填层开挖前先开挖侧沟,做好排水设施。

(9)雨天要封闭路基施工段的交通,禁止一切车辆在路堤上行驶。

(10)各路基附属工程构造物基底防止因雨水浸泡而降低承载力,同时防止山体滑坡,对基底隐蔽工程及时报检,经监理工程师检查合格后及时封底。

6.2 桥涵工程雨季施工措施

(1)桥梁基础施工时,做好基坑及周围地表的排水工作,在坑顶外侧预设一道土埂,防止雨水倒灌。已开挖的基坑槽应及时进行封闭,同时在基坑内设置集水坑,并配抽水机将积水及时排出到基坑外。挖基的弃土远离基坑边缘,减轻基坑顶的荷载。

(2)雨季做好材料的保管工作,特别是水泥,要堆放在防雨棚内,按照要求存放,以免受潮。钢筋及钢筋半成品分类存放在钢筋工棚内,防止锈蚀。钢模板做好防雨工作,防止锈蚀。

(3)雨季施工期间,保管好机具,对电气设备按要求设置防雨设施,以及防雷电设施,防止电器受潮或漏电。

(4)对施工地段的排水沟进行整修、疏通,保证排水畅通。要加强对支架基础周围的排水,防止支架下沉、变形。

(5)混凝土浇筑前,注意收听天气预报,尽量避开雨天浇筑混凝土,或者在混凝土浇筑前准备好防雨设施。混凝土开盘前根据混凝土含水率调整施工配合比,适当减少加水量。

(6)防水层不在下雨天施作,找平层的干燥度符合防水层的铺设条件后再施作防水层。

(7)施工现场及时排除积水,加强对支架、脚手架等的检查,防治倾倒和坍塌,长时间在雨季中作业的工程,应根据条件搭设防雨棚,施工中遇到暴风雨应暂停施工。

(8)雨天或雨后施工涉及高空作业时,由于脚手架湿滑,要设置足够的防护网、护栏等安全设施,人行步梯或作业平台设置防滑条,施工人员禁止穿硬底鞋,电气操作人员要穿绝缘鞋。

(9)桥涵基础施工时,做好基坑及周围地表的排水工作,在坑顶外侧预设一道土埂,防止雨水倒灌。已开挖的基坑槽应及时进行封闭,同时在基坑内设置集水坑,并配抽水机将积水及时排出到基坑外。挖基的弃土远离基坑边缘,减轻基坑顶的荷载。

6.3 轨道工程雨季施工措施

(1)在雨季之前,轨枕生产制定防雨、防洪措施,备足水泥、砂、碎石等主要材料,为施工人员配备必要的劳动保护用品,以达到连续施工,不间断生产。

(2)如遇暴雨或大雨则停止底砟铺设、铺轨等作业。

(3)增加雨后对已铺设轨道及即将铺设区段各项工程的检测工作,准确把握现场情况,以确保轨道铺设质量。

6.4 对已完工程的保护措施

(1)项目经理部组织(各分部)成立已完工程保护小组,配备足够的人员、机械设备,负责对已完工程的保护及破坏修复工作,直至工程正式移交业主。

(2)对项目所有参建人员进行成品保护教育,提高成品保护意识,制定严格的奖罚制度,对破坏分子严肃惩处。

(3)加强对施工半成品的保护工作。施工前,根据本工程的特点及重点,制定半成品的保护措施,确保半成品不受损坏。

(4)保护小组下设维修工班,经常对已完工程经常进行全面、仔细检查,对损坏部分要登记清楚,及时上报,立即组织维修。

7 雨季施工安全、质量、文明及环保施工措施

7.1 安全施工保证措施

(1)雨季施工前,施工单位应做好防洪排涝准备,组织防洪物资、设备、防护用品进场。

(2)雨季施工前,施工单位应对施工场地、在建工程、材料堆放场、设备存放场、运输便道等的防洪设施进行检查、加固,疏通排水沟渠。对有可能被洪水淹没的临时房屋、设备、物资应采取搬迁措施。

(3)雨季施工时,作业场所的脚手架、跳板、桥梁、墩台等作业面应采取防滑措施;场内机动车辆行驶时应减速防滑,靠近基坑边缘卸料时应设置止挡。

(4)强风、大雨前后,应对临时房屋等工程设施进行检查,发现滑坡、坍方、倾斜、变形、漏雨等危险情况时,必须及时组织抢修、防护和加固。

(5)暴雨前后,必须对钢塔架、大型设备、高大脚手架、支(拱)架等的避雷装置与机电设备进行检查、测试和整修,应使其不受潮、不漏电、接地电阻值符合规定。

(6)雷雨天气,严禁从事露天钢结构、钢脚手架、钢支(拱)架、钢模板等的安装、拆除及焊接作业。

(7)雷雨天气,作业人员不应在大树、施工机械下停留,不应靠近电线杆、铁塔、架空线路以及避雷装置接地导线。

7.2 质量保证措施

(1)临时设施根据地形合理布置场地排水系统,保证水流畅通,不积水。钢筋加工存放场搭设防雨棚,以免钢筋被雨淋而生锈。提高施工便道质量及技术标准,并加强维修,保证雨季交通畅通。防汛、防雨材料及用品、抽排水设备充足,并自备电源确保供电。工程材料要采取防雨措施,放入棚内或屋内,垫高码放整齐。对现场临时设施,如工人宿舍、办公室、食堂、仓库等进行全面检查。雨后检查模板及钢筋上是否有泥水,如有,立即清除。

(2)在雨季施工时,施工现场及时排除积水,加强对支架、脚手架的检查,防止倾倒和坍塌。在基坑周围设置截水沟,将水引至施工场地外农田内,对处于洪水可能淹没地带的机械设备、材料等做好防范措施,施工人员做好安全撤离的准备。长时间在雨季中作业的工程,根据条件搭设防雨棚。施工中遇有暴风雨暂停施工。

(3)雨季进行混凝土及圬工作业严格执行施工规范,拌和站及砂石料仓均设遮雨棚,随时掌握天气预报,尽量避开雨天浇筑混凝土。

(4)现场中、小型设备加防雨罩或搭防雨棚,机电设备安装好接地安全装置,机动电闸箱的漏电保护装置安全可靠;施工电缆、电线尽量埋入地下,外露的电杆、电线采取可靠的固定措施;雨季前对现场设备作绝缘检测。

(5)对停用的机械设备以及钢材、水泥等材料采取遮雨、防潮措施,现场物资的存放台等均垫高,防止雨水浸泡。

(6)加强对临时施工便道维护与整修,确保其路面平整、无坑洼、无积水。

7.3 文明施工、环境保护措施

(1)现场施工人员、安全员、技术人员在雨期来临前对现场进行雨期安全检查,发现问题及时处理,并在雨期施工期间定期检查。

(2)施工现场设专人对现场进行清理工作，洒水、扫地，防止尘土飞扬，清除污泥、雨水，保持现场整洁。

(3)弃渣场应及时平整，四周做好截水沟，并接入排水系统，防止雨水冲刷导致水土流失。

(4)施工污水应经沉淀后排出，沉淀池四周做好地表水截水沟，防止雨水蔓延至沉淀池导致污水排出，污染环境。

(5)设专人对生活区进行定期清理消毒，消灭四害，不吃腐烂变质的食物和污染的水，防止疾病蔓延。

8 雨季施工应急预案

项目部成立应急抢险救援组织机构，按照“以人为本”和“快速有效救援”的原则，项目经理部成立以项目经理为组长，分管副经理为副组长，各分部经理及专职安全员为成员的紧急救援领导小组。各分部成立抢险救援队，选拔具有抗洪抢险施工经验的人员组建救援抢险队，配备必要的应急救援器材、设备，并定期组织演练，提高作业人员防灾自救能力。抢险救援队办公室实行24小时值班，接到应急通知后迅速组织应急救援抢险队赶到现场进行抢险救援。

9 结 束 语

本格拉铁路雨季施工组织安排，通过施工前准备，制定一系列保障措施，施工中技术措施控制，合理的安排了雨季施工，完成了雨季施工的预期目标，为项目按期交付提供了有力保障，得到了业主的一致认可。

梁钲浩(1985—)，男，工程师，2005年毕业于武汉科技大学公路与桥梁专业。2015年至今在中铁二十局集团安哥拉本格拉铁路工程指挥部第一项目经理部工作，主要从事技术管理工作。

Liang Zhenghao (1985—), Masculino, Engenheiro, graduado do Universidade de ciência e tecnologia de Wuhan em ano 2005, especializado em rodovia e ponte, desde do ano 2015 até momento presente, servido no departamento de gerente do projeto 1° ao comando da obra do Caminho de Ferro de Benguela, é responsável principalmente de gestão de técnico.

大型海外项目驻地建设与布局

Construçaõ e distribuição de estaleiro de projecto grande estrangeiro

（熊国明　朱　仙）

(Xiong Guoming e Zhu Xian)

【摘　要】本文结合本格拉铁路工程各类不同功能类型驻地的布局、选择和建设，从驻地作用功能能力情况、后勤供应效果、实际使用情况、应急处理和取得的实际效果五方面进行了具体介绍，为今后类似铁路工程施工提供借鉴和参考。

【Resumo】O artigo presente combina a distribuição, escolha e construção dos variados tipos e funções dos estaleiros de projecto do Caminho de Ferro de Benguela, apresentando concretamente os cinco aspectos como as funções de estaleiro, condição de fornecimento de logística, condição de uso prático, tratamento expedito e efeito prático. Assim oferece espelho e referência para construção de projecto ferroviário similar no futuro.

【关键词】整体规划　合理布局　科学管理　效益为本　标准高效

【Palavra-chave】Planificação inteiro　Distribuição razoável　Controlo científico　Benefício orientado　Critério e eficiência alta

项目管理篇

1　前　　言

本格拉铁路工程线路长，跨度较大，临建驻地的位置选择要根据施工任务、施工功能类型，科学规划；根据交通状况、地理位置，合理布置建设；根据驻地安全、疾病传播情况、人文情况，参考建设。

2　工程概况

本格拉铁路位于安哥拉共和国中部，西起大西洋沿岸的洛比托港，途经本格拉省、万博省、比耶省、莫希科省，终点为莫希科省卢奥市与刚果边境交界处，全长 1 344 km。线路长，跨度大，且我单位需要负责前期的线路勘测、部分线路设计和部分桥梁、涵洞的新建及修复，后期的轨枕预制、道砟生产、上砟铺轨及线路大修及后期线路养护等工作。对于如此长跨度的施工范围及施工任务，如何合理的布设驻地，会直接影响到后期施工的进度、管理效果及施工生产的全盘组织安排。

根据本格拉铁路工程情况，成立了安哥拉本格拉铁路工程指挥部，下设第一项目部、第二项目部、第三项目部、第四项目部、第五项目部、第六项目部和电务项目部、铺架和物流中心。各项目部和预制场根据各自不同的施工任务范围和使用功能，下设各自现场驻地。

3 驻地规划选址

驻地是为满足工程项目施工建设的产物，是为施工服务的，是为科学合理管理组织施工服务的，是为参加施工建设的人员办公、生活服务的，是机械设备存放和修整维护的场地。驻地的布局和选址，是决定工程项目成败的重要因素。

3.1 驻地布置原则

(1)根据施工任务情况选择驻地位置

前期驻地的整体布局，应根据项目管理的方便有效，施工任务的划分，工程工期的要求，工程数量类型的分部和现场实际情况，按照标准化施工的要求综合考虑。驻地在不影响施工范围的情况下，尽量靠近施工现场，方便施工和管理。例如第四项目部的卡玛库帕驻地、库恩巴驻地，都临近线路，施工方便，物资设备运输方便，无形中增加工作效率。

(2)选址的前提是要考虑水源问题

水源是参建施工人员和设备必不可少的条件，直接关系参建人员的身体健康情况，直接影响机械设备的运转使用情况，是施工建设的前提保障，是人员设备生存的必须条件。所以驻地选址，首先要选择水源干净安全的位置，选择施工用水丰富，运输方便地位置。

(3)尽量选择进出便道畅通，交通便利的位置

本格拉铁路项目的施工，各类大型设备的进出频繁，一旦没有畅通的便道，托运转运机械设备，只会增加施工成本，消耗有效工作时间。便道的畅通也是参建人员生活保障的前提，一日三餐，设备油料，在施工过程中需求量大，保证供应也会成为一项极大的挑战和成本消耗。例如木酷帅热车站与卢奥车站区间，线路 53 km，几乎没有像样的路，便道穿过丛林，区间荒无人烟，没有手机信号，便道全是细沙堆，小型车辆无法通过，大型车辆行车缓慢，部分路段需要四驱行驶。施工人员的出行和施工原材料的进出困难，路基修筑时，驻地、土场、施工现场距离远，容易陷车，救援困难。在考察现场后，设立了临时移动驻地，随车携带帐篷和生活、施工必需品，边施工边行进，解决便道问题，增加了有效工作时间，增长了工作效率，减少成本消耗。

(4)尽量选择社会治安状况稳定，民风淳朴善良的区域选址建设

安哥拉内战刚刚结束，进场组织驻地等临建建设的第一个难题就是排雷，清理战争遗留伤害，保障人员设备的安全。

中国员工与当地语言沟通不畅，不懂当地习俗和民风，施工过程中可能会无意触犯当地禁忌或习俗，或者因为沟通不便，引发冲突等状况，危及人身安全。驻地内，各类施工设备，各类钢材油料存储，可能会引发偷盗、抢劫情况。所以驻地选址时应尽量考虑民风和社会稳定情况，减少施工以外的人员设备消耗。尽量选择与当地人保持一定距离的区域建设。

(5)尽量选择信号畅通的位置

通信信号通畅，才能及时接收上级各部门的指挥安排，才能根据施工任务需求，及时根据任务，灵活组织现场施工，完成各项指标任务；通信信号畅通，才能及时给现场各部分下达上级指示，提出施工要求，领导现场施工；通信信号畅通，才能合理及时调配各施工现场的人员设备和物资，及时高效发挥领导协调作用，最大化发挥人力物力的作用，高效快

速完成任务指标。

3.2 选　　址

(1)指挥部的选址

指挥部是与业主及政府部门沟通联系的部门，是指挥、领导全盘项目，管理、组织施工的机构。所以选址上必须方便与业主和政府专门职能机构沟通，同时能有效的监管项目，这样才能及时掌握业主意向，及时调整组织施工。必须选择交通便利，通信信号发达，位置相对居中的地方，所以本格拉铁路项目的工程指挥部选择在交通较为便利，位置相对居中的万博来建设，后期随着建设的收尾，与铁路局需进一步加强沟通，搬迁至本格拉。

(2)项目部的选址

项目部的职能是在指挥部的领导下，组织安排自己管段内的现场管理和施工。所以项目部的选址要以施工为主，选择安全可靠的位置，选择信号发达，能及时接收指挥部、业主等上级部门信息的位置，能传达指令，领导现场施工。必须选择交通便利的位置，才能及时为现场施工提供后勤保障，并且能及时掌握现场状况，对施工现场及时做出反应。

(3)施工队的选址

必须根据施工任务的划分情况，能及时接收上级部门的指令要求，靠近施工现场，灵活高效组织现场施工的位置；必须选择安全可靠，能保障人员和设备安全的位置；尽量选择交通便利，沟通顺利的位置，以保障施工。

(4)施工现场驻地建设

根据施工任务的类型性质，跨度情况，选择不同的施工现场驻地。例如大桥等主体结构施工时，宜选择现场作为建设驻地，因为这类施工时间长，施工地点稳定不变；例如线路养护，随着线路前行作业，宜选择机动灵活的宿营车驻地；例如路基施工时，随着线路施工，但前行速度缓慢，宜选择易搭建、方便搬运的帐篷或者板房驻地。散点与驻点相结合，灵活选择适合的驻地形式，方便高效地为施工服务。

3.3 驻地形式

指挥部、项目部的临建结构的设置，选择自建或者租赁砖房、楼房或者砖房板房配合搭建。

队部驻地建设，一般根据施工人员和机械设备，生活区、办公区结合建设，节省资源和场地，方便管理沟通，易采用帐篷、水泥砖房等类型建筑物。

施工现场驻地，流动性较大，依据施工类型和任务建设，一般是组织现场施工，采用帐篷、集装箱房等，便于拆除、搭建。

随着铁路线铺通，主体工程结束，施工队伍逐步缩减，为保证线路运营安全，完善部分附属工程，项目后期采用宿营车流动式驻地，配合施工。

4 驻地建设标准的选择

指挥部、项目部的临建机构的设置，选择自建或者租赁砖房、楼房或者砖房板房配合搭建。驻地内部建设分为三部分：办公区域，各部门办公室、接待室、会议室等建设；生活区域，职工宿舍，活动室，餐厅厨房，卫生间等建设；仓库区域，各类设备地存放，各种生活、施工的保障供应物资的存储间建设。

队部驻地建设，一般根据施工人员和类型，生活区办公区结合建设，节省资源和场地，方便管理沟通，其他必要设施配属建设，如食堂厨房、卫浴间、修理间、仓库及机械设备停放场等。

施工现场建设依据施工类型和任务建设，一般是组织现场施工，搭配必要生活设施，保障人员生活和设备存放即可。

5 驻地建设

5.1 驻地建设规划

驻地建设的规模大小，根据工程任务的类型多少、工期任务，国内员工及当地劳务使用计划，明确不同时期的国内员工及当地劳务数量，规划驻地规模。结合地质、地形、地貌特点，避开地质不良地段，满足防洪要求，严禁修建在易滑坡地段、河道边、水库下游沟底、山谷底、低凹处和未经碾压的弃土上等存在安全隐患的地点。考虑生活和生产用水，考虑当地社会治安，后勤供应，便道是否通顺，合理规划施工区和生活区，合理设置宿舍、食堂、饮水、厕所等生活设施，为施工顺利进行提供后勤保障。

驻地内部，按照公司企业文化统一标准，根据企业识别要求布设。驻地建设是最能直接体现出一个企业文化厚度和底蕴深度。企业文化是一种宝贵的资源和独特的生产要素，能体现企业的价值取向和行为标准，凝聚着企业的共同信念和整体合力，是打造核心竞争力，塑造品牌形象，实现科学发展的必然要求和战略要求。细微处见真章，驻地内部规划的好坏，直接影响参建员工的生活、工作质量。

5.2 驻地管理

(1)内在因素，以人为本。驻地是参建员工休息和管理人员办公的场所，是参建设备存放修理的场所。驻地内必须划分设备存放区，设备修理区，员工休息区，员工办公区，娱乐区域，食堂等分区。保证员工有一个安静严肃的办公环境，活泼、休闲的娱乐场所，祥和、团结的食宿环境，干净整洁的设备存放区域。

(2)外在因素，后勤保障，安全稳定。有健康充足的水源和衣食住行保障，让广大参建员工能健康快乐的工作；设立牢固安全的围墙和门卫，让参建员工能踏实工作，安心休息；充足的油料和配件，让参加施工的所有机械和设备都能在施工现场高效的运转。

5.3 企业文化和标识

企业文化是一种宝贵资源和独特生产要素，体现了企业的价值取向和行为标准，凝聚着企业的共同信念和聚体合力，持之以恒地深化企业文化建设，是打造核心竞争力，塑造品牌形象，实现科学发展的必然要求和战略举措。而驻地建设是企业文化和企业精神的最直观体现。

5.4 安全保障措施

(1)驻地安全。安全是施工生产的先决条件，一个安全可靠地环境是员工、设备高效发挥作用的前提。所有驻地无论是否远离当地居民区，均圈设围墙，安设门卫，由安方士兵把守，保证驻地内的人员和设备、物资安全。所有仓库均要专人配锁，定时巡视。与安方警察等治安部门保持联系，遇到突发情况及时制止。培养员工安全意识，增强员工处理突发情况的能力。

(2)外出或者参加施工时，必须要求安方士兵同行，单人不得外出。施工时应与大部分人保持联系，同步工作，遇到突发情况，保持冷静，懂得保护自己，维护自己和企业利益。

6 结束语

大项海外项目驻地的选址建设，根据交通、地理、社会和施工任务等因素，合理分布，科学管理，采用不同类型的驻地建设形式，满足管理项目和施工生产需求，为员工提供一个温暖、舒适的生活条件。随着工程项目的推进情况，及时整合驻地资源，采用轨道宿营车、集装箱房等流动性驻地与固定型驻地相结合，配合工程施工，有效的降低了施工成本，满足员工住宿和施工生产的需求，为以后海外项目类似大型工程驻地的建设提供参考和借鉴。

熊国明(1978—)，男，工程师，2000 年毕业于湖南城建大学城镇建设专业。2008 年 3 月至今在中铁二十局集团安哥拉本格拉铁路工程第四项目部工作，主要从事施工技术工作。

Xiong Guoming(1978—), Masculino, Engenheiro, formado em Universidade de Construção de Cidade de Hunan na área de construção de cidade. Ele tem trabalhando na gerência do quatro projeto, caminho de ferro de Benguela, CR20 desde Março de 2008 na área de tecnologia de construção.

竣工移交工作的注意要点

Os pontos de atenção da entrega da obra concluída

（刘　志　梁钲浩）
(Liu Zhi e Liang Zhenghao)

【摘　要】本格拉铁路的全线移交，是业主建设投资成果转入生产或使用的标志，也是全面考核投资效益和施工质量的重要环节。对企业而言，它是施工全过程的最后一道程序，也是工程项目管理的最后一项工作，标志着工程质量、工期、技术标准的合同履约认可。本文分析本格拉铁路竣工移交业主所关心的重点，分别从竣工移交思路、管理、资料进行了总结。

【Resumo】 A entrega de toda a linha de Caminho de Ferro de Benguela, é um símbolo que o investimento de construção de dono da obra torna-se para produção ou uso, também é a parte importante de avaliação abrangente da eficiência do investimento e da qualidade da construção. Para empresa, a entrega é o último procedimento de toda a construção, também é o último trabalho de gerenciamento de projeto, representa que a qualidade do projeto, prazo da obra, e padrões técnicos escritos no contrato são reconhecidos, faz análise dos focos que o dono da obra presta mais atenção durante a entrega, resume o conceito da entrega, gerenciamento e documentos.

【关键词】铁路　竣工验收　管理　资料

【Palavra-chave】 Caminho de Ferro　Inspeção e aceitação da obra concluída　Gerenciamento　Documentos

1　前　　言

本格拉铁路全长 1 344 km，EPC 总承包模式，是采用中国技术标准在海外一次性建成的最长铁路，远期与安赞、坦赞、安刚、莫桑比克铁路互联互通，将本格拉铁路提升为国际化大通道，将极大促进区域经济发展。因本格拉铁路地位特殊，安方要求边施工边试运营，2015 年 2 月 14 日全线通车试运营，2017 年 7 月 27 日全线通过初步移交。

移交验收是个琐碎、重复的工作，所以得有充分的准备。主要是两方面：资料和现场，尤其是资料。资料一定要根据业主及规范的要求，准备齐全；现场主要是缺陷修补和验收前的清理。

竣工验收准备、验收程序、验收内容、验收条件、验收标准与国内大径相同，主要从竣工资料的编制、竣工验收的管理等方面总结如下。

2　竣工验收主要思路

(1)根据工程的承包模式、规模、合同约定及安哥拉国情，采用初步验收和竣工验收两步走的方式，在全线初步验收结束后进入质保期，质保期 2 年，2 年内完善初验中存在的问题，进行竣工验收。

(2)初步移交主要从两方面考虑，合同利益和现场实际。本格拉铁路采用分段移交的主体思路，且越早移交越好。因为移交以后，可以减少我方相关费用，尽早进入质保期，尽早转移责任给业主，也利于尽早结算工程款和质保金。

(3)在准备过程中，尽可能让监理和业主提前介入，发现问题及时解决，如果有个别问题在验收前实在解决不了，要争取他们同意将其列入遗留问题，以求不致因此而延误验收。业主是不太希望提前验收的，那么负责验收的人，就需要反复地提出验收的要求，要善于利用种种契机，直到取得同意为止。

(4)注重外业质量、内页资料的完整性。首先现场成品要经过严格的评定，做到外业现场施工质量全部合格，部分工程创优。内页资料不仅包含建设项目的常规资料，还要切实根据安哥拉的实际情况，考虑人员操作水平的不足，例如：增加设备产品的操作流程、保养规范、常见的故障处理等方面资料。让业主切实感受到，“CR20”是一个负责任的企业、放心的企业。

(5)帮助接管部门培养安方专业技术人员。项目从开始进场就制定了一系列的员工属地化实施方案，与中安双方员工签订责任书等措施，采取“导师带徒”、“开课办学”等理论结合现场实际操作相结合的培养模式，培养了一大批土建专业工种，特别是培养了一批专业性较强的信号、通信的当地员工。

3　竣工资料编制

(1)本工程线长、施工周期长、相关人员轮休换岗，竣工资料一定要做到边施工、边收集、边整理，人员换岗时严格竣工资料移交程序，便于竣工资料连续、完整。

(2)竣工资料编制前，除核对相关的设计文件，并安排专业技术人员对全线徒步排查，针对结构物、附属工程、设备等进行一一核对，再进行竣工资料的编制，资料必须与现场相符无误。

(3)竣工资料编制中与业主档案接管部门保持沟通，在整理、翻译、归档、移交四个环节中保持一致，才能将此项工作顺利进行。

(4)竣工资料的翻译，对很多专业名词的翻译需向当地铁路专业人员校核，翻译完的资料出图前及时报送档案接管部门审核、沟通，对一些专业词语进行敲定，以免出图后造成返工。

(5)安哥拉官方语言为葡萄牙语，但当时签订总承包合同时，竣工资料语言为英语，项目实施过程中，通过及时的与业主沟通，业主改为葡萄牙语，未造成重复翻译的损失。故在以后的工程中，签订合同时，注意同业主沟通，结合所在国情况，选取恰当的竣工资料语言十分关键，避免造成资料的返工。

4 竣工移交工作的管理

(1)成立竣工移交机构，保障竣工移交工作

工程项目的开始和收尾最难干，尤其收尾，纷繁复杂。收尾工作本身的技巧和努力很重要，但收尾工作做的好坏与否，与平时所做的工作有着更根本的关系。这就需要组建一支强有力的验收团队，在领导层的高度重视下，成立移交小组，成员必须具备丰富的移交经验，了解过程中的详细情况，与业主和接管单位有着较深的沟通基础，验交起来方才更加得心应手，从而保障竣工移交工作顺利。

(2)专人负责、强调计划

因为收尾工作的复杂和千头万绪，收尾必须指定专人负责，直接对项目经理层负责，辅以各个部门中项目工作时间较长，熟悉情况者，组成一个精干的移交、验收、资料归档小组，具体实施以移交验收和竣工归档为主的收尾工作。

收尾要特别强调计划，由负责收尾的人根据工程实际情况，结合合同条款拟定初稿，然后经由项目经理主持，各部门(尤其是合同、技术和施工部门)的会审，确定后下发，严格执行。为保证计划的执行，制定例会制度，各方定期审查进度，及时解决存在的问题。

(3)验收程式化

万事开头难，第一段验收是比较难的，所以内外业一定要准备充分，才能打好验收的第一枪。第一段验收通过以后，就可以得到一些适用于该项目的程式化的东西，后面的验收，就相对容易了。程式化的另一层意思就是合同和规范中明确要求的内容必须严格执行。

(4)从业主角度上考虑移交验收问题，让业主放心

通过项目实施期间同业主的深度交流合作，取得了业主的深度认可，业主对项目的施工质量、施工进度给出了高度的赞扬，通过做一些社会公益和企业文化交流，让业主知道“CR20”是一个具有高度社会责任心的企业，是一个诚信的企业，是一个让业主放心的企业。

本格拉铁路重点在于铁路线长，养护人员数量大，投入成本大，加上安哥拉长达 27 年的内战，铁路运营管理及养护专业工种出现严重断层，安方相关的管理办法还有所欠缺，维养能力还在不断的完善中。项目部移交专人在合适的时机，站在业主的角度考虑问题，一是表明企业目标是在安哥拉长期发展的；二是企业期望得到铁路竣工移交后铁路的养护合同，企业具备先天有利条件并运营维护成本相对经济；三是在养护期企业可以提供帮助培养铁路维护专业人员，进入接管单位铁路局工作，成为铁路职工，从而帮助完善安哥拉铁路养护系统。

本格拉铁路在验收工作组的全体努力下，2017 年 7 月 27 日本格拉铁路顺利完成竣工初步验收工作，达到了预期目标，得到了业主和社会各界人士的一直好评，创造了不可估量的社会效益，扩大了企业在安哥拉的影响力，为实现企业海外战略迈出了重要的一步。

刘志（1978—），男，高级工程师，2004 年 7 月毕业于兰州交通大学，现任安哥拉国际公司本格拉铁路工程指挥部副指挥长。2011 年 6 月到安后一直在本格拉铁路工程项目工作，先后从事设计、现场施工技术、竣工移交等方面的管理工作。

Liu Zhi (1978—), Masculino, Engenheiro sênior, graduou da Universidade de Lanzhou Jiaotong no julho de 2004, é vice-comandante de comando do projecto de Caminho de Ferro de Benguela, da China Railway 20 Group Internacional Angola, Lda. Trabalha no projecto de CFB desde a chegada dele a Angola em junho de 2011, é um responsável por trabalhos de design, tecnologia de construção no local, entrega da obra concluída, etc.

夯实党建基础工作，全面提升组织指挥能力

Fortalecer os trabalhos bãsicos de construção do partido, aumentar de forma abrangente a capacidade de organização e comando

（栾存营）

（Luan Cunying）

【摘　要】 本文通过回顾总结本铁的党建工作，分析了海外党建工作的特点和需要注重的地方，为海外类似项目的党建工作提供了一定的借鉴意义。

【Resumo】 Segundo o resumo e revisão dos trabalhos da construção do partido, este artigo analiza as características da construção do partido no exterior, e os assuntos que precisam de prestar atenção, dá referências para a construção do partido dos projectos semelhantes no exterior.

【关键词】 党建　组织　建设

【Palavra-chave】 Construção do partido　Organização　Construção

项目管理篇

本格拉铁路工程上场以来，就着重抓好党建工作，促进施工生产，发挥好党组织的政治核心作用。长期以来，按照集团公司党委、集团公司关于党建工作的重要指示精神，具体部署为依据，持续性的全方位抓好党建工作。严格做到，上级有文件指示，本级有安排布置，下级有行动落实。工作开展中，根据阶段性施工生产任务，把党建工作、组织活动，与一线生产工作紧密结合。注重把党建工作与生产工作融为一体，依靠施工生产丰富党建工作内容，拓展活动载体；用党建工作推进施工生产，让党建工作在生产中发挥重要作用，使软指标的党建工作转化为硬实力的生产力。

在开展党建工作方面，做到平时注重教育学习，节假日有文化娱乐活动，重难点工程有配套活动，塑造了良好的党建工作氛围。在全党开展的“三严三实”、“两学一做”专题教育学习活动中，扎实的落实好规定动作，对提高党员队伍、领导干部队伍综合素质起到了良好的推动作用。特别是在工程建设期间，组织的大型春节联欢会、大型集体聚餐会、中央电视台现场采访、“技能星”成长中国行等有影响力的重要活动，使 CR20 企业文化在安哥拉落地生根、开花结果，CR20 企业形象和品牌不断向好。

1　持续建家建线工作，为全面建设提供基础保证

工程建设 10 年来，本格项目不断完善建家建线工作，立足现有条件，把建家建线工作摆到议事日程。本着因地制宜、节俭办事、安全舒适、文明整洁、体现企业形象、有助于施

工的建家工作原则，做到了哪里有工程，哪里就有项目部驻地，哪里有施工任务，哪里就有固定驻点。1 344 公里的铁路建设沿线，建设固定驻点约 40 多个。在建家建线过程中，要求所属各单位，要始终贯彻以人为本的理念，在各驻地进行美化环境、开展养殖种植活动，力争做到蔬菜保障自给自足。

各项目部也根据自身特点和建家需要，创造性的开展建家建线工作。有的项目部根据流动性强、频繁搬家等特点，想方设法改善和解决一线职工的吃、住、洗难的问题。例如给电务项目调配了宿营车，增加水罐、协调安全水源等事宜，解决了施工一线员工的洗澡、居住、厨房难的问题。在当地劳务生活及日常管理方面各级也尽最大努力，想办法改善条件，满足建家要求。

对一线员工配足劳保用品，改善劳务人员生活设施。此外，还统一提高了当地劳务伙食标准，有力的推动了劳务人员属地化管理工作。

2　强化队伍管理，树立良好形象，为施工生产提供有力保障

在全线队伍管理中，坚持抓管理、树形象的思路。一是强化党员队伍管理，从指挥部到施工一线，都有不少党员。党员队伍素质和党员个人素质，直接影响着施工生产建设，影响着广大群众的积极性。因此，采取了多种措施以增强党员队伍的整体素质：①建立党员教育学习的常态化机制，在思想上跟党走，在行动上做表率；②利用“三会一课”不断加强党员管理，让广大党员团结在党组织的周围，发挥应有的作用；③加强党员的过程管控，确保述职述廉、党性分析取得实效；④结合施工大干等形势，在一线开展党员突击队活动；⑤严格落实党费收缴，廉洁承诺，“七一”宣誓等活动。二是强化领导干部队伍管理。在干部队伍管理上，指挥部坚持从上做起，以上带下，率先垂范。要求项目部门以上领导人员，树立服务意识，提升保障能力。施工队以下领导干部人员，主要增强带队伍的能力、发挥战斗力、提高责任意识。三是强化技术人才队伍管理。施工技术人员、技术队伍就是施工单位的“刀”，“刀”好，工程就干的漂亮，干的快。要求各参建项目，不但要“磨刀”，更要“造刀”，要“造好刀”。通过施工这块“磨刀石”，让弱的变强、让强的更强，通过“传帮带”练就一批“刀”，练就了一批能够独挡一面的工程技术人员。

不失时机的抓好作风建设，打造良好的企业海外风气，给上级和外界一个团结、管理正规、严肃活泼、积极向上，展现国有企业形象的印象。根据上级党组织开展的“三严三实”、“两学一做”等专题教育活动，树党风、严作风。倡导雷厉风行的良好作风，在工作中要求党员和领导干部，说定的事就立即干，不能拖泥带水，对分配的任务受领之后要坚决完成，不得事后找各种理由。平时注重维护个人和企业形象。不管是各级内部办公区、宿舍、施工现场都要求落实标准化，整齐划一。所属各项目长期以来坚持早点名制度，使基层正规化管理不断得到完善。

3　加强教育引导，为施工生产提供政治保证

教育学习是员工的思想行为指南，教育学习深入得力，员工的凝聚力和战斗力就会充分得到体现。全线各项目支部以“三会一课”为基础，以集团公司党委年度主题教育为主线、围绕促进施工生产开展教育活动。

在教育学习活动中，全线党组织坚持做到六个结合。一是与施工生产任务完成相结

合。教育学习紧贴实际工作、紧贴当前工作，紧紧围绕施工生产任务，有针对性的开展政治教育学习，调动各级参建人员的积极性。二是与加强项目党建和思想政治工作相结合。利用教育学习夯实党建基础，拧心聚力，把参建员工的思想统一到促进施工生产中去。三是与加强项目管理相结合。在靠硬性制度管人的同时，还加以教育引导，使员工真心诚意服从管理，自觉遵守规章制度。四是与提高员工整体素质相结合。对全线人员新老各异等特点，各有侧重的进行教育，不断强化和巩固人员思想觉悟和素质水平，激发员工创造性开展工作的积极性。五是与本职工作相结合。在教育学习中不照本宣课，死搬硬套，因人而异的进行时事性教育。六是与文体建设相结合。教育全线员工增强集体意识，积极参加各种文体活动。让员工认识到只参加生产活动是不够的，文体活动也是重要活动，是凝聚力和团结协作的体现，有效的文体活动同样能够提高战斗力。

4　加强班子建设，为施工生产提供组织指挥保证

在班子建设上，首先加强班子成员教育学习，提高团队向心力和指挥能力。以习近平总书记关于国有企业“把方向、带班子、抓落实”九字真言总要求，深化“两学一做”学习教育。组织本级班子、要求所属班子，及时学习习近平总书记系列重要讲话精神，了解和掌握国家和上级的方针政策、文件精神，不断提高各级班子管理水平和组织指挥能力，使个人综合素质不断得到提高。在班子团结协作上做出，求团结、求全责、小事相互通气、大事开会研究形成共识、要事公开讨论集体决定的总体要求。打造以施工生产为中心的团结和谐积极向上的领导班子。一是坚持“三重一大”集体决策制度，坚持和完善“大事集体决定，党政共同负责”的领导体制。对重大施工方案确定、重大物资采购、部门以上领导使用、工资奖金发放等，事关工程建设和海外发展等职工切身利益的重大问题，坚持由领导班子研究决策。二是树立项目无小事的大局意识。各项目根据施工生产、项目运行中重难点、风险点、薄弱点等，群力群策，站在大局的高度给予关注，坚持抓早抓小，把班子建设与工程综合运行紧密联系在一起。三是各级班子成员坚持“辛苦不诉苦、有功不争功、创新不标新”的工作原则。通过以上举措的推行实施，强化了各级领导班子的团结意识，全线班子成员综合管理水平及指挥协调能力不断得到加强和提高。

5　加强党风廉政建设，为施工生产工作顺利开展保驾护航

在廉政建设方面，指挥部党委要求全体党员和领导干部要以身作责，廉洁奉公，对自身严格要求，落实上级关于廉洁自律和反腐倡廉的文件精神。特别是各级主管领导人员要廉洁履职，始终把纪律放在前面，规矩办事、公平处事。

2015 年至 2017 年间，全党开展的“三严三实”、“两学一做”专题教育学习活动中，各级党组织认真组织学习，筑牢各级领导干部人员拒腐防变的防线。按照“三严三实”、“两学一做”专题活动和大力推进党风廉政建设的要求，在组织党员干部学习教育的同时，在所属党组织中开展党员和领导干部，针对自己的岗位职责，写出书面廉洁承诺书，在企务公开栏中进行公示。始终坚持企务公开制度和联审联签制度，凡“三重一大”等重大事项的研究决策，严格按规定程序执行。

6　加强企业文化建设和宣传工作，为施工生产工作创造良好氛围

在企业文化建设工作上，要求全线各项目，尽可能做到与国内一个样，把本格拉铁路

全线建成展现 CR20 企业文化风貌，体现央企形象的一个窗口。在条件允许的情况下，大力开展企业文化落地工作。把企业文化工作与工会推行的“一法三卡”活动结合起来，使企业文化形成企业的价值观，使抽象的企业文化价值化、人格化、人文化、现场化、海外化。纠正企业文化是做样子、挂牌子、花架子的错误认识，树立企业文化是促进施工生产、提升企业形象的重要手段。

长期以来，本铁项目高度重视新闻宣传报道工作。一是要求各参建单位，设兼职报道员，并坚持党组织书记亲自抓、亲自审、亲自写，提升稿件质量和中稿率。二是加强内外宣传，对施工现场好的做法、管理亮点、先进典型等好人好事进行及时宣传报道，拓宽宣传渠道和宣传面。三是善于总结归纳，寻找新闻报道切入点，提高稿件质量，在重要媒体和较高级别的报纸上刊稿。四是紧跟宣传形势，对接“一带一路”宣传，提升点击率和可观性。五是突出 1 344 公里海外铁路建设报道点，让稿件在报纸上展露头角。

本格拉铁路工程建设 10 年间，在海内外各大小媒体刊稿无数篇，大到中央电视台专题报道，小到各参建单位新闻网站。2014 年，中央电视台来到安哥拉，对本格拉铁路工程建设情况进行现场专访，央视记者亲入施工一线进行采访，使宣传工作达到顶峰。除在工人日报、人民铁道报、铁建报等高级别报纸上刊稿外，还大批量在人民网、中国新闻网、新浪网、搜狐网等影响力大、传播性强的网站刊稿，很好的宣传了 CR20 海外铁路建设，提升了 CR20 品牌效应，扩大了 CR20 海外影响。

7 积极开展劳动竞赛活动，为施工生产工作提供动力保证

根据本格拉铁路施工生产任务情况，按年度、分阶段的制定施工生产计划。制定年度《劳动竞赛方案》，成立劳动竞赛领导小组，明确分工、明确目标、明确任务。对劳动竞赛，从安全达标、任务指标、质量优良、工期保证、文明施工、组织管理等六个方面内容进行竞赛考核。结合教育活动和“四好班子、五好支部、六好党员”创建活动加强教育引导。竞赛活动中，利用党员突击队、青年突击队、技术攻关队，进行各种突击赛、攻坚赛，把竞赛活动一次次推向高潮。在年度劳动竞赛的基础上，适时的开展阶段性、区域性、专业性劳动竞赛活动，不断量化指标，加大奖罚力度，使竞赛活动有助提高生产积极性，成效显著。在竞赛中还不断创新手段和方式方法，开展“单兵”技能竞赛、“单项”工程量竞赛、组合类等多种竞赛。形式多样的竞赛活动，在提高员工积极性、凝聚力的同时，还在发现人才、技能创新、技术创新上取得收获。

8 不断丰富活动载体，让活动产生重要意义

在施工生产和日常管理中，给职工搞一些有助于施工生产、有助于调动职工积极性、有助于提高职工凝聚力和向心力的活动，使广大职工产生归属感。全体职工常年在安哥拉施工一线，不能与家人团聚，工作紧张压力较大，平时生活枯燥，每逢重大节假日期间，难免有思亲之情。每年的中秋、五一、国庆、春节等重大节假日，由指挥部领导分别带队开展走基层，慰问一线职工活动。同时，要求沿线各参建项目做到，每逢重大节假日，有活动、有慰问、有聚餐。2012 年春节，由指挥部组织号召全线参与的迎新春大型联欢晚会和聚餐会，受到广大职工的好评，使远在万里之外的员工过了一个快乐热闹的春节。每遇全线重大活动，做到有策划、有活动、有讲评。在铁路工程建设开工、各段通车典礼剪彩、竣

工验交等大项工作中，提前做好策划，邀请安方国家领导、政府要员出席活动。特别是在本格拉铁路，万博站、卢埃纳站、卢奥通车典礼中，安哥拉国家总统、交通部长等高级别官员的出席，使活动场面和气势空前，政治意义和社会影响力大大提升。2017 年 7 月，本格拉铁路全线分段验交活动，取了较大的社会影响。

9 总　　结

党建工作也是生产力。党建工作是一种形式，精髓在于内容丰富，目的在于提高生产力，产生经济效应。通过灵活多样的工作手段，充实党建工作内容，丰富工作内涵，从而达到促进施工生产的目的。

栾存营(1972—)，男，助理政工师，1996 年毕业于西安陆军学院报务专业。2015 年至今在中铁二十局集团安哥拉本格拉铁路工程电务项目部工作，主要从事电务党务管理工作。

Luan Cunying(1972—), Masculino, funcionário assistente dos trabalhos de Partido e dos trabalhos ideológicos e políticos, graduou na especialidade de Negócios de telégrafo de Xi'an Faculdade do exército em 1996, começou a trabalhar no departamento de serviço elétrico de Caminho de Ferro de Benguela, da China Railway 20 Group Internacional Angola, Lda em 2015, trabalha principalmente em Gerenciamento dos assuntos de Partido.

技术管理篇

Gestão Técnica

本格拉铁路项目道砟厂建设及生产

Construção e produção de Pedreira do projecto de Caminho de Ferro de Benguela

（朱　仙　牟鸿飞）

(Zhu Xian e Mou Hongfei)

【摘　要】 本文结合本格拉铁路工程道砟和碎石生产的具体施工实践，从碎石厂管理组织机构及人员、设备的配置、管理工作程序、具体实施办法和取得的实际效果等方面进行了具体介绍，为今后类似的铁路工程施工提供借鉴和参考。

【Resumo】 Artigo presente combina a prática de execução específica da produção de brita e balastro no projecto de Caminho de Ferro de Benguela, apresenta concretamente a organização de gestão e distribuição de pessoal e equipamentos, gestão de processo de trabalho, método de execução específica e efeito real alcançado da Pedreira, fornece uma referência e espelho para projecto ferroviário semelhante no futuro.

【关键词】 道砟厂规划与建设　生产管理　质量　安全

【Palavra-chave】 Planificação e construção da Pedreira　Gestão de produção　Qualidade　Segurança

技术管理篇

1　前　　言

本格拉铁路位于西非地区，因线路长、规模大，导致地材需求量特别大，当地地材供应商少，且价格高，如何有效解决地材问题成为项目建设面临的首要问题。为节约施工成本，保证施工质量，经多方考察后，项目结合当地资源，本格拉铁路设置卡因班博、卡棱卡、库恩巴、卢埃纳和卢奥 5 处道砟厂，分别相距约 261 km、317 km、371 km、247.5 km、298 km。

在国外复杂多变的施工环境中，道砟厂的建设生产如何根据国外施工项目的特点与规律，摸索出一套适用于国外类似建设项目的有效管理和施工方法。本文通过总结本格拉铁路项目道砟厂的选址建设、生产运输过程中的经验和教训，为今后类似海外项目道砟厂的建设生产提供依据和经验参考。

2　工程概况

本格拉铁路项目道砟厂负责生产本格拉铁路施工所需的道砟和碎石。本格拉铁路西起大西洋沿岸的洛比托港，途经本格拉省、万博省、比耶省、莫希科省，终点为莫希科省卢奥市与刚果边境交界处，全线总长 1 344 km。设计正线道床厚度 35 cm，站线道床厚度

25 cm，全线所需道砟 2 510 000 m^3。

3　总体布局

经过现场勘察，项目初期拟定在本格拉铁路沿线建设 7 处道砟厂，后经石质检查、经济对比后，取消了卡玛库巴、莱瓦 2 处道砟厂，最终确定建设卡因班博、卡棱卡、库恩巴、卢埃纳和卢奥 5 处道砟厂。道砟厂选址主要考虑以下因素：

3.1　石　　源

本格拉铁路跨越区域较广，铁路穿越部分可采取以下几种方式寻找石源：

(1)自行组织调查，寻访铁路沿线当地居民及企业。

(2)寻求地方政府支持，借助政府力量，查阅历史资料，了解当地有关石源分布情况。

3.2　材　　质

安哥拉石料母材材质分布区域比较集中，根据本格拉铁路的线路分布特点，结合各区域道砟、碎石的需求情况，综合考虑取材和供应情况，总体布局，尽量就地取材，选择材质可靠、质量上乘的原材地，保证取材质量。道砟厂在建设前，应按标准规定对石料单轴抗压强度、石料冲击韧度进行检验，保证所选石料满足道砟质量要求。

卡因班博道砟厂的石质主要以火成岩和变质花岗岩为主；卡棱卡道砟厂的石质主要以火成岩为主；库恩巴道砟厂的石质主要以火成岩和沉积岩为主；卢埃纳道砟厂的石质主要以火成岩和花岗岩为主；卢奥道砟厂的石质主要以花岗岩为主。

3.3　经济性对比

本格拉铁路工程全长 1 344 km，结合沿线石源分布，合理选取道砟厂位置，降低道砟生产、运输成本，提升项目整体效益。

本格拉铁路全线设卡因班博、卡棱卡、库恩巴、卢埃纳和卢奥 5 个道砟厂，分别相距约 261 km、317 km、371 km、247.5 km、298 km。施工生产任务的划分及生产线的配备情况如下：

(1)卡因班博道砟厂，负责供应工程起点至 DK310＋000 区间碎石及道砟，组织 2 条道砟生产线，生产 234 098 m^3 道砟。

(2)卡棱卡道砟厂，负责供应 DK310＋000 至 DK682＋700 区间碎石及道砟，组织 3 条道砟生产线，一条碎石生产线，生产 151 984 m^3 道砟。

(3)库恩巴道砟厂，负责供应 DK682＋700 至 DK1 053＋000 区间碎石及道砟，组织 4 条道砟生产线，生产186 353 m^3道砟。

(4)卢埃纳道砟厂，负责供应 DK1 053＋000 至 DK1 115＋350 区间碎石及道砟，组织 2 条道砟生产线，生产 64 322 m^3 道砟。

(5)卢奥道砟厂，负责供应 DK1 115＋350 至终点区间碎石及道砟，组织 2 条道砟生产线，1 条碎石生产线，生产 384 684 m^3 道砟。

以上道砟厂负责供应本格拉铁路线所需的道砟和桥涵所需的道砟和碎石。

3.4　气候季节影响

(1)雨季时，道砟厂便道路面受雨水冲刷浸泡，易出现翻浆、淤沙、坑洼、积水等问题，对碎石和道砟的运输造成困难。

(2)部分道砟厂采石区位于坑洼处，雨季地下水位上涨，地表降雨量大，采石施工过程中一直要抽水来保证生产，降低生产效率。

(3)雨季时，部分道砟石料受泥土污染严重，生产的道砟含粉尘量较高，质量难以保证，雨季生产道砟需在旱季重新清筛后才能使用。

3.5　社会环境影响因素

安哥拉在2002年结束内战，本格拉铁路沿线存在部分未拆除的地雷，对施工人员、机械存在很大安全隐患，影响施工安全。选址时应避开雷区。

3.6　地缘因素的影响

本格拉铁路属于战后重建，项目很多采石场远离人烟，交通不便，很多地方根本没有路，需要先修便道，才能保证道砟厂施工人员的吃住和设备的进场，产品的出场。例如卢埃纳道砟厂，距上砟台100多km；卢奥道砟厂，施工前修筑便道25 km；库恩巴道砟厂修筑便道6 km；卡玛库帕道砟厂修筑便道8 km，本格拉铁路所有的道砟厂均要或多或少修筑便道，且要一直养护，特别是雨季施工运输，才能保证施工重车通行，所以施工建厂要综合考虑地缘因素。

4　道砟生产

4.1　生产线机型选择

本格拉铁路项目道砟石原料一般为花岗岩、火成岩、沉积岩等，需要经道砟石破碎机破碎加工成道路用碎石料。根据原矿石硬度、进出料规格，道砟厂道砟石破碎机选用颚式破碎机(道砟)、反击式破碎机(碎石)。

4.2　机构组成

道砟厂的组建。为了加强对道砟厂的管理和协调，项目保障部门统一对全线道砟厂的生产管理、成品料质量和供应等进行管理、监督和协调。针对道砟厂生产运行的施工特点，确定了组织结构以及专业的人员配备，同时编制了《业务管理办法》、《安全质量管理办法》、《火工品管理和使用办法》及《设备管理规定》、《行政业务安全奖惩规定》、《岗位责任制》等有关专业实施细则，确定了管理、生产和质量的总目标。根据管理和监督的工作内容，制定了道砟厂的安全质量控制措施、生产工艺流程、机械设备操作规程等工作制度，规范化的开展管理、监督和协调工作。

4.3　人员、设备

(1)人员配备

根据本项目工程特点和施工进度计划安排，劳动力按“结构合理，高效精干，专业对口，工种齐全，满足工程需要”的原则配置。每处道砟厂设厂长一名，全盘组织安排道砟厂生产。主要生产人员配置见表1。

表1　主要生产人员配置表(两条生产线)

序号	工　种	数量	序号	工　种	数量
1	挖掘机司机	3	6	爆破工	1
2	破碎锤操作工	2	7	修理工	2
3	液压钻操作工	1	8	电焊工	1
4	装载机司机	2	9	电工	1
5	汽车司机	5	10	当地劳务	6

技术管理篇

(2)设备配备

本格拉铁路项目道砟厂原则上为满足生产需要，设置生产线两条。结合工程项目特点，配置的设备应适应当地的气候条件，并满足复杂地质条件下施工生产的需要。主要生产设备配置见表2。

表2　主要生产设备配置表(两条生产线)

序号	设备名称	数量	用　途	序号	设备名称	数量	用　途
1	挖掘机	3		5	装载机	2	倒运道砟
2	破碎锤	2	破碎石料	6	洒水车	1	拉运生活用水
3	液压钻	1	爆破钻孔	7	油车	1	设备加油
4	矿山车	3	拉运石料				

发电机配置，安哥拉由于电网尚未普及，所有道砟厂的供电均需要配置发电机。根据施工供电要求，每条生产线配置一台300 kW的施工发电机，根据生产任务，必要时预备一台发电机。生活区配置50～75 kW发电机一台。

4.4　道砟厂生产

4.4.1　道砟和碎石生产线联合设备生产工艺和流程如图1所示。

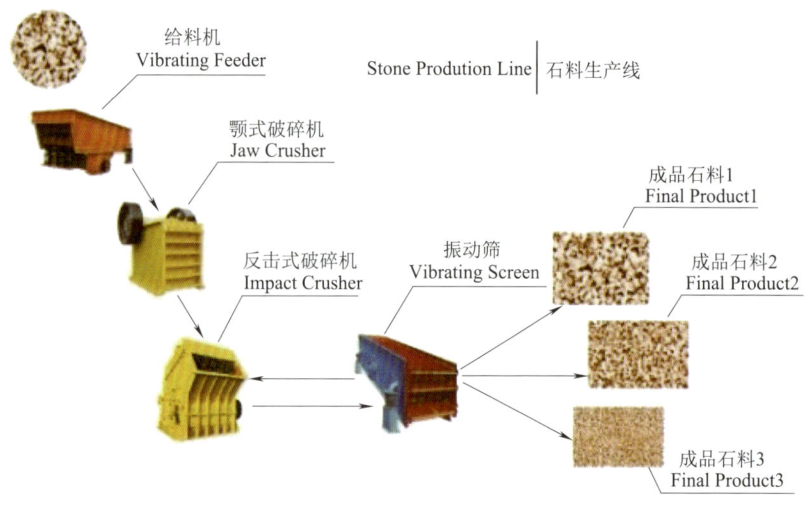

图1　道砟和碎石联合生产线示意图

4.4.2　道砟和碎石联合生产线系统破碎筛分联合设备工艺流程及特点。

(1)主要技术参数：型式为固定式；处理能力为160 t/h；产品规格数为3；产品粒度，$<\phi5$ mm，$\phi5\sim16$ mm，$\phi16\sim70$ mm；产品针片状占比小于15%；用户进料选择矿用卡车或装载机；进料斗容积为12 m^3；最大进料粒度为580 mm；电机数量14台，单个电机最大功率110 kW，电机总功率323.5 kW，电压380 V。

(2)生产线筛分成套联合设备由出破单元、细颚破单元、筛分单元、胶带输送机、电气控制装置组成。主要设备见表3。

表 3 主要设备表

序号	设备名称	规格型号	数量	功率(kW)
1	料斗		1	
2	振动给料机	ZSW-490×110	1	15
3	皮带机 B500×10 m	STDJ5010	1	4
4	初级颚式破碎机	PE-750×1060	1	110
5	皮带机 B1000×18 m	SDTJ1018	1	7.5
6	分料斗			
7	细颚式破碎机	PEX-250×1200	3	73×3
8	皮带机 B1000×7 m	STDJ1007	1	5.5
9	皮带机 B1000×22 m	STDJ1022	1	11
10	振动筛	3YK-2160	1	30
11	皮带机 B650×18 m	STDJ6518	3	5.5×3
12	皮带机 B650×20.5 m	STDJ20.5	1	7.5
13	控制系统		1	

(3)主要设备性能：给料机型号 ZSW-490×110 振动给料机，处理能力 120～280 t/h，电机功率 15 kW，机器重量 5.4 t；初级破碎机型号 PE-750×1060 颚式破碎机，处理能力 52～180 t/h，电机功率 110 kW，机器重量 28 t；细颚式破碎机型号 PE-250×1200 颚式破碎机，处理能力 20～60 t/h，电机功率 37 kW，机器重量 7.7 t；振动筛型号 3YK-2160 圆振动筛，处理能力 80～600 t/h，电机功率 30 kW，机器重量 9 t；胶带输送机主输送机 STDJ1018、STDJ1007、STDJ1022，回笼输送机 STDJ6520.5，成品输送机 STDJ6018(3 条)，废料输送机 STDJ5010。

(4)成品料技术参数：铁路所用道砟连续级配分别是 0～5 mm，5～15 mm，25～40 mm；55～75 mm；92～97 mm；97～100 mm；针状指数 Q_e≤50%，片状指数 Q_f≤50%，黏土团及其他杂质含量 N≤50%，粒径 0.1 mm 以下粉末含量 M≤1%。桥涵所用碎石连续级配分别是 5～10 mm，5～16 mm，5～20 mm，5～25 mm，5～31.5 mm；含泥量 ω_c≤1%，针、片状颗粒含量≤15%，压碎指标值≤20%。

(5)各道砟厂石质：卡因班博道砟厂的石质主要以火成岩和变质花岗岩为主；卡棱卡道砟厂的石质主要以火成岩为主；库恩巴道砟厂的石质主要以火成岩和沉积岩为主；卢埃纳道砟厂的石质主要以火成岩和花岗岩为主；卢奥道砟厂的石质主要以花岗岩为主。

4.4.3 工作原理和结构特征。

用装载机和人工配合的方式将小于 ϕ580 mm 的石毛料倒入大料斗。石毛料滑入 ZSW-490×110 振动给料机进行给料，部分风化石及杂物透过 ZSW-490×110 振动给料机筛条间隙由 B500×10 m 胶带输送机送出；PE-250×1200 颚式破碎机将大块石料破碎后，由 B1000×18 m 胶带输送机送到三台 PE-250×1200 细颚式破碎机组进行破碎。破碎后的石料由 B1000×7 m 及颚式破碎 B1000×22 m 胶带输送机送到 3YK-2160 圆振动筛进行筛分，小于 ϕ70 mm 的石料则被筛分成三种规格的石料<ϕ5 mm，ϕ5～16 mm，ϕ16～70 mm，由三条 B650×18 m 胶带输送机运到各自堆放场地，大于 ϕ70 mm 的石料由 B650×20.5 细颚式破碎机进行破碎，破碎后的石料被筛分机进行第二次筛分，以至循环。

5 道砟厂管理

道砟厂人员严格按照有关管理规定、操作规程、质量标准和工作职责做好石料厂的生产运行管理，并以安全质量、进度、成本这三大目标进行控制，严格履行各自的职责，保证道砟厂的正常和有效的运行。

5.1 安全管理

杜绝职工因工伤亡事故。年重伤率、轻伤率小于项目控制目标，消灭车辆、机械设备、火灾和火工品等级事故；严防外部劳务队伍员工（包括当地零用工）重大伤亡事故；严防危爆物品、物资被盗事故；力争减少一般交通事故。道砟厂要对安全管理尤为重视。在平时生产运行管理中，通过采取以下措施来实施安全管理和监督：

（1）项目部安质部检查督促各道砟厂建立健全的安全管理工作体系和安全管理制度；审查批准各道砟厂对施工中的重大安全问题制定的安全技术措施和防护措施；对施工生产中安全薄弱环节（如生产现场夜间照明及高边坡的危石落石等）进行经常性检查，对违反安全生产规定的行为及时整改；定期组织安全生产检查，参加对安全事故的调查分析，审查各道砟厂的安全事故报告及安全报表，监督各道砟厂对安全事故的处理；认真贯彻执行"安全第一，预防为主"的方针，督促各道砟厂认真执行上级下发的有关安全文明施工的文件，并扎扎实实地做好此项工作，以保障人身安全和设备安全。督促各道砟厂加强新工人进场安全教育培训，加强基层班组和民工的管理，执行班前会制度，及时处理安全隐患，杜绝安全事故的发生。道砟厂每月主持召开一次安全质量工作例会和事故分析会，认真分析安全生产形势，开展安全生产活动，按照"四不放过"的原则，调查处理各类安全生产事故，坚持安全生产"一票否决"制度。

（2）严格执行炸药、雷管、导爆管、导火索的点验登记制度，认真填写"火工品入库、出库明细账"，双方签字确认。本场内使用应严肃手续，场外单位因工程需要借用的，不论数量多少，必须报经保障部门审批后方可办理。

（3）加强炸药库的看守，军人保安昼夜不准离岗，库管员每天入库检查，杜绝被盗；防止炸药等器材受潮，确保绝对安全。对于一次性集中（一个炮眼）使用炸药 500 kg 及以上爆破作业时，必须申报爆破方案，经审批后，在道砟厂监督下实施爆破，不得擅自行动。

（4）认真做好爆破防护工作，距爆点半径 1.5 km 及以外实施警戒，必要时通报当地警察局协助。在公路及人员过往要道派军人保安和车辆把守，安全员必须穿标志背心，采用对讲机（或汽车鸣笛）联络，保证人员（包括当地居民）和设备（包括当地车辆）万无一失。

（5）炸药库和采石爆破区作为禁区，合理安全规划场地，做好防护，明确标识（标识要用中葡两种文字）不准任何人员入内。

（6）采石作业要科学合理有序，至上而下作业，必须做多层作业采石防护，时刻警惕山体孤石滑落砸伤施工人员，砸坏施工机械车辆。

5.2 质量管控

杜绝地材生产质量事故。杜绝各类工程物资和生活物品变质造成重大经济损失事故。杜绝火工品库存和发放、使用不当事故。

石料加工系统必须有健全的质量监督体系，为此道砟厂制定了《石料生产质量及实验检测制度》，严格控制安全质量生产工艺流程，坚持"道砟和碎石"生产过程"七道关"（选石关、精采关、净运关、给料关、铲运关、堆积关、发放关）作业，防止二次或多次污染，保证生产出高质量产品。

对石料母材山体的选定、爆破开采、净运、破碎、筛分各生产环节实行全面质量监督控制，并按《石料生产质量及实验检测制度》规定进行取样、抽样检测，发现石料质量问题及时停产进行整改，保证了成品石料质量。检测时各用料单位到现场采用旁站监督、见证取样、项目部巡视等方法对石料质量进行监督和检查，加强现场质量控制，保证实验结果的真实性和代表性。

在实施质量控制过程中，实验室检测人员必须掌握质量控制的技术依据；生产科制订质量控制目标和质量成本控制计划，明确各环节质量控制机构、人员和任务，检查并协调各道砟厂建立和完善质量保证体系。对关键部位和工序采用旁站制度，每月坚持进行质量巡查、检查、抽检和评定，做好质量检验记录以及道砟和碎石施工中有关质量方面的问题记录，对工程质量进行经常性的分析和跟踪，并定期按规定格式编制工程质量统计报表。

5.3　进度控制

道砟厂进行进度控制的主要方法是：计划→控制→协调。即根据工程项目的总进度计划，结合项目部下达的任务指标，有针对性地进行控制与协调管理。同时根据施工进展情况随时调整进度计划，成品石料生产根据各用料单位的反馈情况或成品石料堆场库存情况确定。

5.4　成本控制

石料开采费用计入成品石料的单价中，在审核爆破方案时，进行技术比较，优化爆破方案，计算药量，控制成本，节约投资。

5.5　生产加工控制

（1）山体覆盖层剥离、毛料的爆破开采控制：毛料开采由石料厂控制，驻场代表只控制成品石料质量和协调各方的关系。考虑到开采毛石料需要爆破，生产科采取如下措施来控制：

①在审核爆破方案时进行技术比较，注意听取石料厂爆破人员的意见，优化爆破方案，保证安全，控制成本，节约投资。

②在爆破阶段，严格控制爆破审批程序，通过对主洞和支洞的检查、药量的控制和封洞的质量审核以及对爆破危险区域的人员疏散和排查等手段实现对爆破质量和安全的控制。

（2）毛料的运输：严格毛料的运输质量，在采石区进行机械和人工配合挑选。

（3）喂料：再次对毛料进行筛选，防止风化岩和泥土等杂物进入生产线。

（4）破碎和筛分：严格控制破碎质量和筛网孔径，防止不合格级配、粒径石料。

（5）堆放：产品堆放场地（采石场、堆料场、成品场）要合理规划，所有场地必须硬化，不能露土积水。

5.6　信息管理

在信息管理方面，道砟厂设置了综合办公室负责信息管理，负责收、发、保管日常工作中的来往文件、通知、报表，负责保管与工程有关的图纸文件，按月整理日志、会议记录及有关技术资料，每月编发质量月报。道砟厂要求各职能部门认真做好现场监督检查记录和大事记录并由办公室妥善保管，规范化管理。

6 道砟生产管理建议与措施

（1）建场前，先对沿线山体进行现场外观察看并筛选，然后在山体上采取多处多点钻探取样，严格石料母材的选石关，既节约了成本，也从源头上杜绝了石料母材不合格的现象。

（2）开采和爆破前，采用人工和机械配合的办法，对山体的覆盖层、杂物和表面风化层岩石进行剥离；爆破后再次对杂物和表层风化岩进行清除，把好精采关，从源头上杜绝杂物和风化岩混在毛料中，保证了毛料的质量和爆破安全。

（3）运输毛料时，在装车过程中，对毛料再次进行了选择，尽量做到毛料干净，无杂质和风化岩，杜绝了不合格毛料进入石料生产加工区，保证了成品料的干净度。

（4）给料时，采用装载机和人工配合的方式，保证了毛料进入生产线时的连续性，防止喂料不均匀。过多时一是造成增加设备的负荷，二是导致毛料从大颚破口溢出，浪费毛料；过少时，一是造成机械设备空转，二是降低生产效率。

（5）铲运和堆积时，一定要及时，防止出料口堆积过多，造成几种成品料混杂在一起或大小粒径的成品料过分集中。堆积好后要标识醒目，一目了然，保证料场的规范化和标准化。

（6）火工品的管理，从炸药、雷管、导爆管、导火索库房的设置，到入库、出库点验登记和使用，以及爆破方案的申请和审批，严格程序化，保证了安全管理，杜绝了意外事故的发生。

（7）生产效率上，按照人停机不停的效率原则，组织维修养护人员在员工停机就餐时，养护机械，清理尘土。每天无形中增加 1.5～2.0 h 作业时间，增加工作效率，保量增产。充分利用旱季有效时间，减少雨季生产任务。

（8）设备管理上，修旧利废。由于配件及易损件的调配周期长，道砟厂组织维修人员多开发利用报废配件，借助现场有限条件，进行重新利用和重新组合，修旧利废，节约成本，保证施工生产。例如小颚组成损坏，维修员通常会拆分组成，判断电机损坏还是轴承损坏，分解损坏件，保存完好部分，以备将来重组利用；挖机及装载机的液压油管因为长时间不间断作业，极易爆管，现场修理工根据漏油爆裂情况，裁掉爆裂部分，重新焊接接头，安装在需要的部位；挖机斗齿损耗较大，利用铁路沿线拆除的 43 kg/m 轨进行加工更换。

（9）人员培养上，道砟厂在生产过程中，采取导师带徒弟的模式，加强当地员工的培养。鼓励中国员工对当地劳务进行技能传输，培养、培训能够独立作业的当地劳务班组；鼓励当地劳务多学、多问，并适当提高已掌握一定技能的当地劳务的工资，以激励其他劳务向技术型进行转变。

（10）道砟质量。成品料中粉尘含量超标的问题，采取了以下措施：①严格执行选石关、精采关、净运关、给料关、铲运关外，还要求严禁雨天施工；②增加除粉尘设备，针对粒径、级配不符合规范的问题，按照规范上的粒径大小要求，重新加工筛网。

（11）对各道砟厂进一步完善各项操作规程，并监督各项操作规程的执行和落实，完善文明施工管理和监督管理，建立以场长和驻场代表为第一负责人的管理体系。对自己所属责任区范围内的环境做到清洁、整齐，不乱堆乱放，保持施工现场的整洁有序。现场巡查发现的安全隐患，应及时通知并进行整改。

（12）对石料加工系统存在的问题进行改造。预筛分中碎生产工艺设计为闭路生产，即经中碎破碎后的骨料全部返回预筛分进行闭路循环，限制了半成品给料机给料量，且增加了该筛分机的负荷，经中碎破碎机的排料大部分是 40 mm 骨料压在预筛分下层筛网上造成下层筛网超负荷，导致下层筛横梁、纵梁及筛网频繁出现断裂和破损现象，严重影响了生产线的正常运行。期间虽对该振动筛进行了几次改造（原横梁为方形钢结构，已全部断裂，受横梁断面尺寸的限制，只能用 95 号无缝钢管制作更换，更换后继续出现断裂现象），仍难从根本上解决此问题且制约系统的生产能力。为此各道砟厂共同研究并制定了改造措施：①更换预筛分 4 号振动筛为 3YKR2052 型国产圆振动筛；②在 5 号胶带机机头增设 1 台 3YK-2160 型振动筛经过液压 PEX-250×1200 旋回破碎机破碎后的骨料筛分处理，大于 40 mm 骨料返回预筛分，小于 40 mm 骨料经新增加 30 号胶带输送机→20 号胶带机→21 号胶带机→8 号胶带机→9 号胶带输送机输送至筛分调节料仓，使中碎与预筛分形成了半开路生产，可减少预筛分 4 号振动筛的负荷量，提高了系统生产能力。

7 结束语

本格拉铁路工程道砟厂通过合理选址，科学组织管理，成品料的数量、级配、粒径、粉尘含量和针片状颗粒含量均符合要求，圆满地完成了铁路道砟生产任务，并取得较好的经济效益，为以后大型海外铁路项目道砟生产积累了宝贵的经验。

朱仙（1985—），男，助理工程师，2006 年毕业于石家庄铁路工程学院，土木工程专业。2013 年至今在中铁二十局集团安哥拉本格拉铁路工程第四项目部工作，主要从事技术工作。

Zhu Xian（1985—），Masculino，Engenheiro assistente，é formado em engenharia civil pela faculdade engenharia ferroviária ShiJiaZhuang em 2006，tendo trabalhado na Gerência do 4ª projecto de Caminho de Ferro de Benguela em Angola da China Ferrovia CR20 desde ano 2013 até momento presente，trabalho principalmente é Técnico.

本格拉铁路特殊路基处理技术方案比选

Comparação os planos de técnico sobre tratamento da plataforma especial ao Caminho de Ferro de Benguela

(李彦澎)

(Li Yanpeng)

【摘　要】 本格拉铁路全长 1 344 km,部分段落为粉砂土路基,由于安哥拉气候特殊,全年分为旱季、雨季。雨季粉砂土路基受到雨水冲刷,雨水携带大量泥沙,导致路基出现冲槽。通过本格拉铁路路基施工,对土源匮乏、土质差、土方量大的粉砂土路基进行方案比选、设备配置、施工要点、检测方法进行总结,确保粉砂土路基的安全、优质、高效完成,项目整体目标得以实现。

【Resumo】 O comprimento total do Caminho de Ferro de Benguela é de 1 344 km, alguns troços são plataforma de argila pulverosa. Por causa que cilima de Angola é especial, só tem a estação da seca e a estação chuvas de ano. Plataforma de argila pulverosa foi lavada pelos chuvas na estação chuvas, as chuvas levam-se muitos sedimentos, causa de acontece os buracos. Pelo construção plataforma do Caminho de Ferro de Benguela, e compara dos desenhos de plataforma de argila, resumi os configuração os equipamentos, os pontos de construção e metódo de ensinar, para garantia que sugurança, boa qualidade e conclução de alta eficiência, para alcançar os objectivos geral do projecto.

【关键词】 本格拉铁路　粉砂土路基　方案比选

【Palavra-chave】 Caminho de Ferro de Benguela　Plataforma de argila pulverosa　Comparação os planos

技术管理篇

1　工程概述

本格拉铁路大修段工程直线段路基面宽 5.5 m,路基基床表层厚度为 0.5 m,底层厚度为 0.7 m。为此本文结合本格拉铁路路基工程施工实践,对粉砂土路基的施工方案进行比选确定。

2　历史背景下的路基状况及病害分析

安哥拉因为独立解放战争及内耗,致使安哥拉所有铁路损毁,后因经济发展需要,对本格拉铁路重新进行大修,设计院在原有线路基础上进行设计,保留了大部分原有路基。原有路基几十年无人维护又因当地气候和地质因素,使大部分路基失去使用价值。在路基施工过程中,结合当地水文、自然环境和气候条件,有针对性的对粉砂土路基处理进行专项施工方案设计并进行比选,保证粉砂土路基的结构稳定性。

粉砂土是一种工程性质较差的路基填料,由于土壤中没有黏结成分,有水时为泥,风干后即随风飘扬,粒径微小(<0.5 mm),黏聚性极差,不易压实,当作路基填料使用后,如果施工工艺不合理,压实度很难满足要求。雨季粉砂土路基受雨水冲刷,会导致该类土水稳性差,路基边坡受雨水冲刷极易形成冲槽。因此如何处理粉砂土路基冲刷问题,是质量控制的关键。

3 制定方案进行比选

3.1 施工方法选择

(1)选用土质较好的地块作为取土场,但由于当地为丛林地带,土质均为粉砂土,且最近的土质较好的填料在 180 km 以外,变更填料代价太大,所以行不通。

(2)无土可用,只能将路基变更为桥梁,但山区施工不具备条件,且施工代价巨大,远远超出预算,因此也不可行。

3.2 施工方案制定

(1)由于铁路路基施工的粉砂填料土质较差,不易压实,是适用于路基填料中的最差原材料。根据粉砂土中没有黏结成分、不易碾压密实的特点,决定采用振动羊足碾、三边形冲击碾及单光轮振动压路机。

(2)试验分四段进行:

方案 1:第一段采用振动羊足碾、三边形冲击碾、单光轮振动压路机组合;

方案 2:第二段采用振动羊足碾、单光轮振动压路机组合;

方案 3:第三段采用三边形冲击碾、单光轮振动压路机组合;

方案 4:第四段采用单光轮振动压路机。

4 试验段方案论证

通过对粉砂土路基处理的 4 种方案进行上会讨论,讨论后情况如下:试验振动羊足碾、三边形冲击碾只会使粉砂土更加没有黏聚性,更加不易压实,检测不合格。因此,得出的结论是粉砂土不宜强烈冲击碾压,因此方案 1、2、3 不宜采用。采用光轮压路机进行静压→弱振→强振→弱振→静压后效果较好。但表层无法板结,K30、EVD、压实度检测不合格,上一层填筑时自卸车对下一层表面造成破坏,留有车辙。

针对方案 4 碾压后表层松散、检测不合格的问题,采用验标允许的清除表层后检测,试验证明清除表层 8~10 cm 后检测合格。上一层填筑时自卸车对下一层表面造成破坏,留有车辙的问题,采用在路基中央作为填筑车辆通道,卸土至路基两侧,卸土量满足后,路基中央重新碾压平整后然后进行摊铺。在上一层填筑检测合格后,人工开挖至下一层表面进行 K30、EVD、压实度检测,结果均合格,因此可以证明粉砂土方案 4 的施工方法是可行的。另外,在施工中总结发现,粉砂土进行水泥化学改良后效果良好,检测也无需清除表层,施工中也没有车辙。因此最终采用方案 4 进行施工及推广。

5 粉砂土路基施工方法

5.1 清除表层后检测

粉砂土路基表层暴露后会马上弱化，加之碾压时的扰动，直接在表层顶面进行地基系数检测不合格，所以试验检测时应清除表层 10～30 cm，即地基系数试验置于表层软化、扰动影响以下进行。

5.2 基底处理

表土清除后用推土机粗平，后采用压路机将原地面做压实处理、压实度检测，合格后方可填筑上层路基。当原地面为斜坡且坡度较大时，原地面开挖宽度不小于 1 m 的台阶。

5.3 平整压实

按横断面全宽纵向水平分层填筑压实方法。每 200 m 或两结构物之间划为一个施工区。为便于击实参数取得及控制压实度，并保证每一水平层全宽采用同一种填料。填筑虚铺厚度按照试验段确定的参数进行控制（一般为 25～35 cm）。自卸车卸土，应根据车容量计算堆土间距，以便平整时控制层厚度均匀。为了保证边坡压实质量，填筑时路基两侧应各加宽 30～50 cm。平整使用推土机进行初平，后用平地机进行终平。每一压实层面做成向两侧 2%～4%的横向排水坡以利排水。

为保证路基压实质量要严格控制填料含水率，一般控制在最佳含水率的－2%～＋3%。当填料含水量较低时，应及时采用洒水措施，洒水可采用取土场内提前洒水闷湿和路基内洒水搅拌两种方法。当填料含水量过大，可采用取土场挖沟拉槽降低水位和用推土机松土器拉松晾晒相结合的方法，或将填料运至路堤摊铺晾晒。

按照压实工艺性试验确定的碾压方法、碾压遍数、碾压速度等参数进行压实。压实顺序应按先两侧后中间，曲线地段先内侧后外侧进行。

5.4 预留沉降量

由于基底承载力差，粉砂土路基沉降严重，根据沉降观测标统计，预留路基高度 2%的沉降量，确保成型路基的标高满足设计要求。

6 粉砂土路基施工控制要点

6.1 土层之间易形成松散的夹层

粉砂土表层很容易因为水分散失形成松散的结皮，进行下一层施工时，在自卸车和机械的碾压下形成一层浮土，存在一定的质量隐患。在进行下一层施工前对原土层预先洒水、静压可以起到一定的作用。上下两层土施工相差时间较长时，或路基受雨水淋湿过，在进行下一层施工前要对原土层重新碾压，防止形成夹层。

6.2 容易造成水分积聚

粉砂土渗水性强，含水量大时容易液化。在原地表处理时要做好排水隔离措施。

6.3 易造成冲刷

粉砂土路基边坡在受到雨水冲刷时，极易形成冲沟破坏，因此要预先做好防范措施。如路基宽度可适当留宽，填方较高时，最好采用黏性土作包边土，做好临时汇水槽，保证路基横坡坡度符合要求等。

6.4 干燥时易扬尘

粉砂土颗粒小，干燥时容易扬尘，旱季施工时要配备洒水车，对现场施工路基洒水，保证文明施工。

7 成型路基防护

（1）由于路基为粉砂土，粘土颗粒含量少，黏聚性差，且当地雨季雨水频繁，雨量大且急，填筑好的路基受雨水冲刷后，水土极易流失，边坡和路基表面易产后冲沟，严重影响路基外观和工程质量，并造成路基工程返工维修，以致影响工程进度。所以路基成型与防护工作在雨季施工期间要紧随路基填筑工程进行，旱季施工要在雨季来临前进行，以防止雨水对路基边坡的冲刷破坏。

（2）当地为丛林地带，土质为粉砂土，植被主要为低矮灌木，草皮难以取得，且无喷播设备和草籽，所以本着就近取材的原则，采用丛林地带表层长草的腐殖土对边坡进行培填，使腐殖土中的草根、草籽自然生长，对路基形成保护。

（3）刚成型和已植草的路基，由于植被还未对路基边坡产生全面有效的防护，当路基经雨水冲刷后，仍易产生冲沟，所以必须对经雨水冲刷破坏的路基及时进行维修和补植，逐步提高路基植草的成活率，逐步增加路基边坡的稳定性。

（4）路基边坡水流越急，对路基冲刷越严重，所以降低边坡坡率，使路基边坡水流趋缓，降底对路基边坡的冲刷力。因此，为降底雨水对路基边坡的冲刷，路基边坡坡率由1∶1.5调整为小于等于1∶2。

8 结 束 语

粉砂土由于工程性质差，需要采用相应的施工技术和施工工艺，才能达到较好的施工效果。安哥拉的建筑材料缺乏，能采取的措施也有限，所以为保证路基质量，要结合当地实际条件，制定切实可行的施工方案和施工工艺。本文对本格拉铁路项目粉砂土路基的施工方法和施工控制要点进行了简单的介绍，希望对同类工程有所借鉴。

李彦澎（1984—）男，工程师，2008年毕业于中南大学路桥专业。2012年至今在中铁二十局集团安哥拉本格拉铁路工程指挥部第一项目经理部工作，主要从事安全质量管理和技术管理工作。

Li Yanpeng (1984—), Masculino, Engenheiro, graduado do Universidade do sul central, especializado em rodovia e ponte, desde do ano 2012 até momento presente, servido no departamento de gerente do projeto 1° ao comando da obra do Caminho de Ferro de Benguela, é responsável principalmente de gestão dos quanlidade, segurança e técnico.

热带草原气候条件下的附属物设计和施工

Design e execução dos acessórios na condição de clima de Savana

（杨金龙　刘春明）

(Yang Jinlong e Liu Chunming)

【摘　要】 本文结合安哥拉共和国本格拉铁路 DK728＋000～DK790＋411 段路基附属物，阐述本格拉铁路特殊气候和地质条件地段的线路病害，优化附属物设计，采取不同的防护形式，有效的保证了路基的质量与行车安全，为今后在安哥拉同类型地段路基附属物设计与施工提供参考依据。

【Resumo】 O artigo apresenta combina os acessórios de plataforma da via no troço DK728＋000－DK790＋411 de Caminho de Ferro de Benguela em República de Angola, explana o clima especial e os defeitos da linha no troço de condição geológica do Caminho de Ferro de Benguela, otimização de design dos acessórios, adopcão as formas de proteção diferentes, garante efectivamente a qualidade de plataforma da via e a segurança de circulações. fornece uma referência e fundamento para design e execução dos acessórios de plataforma da via semelhante no futuro em Angola.

【关键词】 本格拉铁路　路基附属　优化设计及施工

【Palavra-chave】 Caminho de Ferro de Benguela　Acessórios de plataforma da via　Otimização de design e execução

1　前　　言

本格拉铁路 DK728＋000～DK790＋411 段线路地质条件差，雨季受降雨影响，路基边坡出现冲沟、溜坍，泥沙堵塞水沟，积水浸泡路基等线路病害，严重影响行车安全。根据现场实际情况，因地制宜，进行设计的优化，采用合理的防护方案，有效的解决了路基病害，为本格拉铁路路基稳固及行车安全提供了有效的保障。

2　工程简介

安哥拉属热带草原气候，每年 10 月至次年 4 月为雨季，平均气温 33 ℃；5 月至 9 月为旱季，平均气温 24 ℃。雨季时，受降雨影响，地质条件较差地段路基边坡稳定性差，路基病害凸显，影响线路行车安全。

3 主要路基病害

3.1 粉质砂土地段路基

粉砂土路基病害主要表现为边坡溜坍、泥沙堵塞排水系统等几种病害。雨季时，因连降暴雨，当降雨在坡面形成水流时，由于粉砂土黏性差，水流冲击边坡并带走粉砂土颗粒，坡面形成大小不一的冲沟，严重地段出现边坡垮塌等，破坏路基的稳定性，威胁行车安全，如图 1 和图 2 所示。

图 1 边坡溜坍

图 2 坡面冲沟

3.2 沼泽堆积的淤泥质粉质黏土、淤泥

沼泽堆积的淤泥质粉质黏土、淤泥地质具有含水量高、压缩性大、透水性差和流变性强等工程特性。雨季时，随着降雨不断增强，地下水位不断上升，湿地排水不畅，积水浸泡路基，如图 3 和图 4 所示。

图 3 湿地积水

图 4 淤泥堆积

4 优化设计

本格拉铁路沿线，地材资源分布不均，且交通运输困难，为节约成本，利用就近资源，采取有效的防护方案，处理路基病害，保证路基安全。

4.1 方案优化原则

4.1.1 材　　料

DK728＋000～DK790＋411 段石源分布较广，由于该段主要地质条件为粉砂土，仅有少数砂源，但其含泥量较大，需进行清洗后，才能使用。选择防护类型时，应尽量选用砂量小的防护措施。地材来源分布见表1。

表1　本格拉铁路地材来源分布表

作业里程	材料名称	材料来源
DK728+000～DK790+411	片石	库恩巴(DK728)
	碎石	库恩巴(DK728)
	砂子	卡因班博(DK120)

4.1.2　*施工安全*

该段线路已按照原设计铺通，本格拉铁路局客车已开始临时运营。现为既有线施工，影响施工安全因素较多，易选用施工简单、施工周期短的防护方案。

4.1.3　*工　　艺*

安哥拉属于热带草原气候，气温整体相对较高，紫外线照射强度大，混凝土表面易开裂，且养护周期长，采用浆砌片石类型防护可避免部分质量病害。

4.2　防护方案

4.2.1　*粉砂土地段路堤边坡防护措施*

在路基边坡上覆盖10 cm腐殖土，进行植草。为防止边坡腐殖土被雨水带走，保证植草成活率，采用硬路肩与急流槽相结合的方式，将部分雨水进行集中引流，减少雨水对坡面的冲刷。

4.2.2　*粉砂土地段路堑边坡防护措施*

路堑边坡采用1∶1.75，坡顶设置天沟，边坡上覆盖10 cm腐殖土，进行植草。采用L形浆砌片石水沟，保证路堑段路基排水。

4.2.3　*沼泽堆积的淤泥质粉质黏土、淤泥段路堑防护措施*

路基两侧设置渗水盲沟将地下水引入就近的排水系统，降低水位，避免路基被积水浸泡。在渗水盲沟上设置L形浆砌片石排水沟，将雨季地表水集中排入排水系统。

5　施工方法

5.1　边坡植草

(1)刷坡：清除有害土，按设计坡率要求刷坡，保证路堤边坡平顺。

(2)填筑腐殖土：就近选择养分充足的腐殖土，覆盖路基边坡表面15 cm。

(3)选草：根据当地的气候、土质条件，就近选择根系发达易生长的草，进行人工移栽。

(4)栽种：顺路基边坡，平行于路缘石，自上而下每15 cm栽植一行。顺路线方向开沟、松土，沟深约10 cm。将草苗顺沟放置、覆土，保证一定的出露量。栽植满坡后随即洒水保湿。

(5)管养：栽植应选择在安哥拉雨季进行，雨水充足，无需浇水施肥，自然生长。

5.2　硬路肩和急流槽

5.2.1　*硬 路 肩*

(1)施工放样

施工前放好施工边线，按10 m一点放线，弯道上按5 m一点放样。施工人员按每

10 m 段拉线，保证路肩边线顺直、圆滑。

(2)现浇路肩模板安装

模板组装要严格按照路肩设计图尺寸拼装成整体，模板在现场拼装时，要控制好相邻版面之间拼缝，两板接头处要加设卡子，以防漏浆，拼装完成后用钢丝把模板和竖向钢管绑扎牢固，以保持模板的整体性和精确度。

模板应采用钢板材料制成，所有模板均不应翘曲，并应有足够强度来承受混凝土压力，而不发生变形，所有模板应处理干净，并涂上经批准的脱模剂，严格按要求尺寸立模，然后浇筑混凝土。

(3)混凝土拌和

所用砂石料及水泥均按规范规定频率随机进行检验，各种材料用料严格按照设计配合比选用，用磅秤准确称量，保证材料用量的精度满足规范要求，并根据规范要求及时取样制备试件。

混凝土应按试验确定的配合比进行拌和及浇筑。按图纸要求的厚度，浇筑在模块内的混凝土需用振捣器振捣捣固。模板应待混凝土固结后拆除，拆模时应保证棱角不受损坏，混凝土按规定刮平成形，抹饰平整。

(4)浇筑混凝土

路肩模具混凝土借助面均匀涂刷脱模剂，所用模具表面光洁整齐，外形几何尺寸规整。

人工用漏斗将拌和好的混凝土装入安放好的模具内，并略有富余，采用插入式振捣棒振捣，控制振捣时间，直到混凝土表面出现乳状水泥浆及无气泡冒出，做到既不漏振，也不过振，振捣过程中随时添加混凝土使试模内常满。振捣结束后，人工用刮刀将顶面刮平，待混凝土试件收浆后，再将试件仔细抹平。所浇筑路肩要求外观良好，没有露石、蜂窝、裂缝、脱皮、啃边、掉角、漏浆等现象。

(5)拆模

混凝土终凝后 8～10 h 拆模，拆模过程中，不强行撬、砸混凝土，避免造成边角损坏及模具变形。将拆卸的模具仔细清理、检验、刷油，对变形的模具及时矫正，以备下次周转使用。

(6)养生

混凝土浇筑完成待表面收浆后，立即对混凝土进行养生，采用覆盖麻袋洒水养护，浇水的次数以保证混凝土表面湿润为准，养护时间在 7 昼夜以上，洒水养生包括对未拆模板的混凝土洒水。

养护时应注意避免结构物与流动性的地表水及地下水接触，做好基坑排水，保证混凝土在浇筑后 7 天内不受水冲袭。

5.2.2 急流槽

(1)放线：采用全站仪控制线，并根据测量放样控制点，保证急流槽与排水顺接。

(2)砌筑前，先进行拉线，确保砌筑直线段线形直顺，并要求与天然地面配合，设置于稳定的土层上。上游进水部分过渡段应按照设计要求，采用圆滑曲线过渡，急流槽较长时

采用分段砌筑的办法，每段长度为 10 m，接头处设置沥青麻絮伸缩缝，缝宽 2 cm，

(3)砌筑时，石块间较大的空隙应先填塞砂浆，后用碎石块嵌塞，不得采用先摆碎石块，后塞砂浆或干填碎石块方法。

(4)灰缝厚度为 20 mm，砂浆应饱满，石块间不得有相互接触现象。

(5)砌筑前应将石料表面泥垢清扫干净，并用水湿润。砌筑时必须两面立杆挂线或样板挂线，保证砌体各部尺寸符合设计要求。浆砌石底面应卧浆铺砌，立缝填浆补实，不得有空隙和立缝贯通现象。砌筑工作中断时，可将砌好的石层孔隙用砂浆填满，再砌时表面要仔细清扫干净、洒水湿润。工作段的分段位置设置在沉降缝处，各段水平缝应一致，急流槽的槽底与消力池不需要抹光，应做成粗糙面，并嵌入 10 cm×10 cm 的坚硬小石块，用以消能和减缓流速。

(6)砌筑完成后，在护脚墙顶采用 M10 号水泥砂浆抹面 2 cm。

(7)施工完成后，按照要求进行勾缝，勾缝采用凹缝，勾缝后要及时进行养生，养生时间不少于 7 天。

5.3 浆砌片石 L 形水沟

开挖前做好场地清理，复测定位，确定纵横向轴线控制桩和水准点控制桩，并固定，做好桩位防护工作。

开挖沟槽时，根据地形，做好施工的临时排水设施。开挖后应将沟底进行夯实、整平后方可开始铺砌。

砌筑前，应清除石块表面的泥垢、水锈等杂质，必要时用水清洗后方可使用。

砂浆的配合比可通过试验确定，可采用质量比或体积比，并应满足该规范中技术条件的要求。当变更砂浆的组成材料时，其配合比应重新试验确定。

砂浆必须具有良好的和易性，其稠度以标准圆锥体沉入度表示，用于石砌体时宜为 50～70 mm，气温较高时可适当增大。零星工程用砂浆的稠度，也可用直观法进行检查，以用手能将砂浆捏成小团，松手后既不松散、又不由灰铲上流下为度。砂浆采用机械拌和，拌和时间宜为 3～5 min。配制应用质量比，随拌随用，保持适宜的稠度，一般宜在 3～4 h 内使用完毕；气温超过 30 ℃时，宜在 2～3 h 内使用完毕。在运输过程或在储存器中发生离析、泌水的砂浆，砌筑前应重新拌和；已凝结的砂浆，不得使用。

砌筑基础的第一层砌块时，如基底为岩层或混凝土基础，应先将基底表面清洗、湿润，再坐浆砌筑；如基底为土质，可直接坐浆砌筑。

砌体应分段砌筑，砌体较长时可分段分层砌筑，但两相邻工作段的砌筑差一般不宜超过 1.2 m；分段位置宜尽量设在沉降缝或伸缩缝处，各段水平砌缝应一致。

砌体外露面应进行勾缝，并应在砌筑时靠外露面预留深约 20 mm 的空缝备作勾缝之用。砌体隐蔽面砌缝可随砌随刮平，不另勾缝。各砌层的砌块应安放稳固，砌块间应砂浆饱满，黏结牢固，不得直接贴靠或脱空。砌筑时，底浆应铺满，竖缝砂浆应先在已砌石块侧面铺放一部分，然后于石块放好后填满捣实。用小石子混凝土塞竖缝时，应以扁铁捣实。

较大的砌块应使用于下层，安砌时应选取形状及尺寸较为合适的砌块，尖锐突出部分应敲除。竖缝较宽时，应在砂浆中塞以小石块，不得在石块下面用高于砂浆砌缝的小石片

支垫。砌筑上层块时，应避免振动下层砌块。砌筑工作中断后恢复砌筑时，已砌筑的砌层表面应加以清扫和湿润。

砌体勾缝，除设计者有规定外，一般可采用凸缝或平缝。浆砌较规则的块材时，可采用凹缝。

勾缝砂浆强度不应低于砌体砂浆强度，一般不低于 M10。流冰和严重冲刷部位应采用高强度水泥砂浆。

石砌体勾缝应嵌入砌缝内约 20 mm 深。缝槽深度不足时，应凿够深度后再勾缝。干砌片石勾缝时，应嵌入砌缝 20 mm 以上。

浆砌砌体，应在砂浆初凝后，洒水覆盖养生 7～14 d。养护期间应避免碰撞、振动或承重。

5.4 渗水盲沟

测量放线：根据排水施工平面定位布置图，由测量员进行施工测量放线。在地面上分别定出排水沟的开挖边线，增设施工平面，高程控制桩，并根据沟槽设计及土质情况计算出开槽宽度和深度。

开挖沟槽：测量放线后，开始挖沟槽。挖深由测量人员检测高程控制。采用以机械（挖掘机）为主、人工为辅施工。

开槽时应同时采取防水、排水措施，避免槽底受水浸泡。应尽量缩短开槽的暴露时间。开槽后如不能立即进行下一道工序，应保留 10～30 cm 的深度不挖，待下道工序施工前整修为设计槽底高程，同时应预留厚 20 cm 左右的一层用人工清挖。严禁扰动槽底，如发生超挖，应按设计要求进行回填。

开槽过程中，要经常检查槽帮是否稳定，一旦发现变形、裂缝或支撑走动，必须立即停止施工，进行处理。

夯实沟槽土基：沟槽开挖达到设计深度后，沟底土基采用蛙式打夯机配合人工进行夯实。

敷设土工布：人工将土工布铺入沟内，铺放土工布时沟面上要留有一定的土工布卷边，以包裹碎石填料。土工布之间留 30 cm 搭接长度，以保证过滤效果。土工布敷设时采取适当的固定措施，防止碎石充填时移动土工布。

设置反滤层：由筛选过的中砂、粗砂、砾石等渗水材料按设计要求确定层数和粒径级配，其中颗粒小于 0.15 mm 的砂石料含量不大于 5%。

充填碎石：选用 5～10 cm 碎石填满沟槽。施工时先由人工在沟底铺筑约 30 cm 厚碎石一层并粗平，再由小型装载机将碎石料填入沟槽中。

6 施工实例

本格拉铁路 DK728＋000～DK790＋411 段粉砂性土及沼泽堆积的淤泥质粉质黏土、淤泥地段，雨季路基病害凸显，影响行车安全。2012 年初根据施工安排，集中对该段路基病害进行整治，通过采用浆砌片石 L 形水沟，硬路肩、急流槽和边坡植草，渗水盲沟与浆砌片石水沟等多种防护形式相结合的方式，有效地消除该段路基病害。施工过程中安全可控，未出现安全事故，质量监控到位，质量得到保证，成本管控达到预期目标。经过近几年雨季的考验，该段路基稳固，附属物结构完好。

7 结束语

根据安哥拉当地气候季节变化及土质多样性，因地制宜，采用多种防护类型相结合，改进施工工艺，在保证施工质量、确保线路安全的前提下，就近取材，降低施工成本，提高经济与社会效益，这对以后施工类似路基病害的处理能够起到一定的借鉴作用。

技术管理篇

杨金龙(1984—)，男，工程师，2009年毕业于兰州理工大学土木工程专业。2011年至今在中铁二十局安哥拉本格拉铁路工程第四项目部工作，主要从事工程技术工作。

Yang JinLong(1984—), Masculino, Engenheiro, é formado em engenharia civil pela Universidade de ciência e engenharia LanZhou em 2009, tendo trabalhado na Gerência do 4ª projecto de Caminho de Ferro de Benguela em Angola da China Ferrovia CR20 desde ano 2011 até momento presente, trabalho principalmente é engenharia técnico.

混凝土桥枕在 1 067 mm 轨距有砟桥面木枕改造中的应用

Utilização das travessas de betão de ponte ao tabuleiro com balastro de ponte com bitola 1 067 mm

（程凯书　胡春涛）

(Cheng Kaishu e Hu Chuntao)

【摘　要】 针对安哥拉本格拉铁路沿线气候特点，在进行有砟桥面木桥枕改造施工时，重新对 1 067 mm 轨距有砟桥面混凝土桥枕进行设计、生产，有效解决了有砟桥面铺设木枕因安哥拉气候、白蚁等原因造成木枕腐蚀快、更换频繁等问题，降低了列车运行风险。为相似窄轨有砟桥面桥枕设计、施工和维护提供了一定借鉴意义。

【Resumo】 Para as característica da clima ao longo do Caminho de Ferro de Benguela de Angola, quando estava construido de alteração as travessas de madeira ao ponte com balastro e bitola 1 067 mm, deve desenhar e produzir de novo com o ponte de betão de tabuleiro com balastro e bitola 1 067 mm, resolvido de forma eficaz os problemas de corrosão rápida das travessas de madeira e substituição frequente e outros problemas por causa de clima de Angola e os térmites etc, reduzido os riscos de circulação de comboio, e fornecido algumas boas referências para desenho, construção e proteção de travessa ao tabuleiro com balastro de ponte com pequeno bitola.

【关键词】 桥枕　1 067 mm 轨距　应用

【Palavra-chave】 Travessa de ponte　Bitola 1 067 mm　Aplicação

1 引　　言

预应力钢筋混凝土桥枕自 20 世纪 80 年代应用于有砟桥面以来，应用范围日益扩大，因其具有结构稳定、维修养护工作量小、使用寿命长等优点。目前国内铁路既有线桥梁轨枕种类较多，其中重型、次重型铁路轨枕主要是新Ⅱ型，高铁、重载铁路主要是新Ⅲ型（简称Ⅲqa 型枕）混凝土枕。

安哥拉国内现有呈东西走向三条铁路，本格拉铁路、罗安达铁路和纳米贝铁路。其中罗安达铁路、纳米贝铁路已开通运营，本格拉铁路已达到运营条件。前期受条件限制，罗安达铁路、纳米贝铁路桥枕均采用木桥枕，经过几年的风吹日晒，加上罗安达海洋性气候具有腐蚀性，以及各种昆虫的侵蚀，木枕严重损坏，为后期养护带来了严重的困难，具体腐蚀情况如图 1 所示。

图 1　轨枕腐蚀情况

针对安哥拉地方铁路局工务养护能力有限，有砟桥面分布在沿线 1 300 km 线路，多数地处山区、沼泽，部分地段无公路交通的现状，安哥拉工程指挥部结合现在的轨枕生产资源，对本格拉铁路木桥枕进行了重新设计，采用混凝土桥枕代替木桥枕，并在卡棱卡(CALENGA)轨枕厂组织生产，现已完成全线 10 000 根桥枕生产，取得良好效果，为后续非洲窄轨铁路有砟桥面设计、施工提供了良好的借鉴。

2　工程简介

本格拉铁路位于安哥拉共和国中部，西起大西洋岸边的洛比托港，途经万博(HUAMBO)、比耶(BIE)、卢埃纳(LUENA)，东至刚果边境，全长 1 344 km，是安哥拉三条铁路主干线之一。该条铁路于 20 世纪 60 年代末建成通车后，受到战争的破坏，处于瘫痪状态，维修前只有洛比托(LOBITO)～库巴尔(CUBAL)段(153 km)、本格拉支线(27.3 km)及卡棱卡(CALENGA)～万博(HUAMBO)段(42 km)可运行通车。本格拉铁路全线修复工程采用大修方案，即更换钢轨、道岔、枕木，新铺道岔，修建和恢复损坏桥涵和路基，并新增通信信号设备和其他配套设备，以确保行车安全。总计车站 67 座，道岔 572 组，采用 1 067 mm 轨距，50 kg/m 轨，9 号单开道岔。其中有砟桥面混凝土桥梁 3 587.47延米/38 座，计划生产混凝土桥枕 10 000 根。

3　桥枕改造方案

3.1　混凝土桥枕与木桥枕优缺点对比

混凝土桥枕与木桥枕优缺点对比见表 1。

经对木桥枕和混凝土桥枕的优缺点分析，结合前期罗安达铁路有砟桥面木桥枕设计与施工经验，在铁路局养护能力不足的情况下，有砟桥面采用混凝土桥枕一次性投入会有所增大，但会大大降低养护频率，加长养护周期，有效的解决了木桥枕易腐蚀、频繁更换的问题，有效降低了行车安全风险。

表 1　混凝土桥枕与木桥枕优缺点对比分析表

木桥枕	混凝土桥枕
优点： 弹性较好，重量轻，电绝缘性能好，扣件与木枕联结简单，铺设和看护维修方便，木枕与道砟之间有较大的摩擦系数。 缺点： 易腐蚀，使用寿命短，在中国使用寿命在 10～20 年；在安哥拉受气候、白蚁等因素影响，使用寿命在 3～5年。在列车的动力冲击下易出现不平顺，产生较大的附加力，容易产生轨向不良和轨距扩大等问题	优点： 稳定性好，重量大、强度高，通过扣件与钢轨联结，纵、横向阻力较大，框架刚度大，有利于提高线路的稳定性。弹性均匀，使用寿命长，可以降低铁路轨道修理周期。维修工作量少，相对木枕而言，减少了轨枕的日常修理、线路锁定等工作量。 缺点： 一次性投入大，需工厂化生产。轨枕更换及拨道难度大。由于混凝土枕重量大，一旦失效，更换难度较木枕大

3.2　改造方案比选

3.2.1　国内护轨改造方案

目前，国内铁路既有线桥梁轨枕种类较多，目前新Ⅱ型轨枕（已逐渐取代Ⅰ型轨枕）是我国目前轨枕中强度较高的轨枕，主要用于重型、次重型铁路轨枕，新Ⅲ型轨枕更趋于合理，强化了轨道结构，主要用于高铁、重载铁路。

（1）Ⅱ型混凝土桥枕改造方案

原有Ⅱ型混凝土桥枕顶面水平，没有凹槽。护轨改造一般采取以下两种方案：

方案一：Ⅱ型混凝土桥枕现场打孔方案

采用打孔架现场打孔和螺旋道钉现场锚固作业，改造后的螺旋道钉直径 ϕ24 mm，护轨扣件采用新型扣板式扣件，扣板扣压钢轨的有效长度为 26 mm，扣板螺栓的扭矩应为 40～60 N·m；增设调整圈调整轨距，并使扣件与道钉密贴，施工图如图 2 所示。

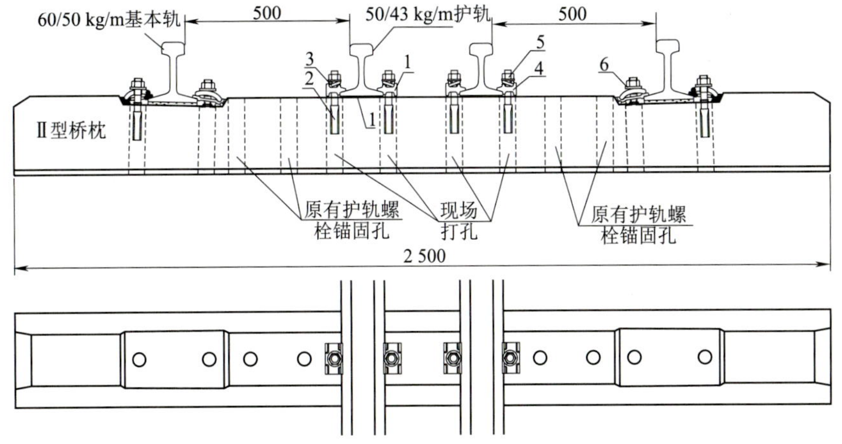

图 2　Ⅱ型混凝土桥枕护轨改造现场打孔方案（单位：mm）

1—轨下调整垫片；2—ϕ24 螺旋道钉；3—双层弹簧垫圈；4—扣板、轨距调整圈；5—六角螺母（M24）；6—平垫圈

方案二：外侧带有轨卡的通长铁垫板方案

当基本轨为 60 kg/m 钢轨时，护轨采用 43 kg/m 钢轨，护轨下设置外侧带有轨卡的

通长铁垫板，没有轨卡的一侧采用 ϕ20 mm 的 T 形螺栓，利用扣板式扣件固定。固定通长铁垫板的螺栓扭矩应不小于 60 N·m，扣板螺栓的扭矩应为 30～50 N·m。自动闭塞区段通长铁垫板中间设绝缘如图 3 所示。

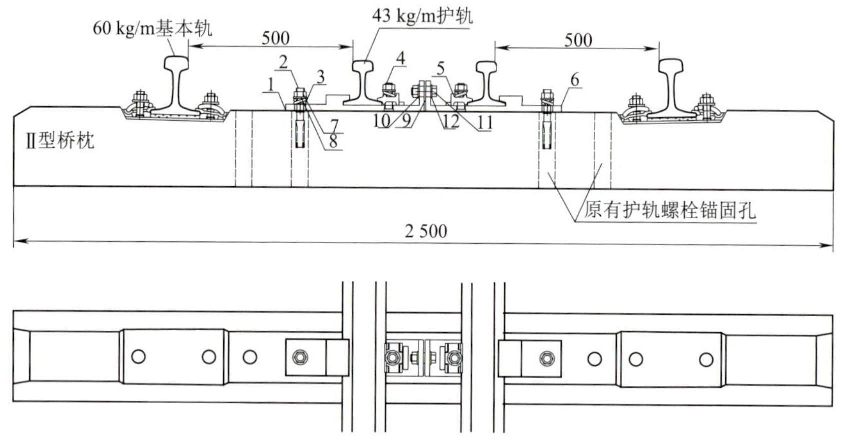

图 3　Ⅱ型混凝土桥枕护轨改造通长铁垫板方案(单位：mm)

1—板下垫片；2—ϕ24 螺旋道钉；3—双层弹簧垫圈；4—T 形螺栓；5—扣板；6—护轨用铁垫板；7—六角螺母；8—平垫圈；9—绝缘垫片；10—绝缘套管；11—M24 螺栓；12—M32 平垫圈

(2) Ⅲ型混凝土桥枕护轨改造方案

利用护轨原有螺旋道钉，每隔一根桥枕组装一块护轨外侧带有轨卡的通长铁垫板，每股护轨新增一条 ϕ24 mm 的 T 形螺栓并部分利用原有护轨扣板。固定通长铁垫板的螺栓扭矩应不小于 80 N·m，扣板螺栓的扭矩应为 40～60 N·m。自动闭塞区段采用中部绝缘的通长铁垫板方案如图 4 所示，非自动闭塞区段采用无中部绝缘的通长铁垫板方案如图 5 所示。

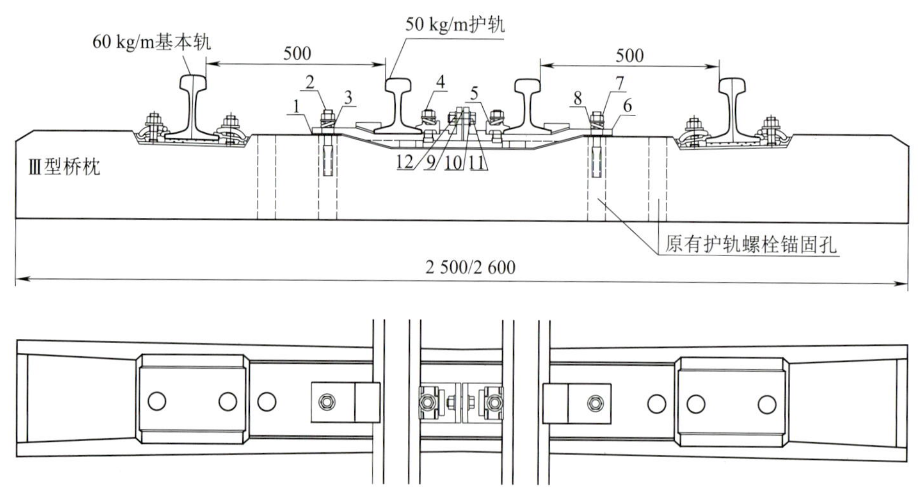

图 4　Ⅲ型混凝土桥枕护轨改造中部绝缘的通长铁垫板方案(单位：mm)

1—板下垫片；2—ϕ24 螺旋道钉；3—双层弹簧垫圈；4—T 形螺栓；5—扣板；6—护轨用铁垫板；7—六角螺母(M24)；8—平垫圈；9—绝缘垫片；10—绝缘套管；11—M24 螺栓；12—M32 平垫圈

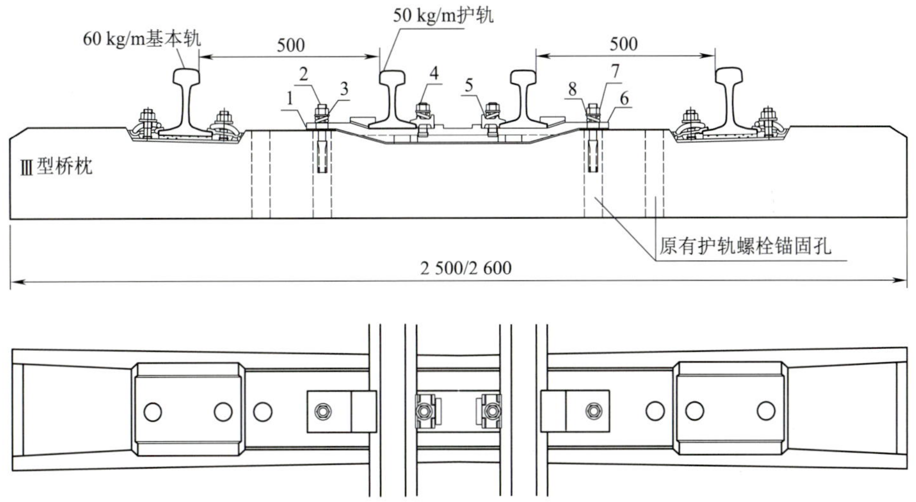

图 5　Ⅲ型混凝土桥枕护轨改造无中部绝缘的通长铁垫板方案(单位:mm)

1—板下垫片;2—ϕ24 螺旋道钉;3—双层弹簧垫圈;4—T 形螺栓;5—扣板;
6—护轨用铁垫板;7—六角螺母(M24);8—平垫圈

3.2.2　本格拉铁路护轨改造方案

受安哥拉条件制约,本格拉铁路混凝土桥枕改造采用与国内Ⅱ型混凝土桥枕水平无铁垫板等同方案,对现有 1 067 mm 轨距有挡肩 P.C. 标准轨枕模具进行改造,将原来轨枕中部凹槽顶面提高 25 mm,凹槽顶面宽度变为 510 mm。具体混凝土桥枕结构尺寸如图 6 所示。

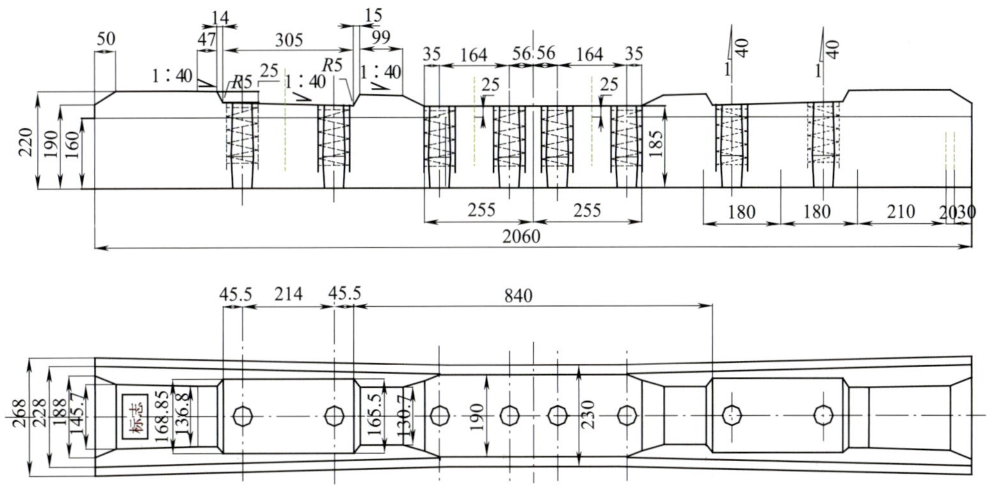

图 6　1 067 mm 轨距有挡肩 P.C. 桥枕设计图(单位:mm)

在轨枕中部凹槽内预埋 4 根 M24 螺旋道钉,护轨扣件采用新型扣板式护轨扣件,扣板扣压钢轨的有效长度为 26 mm,扣板螺栓的扭矩应为 40～60 N·m。采用扣板正反装和增设调整圈调整装配间距,并使扣件与道钉密贴,护轨下依次铺设 8 mm 钢板、5 mm 橡胶垫板,外形尺寸为 232 mm×185 mm。50 kg/m 护轨扣件组装如图 7 所示。

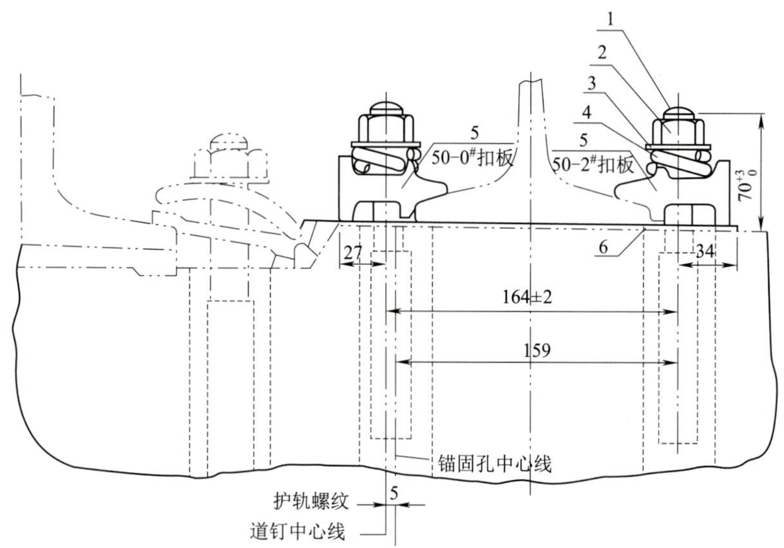

图 7　混凝土桥枕 50 kg/m 护轨扣件组装图(单位:mm)

1—M24 道钉;2—M24 螺帽;3—ϕ24 平垫圈;4—ϕ24 双层弹簧圈垫圈;
5—护轨扣板(内装调整圈);6—钢板及橡胶垫

技术管理篇

3.2.3　混凝土桥枕和护轨设置要求

(1)混凝土桥枕按 1 680 根/km 布置。

(2)混凝土桥枕护轨采用 50 kg/m 钢轨,大桥、中桥、跨越铁路、重要公路、城市交通要道的立交桥及桥梁跨径大于等于 12 m 的有砟桥面,均设置混凝土桥枕和护轨。

(3)护轨采用接头夹板连接,并使用接头扣板式扣件固定。

(4)护轨两端设梭头,护轨应伸出桥台台尾以外 10 m。

(5)护轨顶面不应高出基本轨顶面 5 mm,也不应低于 25 mm。

4　结　　论

(1)通过对有砟桥面木桥枕方案优化为混凝土桥枕方案探讨,充分考虑了当地铁路养护能力,为列车安全运行提供了有利保障。在进行项目策划与设计时,要考虑非洲热带草原气候雨、旱两季分明,紫外线强,白蚁等虫害严重的特点,减少木制品、塑料制品使用,延长项目使用寿命。

(2)随着更多国内工程施工企业走向国际市场,对于国际设计采购施工总承包项目设计方案的比选更显重要,尤其是所选原材料、设计方案必须充分考虑当地气候条件、维修与养护能力等因素,确保在项目周期内有更好的耐久性,从而有效减少后续维修与养护费用。

已改造施工完成的有砟桥面桥枕和护轨如图 8 所示。

图 8　已改造施工完成的有砟桥面桥枕和护轨

程凯书(1976—),男,高级工程师,1998 年毕业于石家庄铁道学院。2008 年～2014 年在安哥拉本格拉铁路工程指挥部负责工程技术管理工作。

Cheng Kaishu (1976—), Masculino, Engenheiro avançado, graduou do Instituto Ferroviário de Shi Jiazhuang em 1998, durante o período 2008～2014, foi o responsável de Gerenciamento de tecnologia de engenharia de comando do projecto de Caminho de Ferro de Benguela em Angola.

本格拉铁路房建工程常见通病及解决方案

Assunto geral e solução sobre infra-estrutura ao Caminho de Ferro de Benguela

（朱峻宏）

(Zhu Junhong)

【摘　要】 安哥拉地处非洲南部，具有不同于国内的自然条件和人文特点，如何结合这些特点来做好公用建筑的设计与施工是施工总承包企业需做好的课题。根据本格拉铁路的施工，总结了一些房建施工需注意的事项，为今后的施工提供借鉴意义。

【Resumo】 Angola está localizado no sul de África, tem as diferentes características naturals e culturais da China, Empresa de empreiteiro deve fazer como combinar as característica, e para desenhar e construir infra-estruturas. Em conformidade de construção o Caminho de Ferro de Benguela, pois que acumula alguns precauções de construção infra-estrutura, e a fim de oferecer referência com construção do futuro.

【关键词】 房建　施工　设计　注意事项

【Palavra-chave】 Infra-estrutura　Construção　Desenhar　Precauções

技术管理篇

1　项目概述

本格拉铁路全长约 1 344 km，是安哥拉国内三条铁路主干线之一。全线设车站 67 座，房屋工程均为框架结构体系，地震设防烈度为六度，耐火等级为二级，总建筑面积 4.88 万 m^2。

2　自然条件和人文特点

本格拉铁路在设计施工时需着重考虑以下几个部分的特点对房屋建筑的影响。

(1)雨季雨水比较集中，雨量大，因此屋面需做成坡屋顶，利于排水。

(2)紫外线强，尽量少选择 PVC 管材，或者选择后也不宜外露造成阳光直晒。外墙涂料也需选择适应当地气候的涂料。

(3)蚂蚁多，尽量不要选择木门，优先选择铝合金门。

(4)教育水平低，对比较复杂的设备操作比较困难，设备维修保养能力低。

①公共场所的设计尽量选择结实耐用的材料。

②尽量选择简单易操作的设备，少选择自动控制设备，损坏后难以维修。

(5)结构设计和装饰装修尽量统一，在满足实用和功能要求下减少结构的复杂性。

(6)建筑风格偏于西方,喜欢鲜艳的色彩。

在建筑风格的设计和选择上需注重这些特点,使得建筑能很好融合当地文化。

3 设计和施工注意事项

3.1 建筑形式

(1)需充分了解熟悉当地的人文、风俗、习惯等,确立符合当地特色的建筑形式、风格,制作建筑效果图,符合业主的审美,能够融入当地建筑风格,不会显得突兀。公用建筑需强调地标性建筑,大型集会场所。当地由于受到葡萄牙殖民时间长,建筑风格偏于西方。随着时代的发展,目前,较为现代主流的建筑风格也受到安哥拉的欢迎。

(2)安哥拉部分地区雨季长达七个多月,屋顶、雨棚的设计选型作为应对极端天气的典型,在建筑艺术与建筑形式的组合上尤为突出,尽量选择坡屋面利于排水。

3.2 建筑结构

(1)当地地震烈度小,甚至没有地震,因此可适当减少结构的尺寸,合理布局,降低成本。

(2)重视地基处理。安哥拉沙土地质较为常见,必须处理好地基,防止不均匀沉降带来的墙体裂缝。

(3)尽量少选用独特造型。火车站在设计施工过程中,充分考虑乘客的观点和感受,及时修改华而不实且造价高的设计。建筑的美观、新颖、标新立异固然给人一种耳目一新的感觉,但实际施工过程中,一些造型独特的雨棚、立柱往往难以保证结构安全性,造成施工极度困难,尤其是在海外部分欠发达地区。由于施工设备、物资的匮乏,必然导致这类的工程施作时所需要的各项成本支出成倍增大。

(4)充分考虑实用性。火车站作为公共场所,其可进入性必须在设计施工中体现。在车站房屋设计时,可进入性既要考虑正常人,又要考虑到行动不便者,对这些人而言,能够无障碍进出车站是关键。

(5)充分考虑耐用性。在车站检票过程中,人群往往会因为拥挤对检票口处的设施造成极大的冲击,使用结实耐久的围栏和门窗更为合理。

3.3 功能分区

(1)需进行功能分区。考虑到安哥拉的社会习惯,一等站房候车大厅分为普通区和VIP专区,在结构上将旅客进行分割,进出站进行分流,满足不同人群出行需求。

(2)公共建筑需充分考虑广场的施工,符合当地人生活习惯,有足够大的广场,配套各项生活生产设施,满足火车站的功能需求。本格拉铁路在建筑风格上充分考虑当地人文、气候等特点,例如卢埃纳车站,位于安哥拉东部,雨季时雨量充沛,屋顶设计坡度较大,雨棚和外廊设计就成为解决当地人雨季出行的首要考虑。

(3)需考虑部分商业功能。火车站作为展示铁路公司形象的窗口,将在所有环节中得到更广泛的认同和重视。本格拉铁路六个一等站站房建筑物作为当地地标性建筑,通过外观和材料直接反映出景观的效果,即能很好地树立铁路公司的品牌和形象。

3.4 装饰装修

“人靠衣装、佛靠金装”。对于车站房屋建筑来说,也必须通过必要的装饰装修才能使外观更美,建筑的个性和特征更鲜明,更富有艺术感染力。

3.4.1 外　　墙

本格拉铁路沿海地区空气腐蚀性较强，在本格拉、洛比托车站房屋建筑外墙设计时考虑外部环境影响，采用墙砖设计，对建筑主体结构进行有效保护，保证主体结构的完整和安全，达到延长建筑物使用寿命的目的。

3.4.2 内　　墙

基于乘客对室内光线的感官要求，内墙采用白色内墙乳胶漆及白色水性调和漆墙裙相结合的形式，既解决了空间光线问题，又解决了墙裙不耐脏的问题，室内观感明亮、整洁、干净，符合当地人对于色彩的追求及功能的需求。

3.4.3 地　　板

根据不同的功能分区选择不同的材质。在室内候车大厅、室外走廊、雨棚处选用结实耐用的原石板材，通过板材独一无二的纹理，以及良好的高耐磨性、防水防腐的特点达到车站公用建筑的技术要求。

3.5 水电设备

(1)由于安哥拉严重缺电，电器设备很难正常启用。供水尽量选用高位水箱，选择操作简单，且在没有电的情况下也可在一定时间内不影响使用的供水方式。

(2)电力设备以发电机为主，但是发电机油耗较高，需考虑一高一低的配置，目前，太阳能电力设备在安哥拉也有很多应用，可适当考虑。

4 结 束 语

海外项目的房建工程随着自然环境和人文条件的变化需做相应的调整。因此，海外项目需充分调查研究后再进行设计和施工，本文所提及的问题对在安哥拉的房建设计和施工具有一定的借鉴作用。

朱峻宏(1981—)，男，工程师，2004 年毕业于陕西杨凌职业技术学院工民建专业。2012 年至今在中铁二十局集团安哥拉本格拉铁路工程指挥部工作，主要从事房建工程技术管理与研究。

Zhu Junhong (1981—), Masculino, Engenheiro, graduou na especialidade de Construção civil da Shan Xi Yang Ling Faculdade de formação profissional e técnica, começou a trabalhar no comando do projecto de Caminho de Ferro de Benguela, da China Railway 20 Group Internacional Angola, Lda em 2012, trabalha principalmente em Gerenciamento e pesquisa das tecnologias de construção civil.

1 067 mm 轨距轨排设计及钉联技术

Os desenhos de filas dos carris com bitola 1 067 mm e técnico de junta com os rebites

（田殿军）

(Tian Dianjun)

【摘　要】 本文通过本格拉铁路的施工，总结了 1 067 mm 轨排钉联技术、工艺流程、验收标准等，为类似项目的施工提供了很好的借鉴意义。

【Resumo】 O artigo apresenta o construção do Caminho de Ferro de Benguela, resumido os técnico de junta com os rebites sobre filas dos carris de bitola 1 067 mm, fluxo de processo, norma de inspeção etc, e fornecido uma boa referência para construção de projetos similares do futuro.

【关键词】 轨排　1 067 mm 轨距　钉联

【Palavra-chave】 Filas dos carris　Bitola 1 067 mm　Técnico de junta com os rebites

技术管理篇

1 概　　述

目前国内外轨道铺设时，普遍采用机械铺轨，轨排设计及钉联就必不可少。有缝线路需要钉联轨排，无缝线路多数采用换铺，也需要钉联轨排。

安哥拉铁路工程有 600 多公里采用机械铺轨，机械铺轨就必须在轨排基地对所需轨排提前设计并钉联轨排。只有轨排设计精确，钉联合格才能保证机械铺轨顺利进行。因此，掌握 1 067 mm 轨距轨排设计及钉联技术，对保证安全、高效地完成铺轨任务很有必要。

2 总体方案

2.1 用　　途

1 067 mm 轨距轨排设计及钉联技术适用于非洲及东南亚等部分国家和地区窄轨铺设。

2.2 设计方案

1 067 mm 轨距轨排要在充分了解、掌握图纸及设计文件并满足设计、规范、现场实际情况的要求后进行轨排计算。

2.2.1 设计、规范要求

根据设计文件及规范要求，组装轨排时在直线及曲线半径 $R>800$ m 的地段，纵坡

≤12‰的地段，区间正线和站内正线每千米铺设 1 520 根 1 067 mm 轨距混凝土枕；在 300≤R≤800 m的曲线地段或纵坡>12‰的地段，区间正线和站内正线每千米铺设 1 600 根1 067 mm轨距混凝土枕；在 R<300 m 的曲线地段，区间正线和站内正线每千米铺设 1 680根 1 077 mm 轨距混凝土枕。所用钢轨采用 50 kg/m 轨，轨排钉联用扣件为弹条Ⅰ型、14 号和 20 轨距挡板、2 号和 4 号尼龙挡板座。

2.2.2　轨排设计计算依据

（1）曲线要素表、坡度表、桥涵表、道口表等。

（2）计算公式：总缩短量公式、缩短轨长度及根数公式、第一缓和曲线公式、圆曲线公式、第二缓和曲线公式。

（3）铺轨现场实际铺轨里程与计算偏差。

2.2.3　设计过程

计算单条曲线总缩短量、缩短轨长度及数量→计算曲线第一排轨排终端到曲线起点的距离→依次算出圆曲线第一排及第二缓和曲线第一排的距离→依据曲线计算公式分别计算整条曲线所有轨排相错量→曲线最后一排通过钢轨公差调整相错量为零→配置每排轨枕根数及间距→设置轨距→技术主管复核签认。

3　施工技术及生产工艺

3.1　技术标准

（1）《铁路轨道施工及验收规范》（TB 10302—96）。

（2）《铁路轨道工程施工质量验收标准》（TB 10413—2003）。

3.2　主要技术参数

（1）螺旋道钉抗拔力不小于 60 kN。

（2）同一轨排选用长度公差相同的钢轨配对使用，相差量要求不大于 2 mm，并在前后左右随时调整抵消。

（3）紧固扣件时扭矩应达到规范要求力矩（一般地段力矩不小于 100 N・m，半径等于和小于 600 m 的曲线地段力矩不小于 120 N・m）。

3.3　轨排钉联工艺

本格拉铁路大修工程 1 067 mm 轨距轨排设计及钉联采用了国内先进的自动翻枕生产线。通过工作台位升降架的转换，作业台车和内轨台车的集体配合，完成流水作业。作业顺序为一次翻散枕（自动翻枕龙门吊）→轨枕对位→硫磺锚固→散放绝缘垫板→上钢轨→散放扣件→上扣件→紧固螺帽→检查和成品吊出→装车及加固。

3.3.1　一次翻散枕

这是钉联轨排的第一道工序，利用自动翻枕龙门吊从轨枕存放区吊起 4 根轨枕（最多 4 根）向前行走，在行走过程中将轨枕翻转 180°使枕底朝上，散落到散枕台车上，根据轨排表给定的轨枕数量，直至一节轨排的配枕数量上够。散枕时注意散枕均匀、放正对齐，防止歪扭。同时检查有无失效枕，如有，应及时清除。

3.3.2　轨枕对位

由散枕台车将台位上散放的轨枕推到锚固工作台位上。使锚固板上道钉孔中心与轨枕道钉孔大多数中心重合，锚固工作台升起，散枕台车回位，专人在锚固台位对位，使轨枕承轨槽、预留孔与固定台位承枕槽螺栓孔对齐摆平，经常清扫锚固板表面的浮渣杂物。

3.3.3 硫磺锚固

硫磺锚固是组装钢筋混凝土轨排中重要工序之一，应对所用的各种材料进行检验和试验。选定合适的配合比，对熬制工艺及运送熔液、浇筑机具等随时进行严格检查和控制，确保锚固抗拔力达到 60 kN 以上。

(1)硫磺砂浆配制材料

硫磺砂浆由硫磺、水泥、砂子、石蜡组成。硫磺是主要黏结材料，应为一级工业硫磺，含硫量在 95%以上，不得混有木屑、草末、石块等杂物。水泥作为填充材料，可选用普通硅酸盐水泥，标号不限，但不得有结块团状。砂子是粒径较大的填充料，其粒径不应大于 2 mm，污泥含量不超过 5%。石蜡是增加和易性的材料，采用一般工业用石蜡。

(2)配合比

硫磺∶水泥∶砂子∶石蜡＝1∶0.5∶1.5∶0.02，道钉锚固后做抗拔试验，抗拔力不得低于 60 kN，每千米抽检 3 个道钉，合格后方可转序。

(3)硫磺砂浆熬制工艺

①按选定的配合比称好各种材料备用，每锅总质量不超过 500 kg。

②首先，将砂子加热到 110～120 ℃时，将水泥倒入加热到 130 ℃，加入硫磺，继续搅拌加热到 160 ℃，最后加入石蜡，熔浆由稀变稠成液状时即可使用。

③加热时火力要控制好，火候不得过猛，浆液温度不得超过 170 ℃。熔浆应长期保持在 140 ℃的温度，以便灌注，同时要经常搅拌，使砂浆不易离析。采用电子测温仪测量温度。

④熬制房应保持一面通风，与锚固作业线不能太远，熬制人员应佩戴相应的防护用品，防止中毒。

(4)锚固作业

采用固定模板反锚作业。首先将轨枕预留孔内壁清干净，把螺旋道钉倒插入锚固模型孔内(从轨枕底部螺旋道钉孔眼插入)，专人检查模型是否与承轨槽紧贴，道钉是否在预留孔的中心位置，深度是否到位。检查合格后，将配好的硫磺砂浆用铁桶盛装向轨枕底面圆孔内灌注，浆液深度应比道钉插入长度高出 20 mm 以上。

螺旋道钉锚固高度，应使道钉圆台底高出承轨槽面，但≤2 mm。道钉杆与承轨槽面应保持垂直，歪斜角度不得大于 2°。螺帽拧紧后，螺杆丝扣应高出螺帽顶，螺旋道钉中心孔与预留孔中心位置偏差不得超过 2 mm。

螺旋道钉锚固后，必须将残留在承轨槽面上的残渣清除干净，要保证垫板和尼龙挡板能安装平整。

(5)防锈绝缘涂料配合比

材料为石油沥青(10 号)、滑石粉、熟桐油。

配合比：石油沥青∶滑石粉∶熟桐油＝1∶0.25∶0.1。

熔融绝缘涂料时温度不得超过 200 ℃，工作人员应佩戴防护用品。

(6)涂绝缘涂料

在道钉圆台周围及道钉底部用小排刷均匀涂刷防锈绝缘涂料。

3.3.4　散放绝缘垫板

根据轨道设计要求，在承轨槽内安放好规定型号的绝缘缓冲垫板。

3.3.5　上 钢 轨

根据轨排表所标示的钢轨轨型、规格选用钢轨。要求同一轨排选用长度公差相同的钢轨配对使用，相差量要求不大于 2 mm，并在前后左右随时调整抵消。

用钢尺测量钢轨的长度，标识出钢轨差值(实测值－25 m)。每节轨排选择好左右两根钢轨，直线轨排左股钢轨打点标记(曲线轨排外股打点)，标出轨枕的中心位置。先将打好点的钢轨吊放到轨枕承轨槽上的绝缘缓冲垫板上，然后吊起钢轨进行放枕，再将另一根钢轨吊放到轨枕承轨槽，最后直线轨节铺轨的前进方向要方正，曲线轨排按轨排计算表所表示的接头相错量进行预留。

3.3.6　散放扣件

将所需扣件，按规格、型号、数量准确均匀散布到轨枕两端，具体摆放见表 1。

表 1　弹条Ⅰ型扣件轨距挡板及挡板座号码配置表

序号	轨枕类型	轨距(mm)	加宽值(mm)	左股钢轨				右股钢轨			
				外　侧		内　侧		内　侧		外　侧	
				挡板座号码	轨距挡板号码	轨距挡板号码	挡板座号码	挡板座号码	轨距挡板号码	轨距挡板号码	挡板座号码
1	标准型 1 067 mm 混凝土枕	1 067	0	4	14	20	2	4	14	20	2
2		1 069	2	2	14	20	4	4	14	20	2
3		1 071	4	4	14	20	2	2	20	14	4
4		1 073	6	2	14	20	4	2	20	14	4
5		1 075	8	2	14	20	4	4	20	14	2
6	加长型 1 077 mm 混凝土枕	1 077	10	4	14	20	2	4	14	20	2
7		1 079	12	2	14	20	4	4	14	20	2
8		1 081	14	4	14	20	2	2	20	14	4

注：左、右侧钢轨以线路小里程往大里程方向为参照。

3.3.7　上 扣 件

将散布好的尼龙挡板座、轨距挡板、弹条、垫圈等依次安放好，并拧上螺母。

3.3.8　紧固螺帽

使用 2 台电动扳手将所有螺帽拧紧，扭矩应达到规范要求力矩(一般地段力矩不小于 100 N·m，半径等于和小于 600 m 的曲线地段力矩不小于 120 N·m)，然后进行螺母上油，并配上鱼尾板。

3.3.9　检查和成品吊出

按轨排质量要求，进行全面的质量检查，内容包括配件是否齐全，安放是否正确，接头相错量是否符合轨排表要求，轨距是否符合设计要求等，如不合格必须立即进行返工，待合格后吊放到轨排存放区或放到平板车上。

3.3.10　装车及加固

将钉联合格的轨排吊装到平板车上，在发车前应进行加固，确保运输过程中不致造成轨排窜动和枕木滑动。方法是:轨排放到转向架上,用钢丝绳将每组轨排前后固定在平板车两侧拉钩上,左右绕过整组轨排,紧固方式是用紧线器紧固,以确保运输安全。运输轨排的平板车要安置缓冲器。

4 检验内容

4.1 检查内容

(1)方正接头,核对接头的相错量。

(2)检查缩短轨左右位置是否正确。

(3)核对轨枕根数、间距大小是否正确,位置是否方正。

(4)检查轨距挡板和挡板座的号码及轨距是否符合要求。

(5)螺帽是否拧紧、道钉是否松动,松动者应重锚。

(6)缓冲垫板或弹条是否放正,扣件是否密贴。

经检查无误,配上已涂油的钢轨接头连接配件(配件放在轨排前端第二、三根轨枕上,随轨排装运),并用醒目的油漆编号后,方可装车或垛码,具体检验项目见表 2。

表 2 轨排组装检验质量记录表

<table>
<tr><td colspan="2">分项工程名称</td><td colspan="2">轨排组装</td><td>验收部位</td><td>DK176＋000～DK178＋000</td></tr>
<tr><td colspan="2">施 工 单 位</td><td colspan="2">中铁二十局集团安哥拉工程铺架项目部轨排厂</td><td>项目负责人</td><td></td></tr>
<tr><td colspan="4">施工质量验收标准名称及编号</td><td colspan="2">《铁路轨道工程施工质量验收标准》(TB 10413—2003)</td></tr>
<tr><td colspan="4">施工质量验收标准的规定</td><td>施工单位检查评定记录</td><td>指挥部
验收记录</td></tr>
<tr><td rowspan="11">主控项目</td><td>1</td><td>钢轨、轨枕、扣件、配件的规格、型号、质量</td><td>第 8.2.1 条</td><td>钢轨、轨枕、扣件、连接配件的规格、型号、质量符合设计及产品标准规定</td><td></td></tr>
<tr><td>2</td><td>轨枕的结构强度</td><td>第 8.2.2 条</td><td>轨枕的结构强度符合产品标准的规定</td><td></td></tr>
<tr><td>3</td><td>轨枕的型式尺寸</td><td>第 8.2.3 条</td><td>轨枕的型式尺寸符合产品标准的规定</td><td></td></tr>
<tr><td>4</td><td>扣件的扣压力、疲劳强度</td><td>第 8.2.4 条</td><td>扣件的扣压力、疲劳强度符合产品标准的规定</td><td></td></tr>
<tr><td>5</td><td>扣件的型式尺寸</td><td>第 8.2.5 条</td><td>扣件的型式尺寸符合产品标准的规定</td><td></td></tr>
<tr><td>6</td><td>扣件、配件的规格、型号铺设数量</td><td>第 8.2.6 条</td><td>扣件、配件的规格、型号铺设数量符合设计规定</td><td></td></tr>
<tr><td>7</td><td>每千米轨枕铺设数量、规格、型号</td><td>第 8.2.7 条</td><td>每千米轨枕铺设数量、规格、型号符合设计规定</td><td></td></tr>
<tr><td>8</td><td>螺旋道钉锚固抗拔力</td><td>不得小于 60 kN</td><td>螺旋道钉锚固抗拔力不小于 60 kN</td><td></td></tr>
<tr><td>9</td><td>同类型轨枕连续铺设要求</td><td>第 8.2.9 条</td><td>符合同类型轨枕连续铺设要求</td><td></td></tr>
<tr><td>10</td><td>不同类型轨枕分界处铺设 要求</td><td>第 8.2.10 条</td><td>无</td><td></td></tr>
<tr><td>11</td><td>非标准长度钢轨铺设要求</td><td>第 8.2.11 条</td><td>无</td><td></td></tr>
</table>

续上表

<table>
<tr><td colspan="3">分项工程名称</td><td colspan="2">轨排组装</td><td colspan="3">验收部位</td><td colspan="4">DK176+000～DK178+000</td></tr>
<tr><td colspan="3">施 工 单 位</td><td colspan="2">中铁二十局集团安哥拉工程铺架项目部轨排厂</td><td colspan="3">项目负责人</td><td colspan="4"></td></tr>
<tr><td colspan="5">施工质量验收标准名称及编号</td><td colspan="7">《铁路轨道工程施工质量验收标准》(TB 10413—2003)</td></tr>
<tr><td colspan="5">施工质量验收标准的规定</td><td colspan="6">施工单位检查评定记录</td><td>指挥部
验收记录</td></tr>
<tr><td rowspan="19">一般项目</td><td rowspan="4">1</td><td rowspan="4">螺旋道钉</td><td rowspan="2">偏离预留孔中心</td><td rowspan="2">2 mm</td><td>0</td><td>1</td><td>0</td><td>0</td><td>1</td><td>0</td><td rowspan="19"></td></tr>
<tr><td>1</td><td>0</td><td>1</td><td>0</td><td></td><td></td></tr>
<tr><td rowspan="2">与承轨槽垂直度</td><td rowspan="2">2°</td><td>1</td><td>0</td><td>1</td><td>0</td><td>1</td><td>0</td></tr>
<tr><td>0</td><td>1</td><td>1</td><td>0</td><td></td><td></td></tr>
<tr><td rowspan="2">2</td><td colspan="2" rowspan="2">道钉圆台底
高出承轨槽</td><td rowspan="2">弹条扣件:
0～2 mm</td><td>1</td><td>0</td><td>1</td><td>0</td><td>1</td><td>0</td></tr>
<tr><td>0</td><td>0</td><td>1</td><td>0</td><td></td><td></td></tr>
<tr><td rowspan="2">3</td><td colspan="2" rowspan="2">轨枕间距及偏斜</td><td rowspan="2">±20 mm</td><td>4</td><td>8</td><td>5</td><td>3</td><td>6</td><td>7</td></tr>
<tr><td>−5</td><td>9</td><td>6</td><td>−4</td><td></td><td></td></tr>
<tr><td rowspan="4">4</td><td rowspan="4">轨距</td><td rowspan="2">允许偏差</td><td rowspan="2">±2 mm</td><td>0</td><td>1</td><td>0</td><td>1</td><td>0</td><td>1</td></tr>
<tr><td>0</td><td>0</td><td>1</td><td>0</td><td>0</td><td>1</td></tr>
<tr><td rowspan="2">变化率</td><td rowspan="2">正线:1‰
站线:2‰</td><td>0</td><td>0</td><td>0</td><td>0</td><td>0</td><td>0</td></tr>
<tr><td>0</td><td>0</td><td>0</td><td>0</td><td>0</td><td>0</td></tr>
<tr><td rowspan="2">5</td><td colspan="2" rowspan="2">轨排接头相错量</td><td rowspan="2">第 8.2.16 条</td><td>1</td><td>0</td><td>1</td><td>0</td><td>1</td><td>0</td></tr>
<tr><td>0</td><td>1</td><td>2</td><td>1</td><td></td><td></td></tr>
<tr><td rowspan="5">6</td><td colspan="2" rowspan="2">扣件扭矩</td><td rowspan="2">第 8.2.17 条</td><td>115</td><td>100</td><td>110</td><td>100</td><td>110</td><td>100</td></tr>
<tr><td>110</td><td>100</td><td>110</td><td>110</td><td></td><td></td></tr>
<tr><td colspan="2">轨距挡板安装质量</td><td>第 8.2.17 条</td><td colspan="6">轨距挡板靠贴轨底安装正确</td></tr>
<tr><td colspan="2">道钉丝杆涂油</td><td>第 8.2.17 条</td><td colspan="6">道钉丝杆全部涂油</td></tr>
<tr><td colspan="2">扣件、配件安装不良率</td><td>8%</td><td colspan="6">2%</td></tr>
<tr><td colspan="3">施工单位检查
评定结果</td><td colspan="9">专职质量检查员: 年 月 日
分项工程技术负责人: 年 月 日
分项工程负责人: 年 月 日</td></tr>
<tr><td colspan="3">指挥部
验收记录</td><td colspan="9">主管工程师:
年 月 日</td></tr>
</table>

4.2 装车检查

用两台 10 t 龙门吊按轨排装运计划表中的轨排编号次序将轨排吊装于平板车上。装车时一般以四排为一组,先铺的轨排在上面,后铺的在下面。轨排装车要上下左右对齐,并捆扎固定好。为防止运送时轨排前后串动,在轨排两端用钢筋及螺栓交叉捆紧,使其一头穿入最上层钢轨上,一头固定在平板车上。

5　1 067 mm 轨距轨排设计及钉联技术的优点

(1)轨排钉联采用了全液压控制的升降工作台,通过先进的液压同步控制技术来保证各工作台升降动作的协调一致,与传统机械拖拽式的轨排组装相比,具有运行平稳、可靠,升降速度快,操作简单精确,故障率低,无噪声等优点。

(2)适用范围广,可用于 25 m 长度及以下 43 kg/m、50 kg/m、60 kg/m 的标准轨、窄轨线路轨排的组装定联。

(3)轨排钉联利用工作效率高、性能可靠的自动翻枕龙门、硫磺砂浆锚固模板平台和硫磺砂浆加热搅拌系统,每工班可生产轨排 1.5～1.8 km。

(4)利用钢轨和轨枕运输车自带动力,采用变频调速技术,转运钢轨和轨枕方便快捷,节约了运输成本,可有效减少轨排装车与钢轨、轨枕运输时交叉作业的干扰。

6　结 束 语

通过本格拉铁路的施工,掌握了 1 067 mm 轨排钉联技术,保障了施工质量和进度,取得了较好的社会和经济效益,为以后类似项目的施工,特别是处于非洲地区的铁路施工提供了一定的借鉴意义。

田殿军(1968—),男,高级工程师,毕业于大连铁道学院机械焊接工艺及设备专业。现任中铁二十局集团西安工程机械有限公司副总经理。2008 年～2014 年任安哥拉铺架项目部项目经理。

Tian Dianjun (1968—), Masculino, Engenheiro sênior, formado em Faculdade ferroviária DaLian e especialidade de soldagem mecânico e equipamento, engenheiro de alta categoria, no momento é o Vice-Gerente da Xi'an engenharia mecânico, Lda. CR20, era o Gerente da fábrica de travessas de betão em Angola desde ano 2008 até 2014.

本格拉铁路项目轨枕生产基地的设置和轨枕生产

Colocação os estaleiros de travessas de produção e porduzir travessas

（孙印义　袁辰浩）

(Sun Yinyi e Yuan Chenhao)

【摘　要】 轨枕供应是铁路施工过程中的重要组成部分。安哥拉本格拉铁路项目由中铁二十局集团承建，是目前中国企业在海外自主设计、施工的最长铁路。本文旨在通过本格拉铁路的轨枕生产作简要介绍并总结经验，以期达到为企业今后在大型海外铁路项目施工提供借鉴的目的。

【Resumo】 Abastecimento as travessas é importante parte de construção o Caminho de Ferro de Benguela. A empreitada para a construção do Caminho de Ferro de Benguela é da responsabilidade da CR20, é de construção da ferrovia mais longa e desenhar autônomo pela empresa chinesa neste século. Apresenta os resumos que produção as travessas do Caminho de Ferro de Benguela, e alguns expenriências, e para que oferecer referência de constução do projecto de ferrovia estrangeiro.

【关键词】 本格拉铁路　轨枕基地设置　轨枕生产　质量管控

【Palavra-chave】 Caminho de Ferro de Benguela　Colocação os estaleiros de as travessas　Produzir as travessas　Vigilância e controle os qualidades

1 前　　言

本格拉铁路(以下简称本铁)西起大西洋港口城市洛比托，向东途经本格拉、万博、奎托、卢埃纳等重要城市，直抵与刚果接壤的边境城市卢奥，全线总长 1 344 km，所需各类轨枕约 238 万根。轨枕在国内大多属于甲供材料，施工单位基本上不涉及生产业务。然而，安哥拉当地的工业水平极其落后，根本无法实现轨枕的就地采购，中国外包队伍存在生产成本过高、产量质量无法有效监控等问题。那么如何解决轨枕供应的问题迫在眉睫，集团公司经过慎重考虑，决定因地制宜，自行生产轨枕。在大型海外铁路项目轨枕生产方面，本铁项目从无到有、从有到精，积累了丰富的施工经验，培养了一支高素质、高战斗力的管理团队及施工队伍。

2　轨枕生产的总体布局

本格拉铁路项目横贯安哥拉全境，具有战线长、辐射面积广、地理环境复杂等特点，几乎涵盖了长大铁路项目的所有施工难点，因此合理的生产布局是保障轨枕顺畅供应的前提。

2.1　合理的任务分割

本格拉铁路长达 1 344 km 的施工线路，所需轨枕达 238 万根，只有合理分割生产任务才能既保证轨枕的正常供应，又能避免较高成本。本铁项目经过科学论证，综合考虑施工进度、运输、原料供应等因素，紧贴铁路既有线先后成立了库巴尔（157 km）、卡凌卡（382 km）、卢埃纳（977 km）三座轨枕生产基地，其中库巴尔轨枕厂承担 71 万根生产任务，卡凌卡轨枕厂承担 120 万根生产任务，卢埃纳轨枕厂承担 47 万根生产任务。卡凌卡轨枕厂承担了一半生产任务，原因是其靠近碎石生产地及物流基地，原材料材质满足规范要求，运输便利，可有效提高生产效率，其余两座轨枕厂也可以满足线路前、后两段的需求。

2.2　适宜的工艺选择

目前轨枕生产主要有长线基座法、机组流水法两种生产工艺。长线基座法有进场快、投入小的优点，但存在产量低、生产周期长的缺点。机组流水法有产量高、质量稳定、生产调整灵活等优点，但投入较大。本铁项目前期采用的是长线基座法，在工程初期保证了施工生产的需要。在工程全线开工后，原有的生产方式已无法满足需求，本铁指挥部适时调整生产工艺为机组流水法，切实保证了工程的顺利进行。

2.3　实用的设备调整

本格拉铁路项目不同于国内铁路，为 1 067 mm 窄轨铁路，并非通用标准，因而轨枕生产线设备需要在国内定制才能适用于生产。而对于部分不适用现场需要的设备，本铁指挥部组织技术人员及一线生产人员经过反复试验，先后对加长枕、岔枕等模具进行了改造，同时针对本铁项目桥涵多的特点，自行设计、加工了桥枕生产模具。轨枕吊装码放整齐，如图 1 所示。图 2 为正在运行中的轨枕生产线。

图 1　轨枕吊装码放整齐

图 2　正在运行的轨枕生产线

3　轨枕生产基地的设置

轨枕作为铁路项目施工的重点要素，如何行之有效的保障轨枕高质高量的快速供应，是摆在施工单位面前的重要课题之一，轨枕生产基地的选址作为首要前提显得尤为突出。

3.1 轨枕生产基地的选址要素

3.1.1 地形、地势因素

轨枕生产采用流水线式工厂化作业，牵涉到轨枕生产线的布置、轨排组装生产线的布置、吊装设备的布置，以及相配套的原材料、成品的存放地，运输设备的安置，产服人员的生活区等方面。以本铁设置的卡凌卡轨枕轨排厂为例，选址宜建在地势平整的开阔区域，尽量减少土建工程量，节约建厂成本，根据生产规模需保证长 1.0 km，宽 0.5 km 的生产生活区。

3.1.2 材料供应因素

轨枕生产属来料加工生产类型，原材料的供应严重制约着其产量和质量。轨枕生产基地的设置宜选在靠近地材产地，减少原材料运输成本；无法就近取材时，宜考虑靠近材料运输方便的区域选址。以卡凌卡轨枕轨排厂为例，距离卡凌卡碎石厂不到 10 km，极大地降低了材料供应周期及运输成本，有效提升了生产效率。

3.1.3 成品运输因素

本铁项目作为典型的长大铁路施工项目，单一设立一座生产基地既无法满足施工生产的需要，同时也会为成品运输带来压力。本铁指挥部通过科学调查，综合考虑，随着工程推进在沿线先后设立了库巴尔、卡凌卡、卢埃纳 3 座轨枕轨排生产基地，在卡玛库帕设立了轨排组装基地，以上生产基地均靠近铺架基地，辐射范围达 200～400 km，可同时采用公路(便道)、轨道运输两种方式，运输相对较为便利，有效降低了成品运输成本。

3.1.4 劳动力因素

本铁项目全线所需轨枕数量达 240 万根，中方人员主要从事轨枕生产的管理和技术指导工作，包括特种设备的操作。同时，需要大量的当地劳务从事相对简单的技术操作和体力劳动。安哥拉地广人稀，居民较为聚集，因而在轨枕生产基地选址时应充分考虑当地劳务的招聘，不宜离居民聚集地过远，以避免劳动力不足，亦不可过于靠近居民聚集地，造成环境污染影响当地居民生活，距离以 10～20 km 为宜。

3.1.5 自然环境因素

海外项目施工不同于国内施工，受当地自然环境影响极大，如面临气候异于国内、疾病频发、水源不净等问题。因而轨枕生产基地选址时应充分考虑外界环境对生产过程中所造成的影响，尽量靠近水源洁净区域，避开疾病频发区，以避免员工因疾病原因影响施工生产的正常开展。

3.1.6 安全因素

安哥拉持续内战长达 27 年之久，全境在战争期间被埋置了大约 2 000 万颗各式地雷。轨枕生产基地选址时应务必避开雷区，在土建施工前联系军方进行排雷工作。此外，基地应设置防护措施，预防当地人员偷盗、抢劫等行为。轨枕生产基地地处郊外，应预防蛇虫蚁兽的侵袭。

3.2 轨枕生产线的配置要求

轨枕生产线的合理布置是保障轨枕生产顺利开展的重要环节，下面以本铁卡凌卡轨枕厂轨枕生产线的配置为例，简要说明轨枕生产线的配置要求。

3.2.1 人员配置

卡凌卡轨枕厂人员配置按双班生产考虑，设立厂长 1 名，副厂长 2 名，生产调度 2 名，材料员、质检员、统计员各 1 名，当地劳务管理员 2 名，分班组作业，中方人员主要担任班组长或进行特种设备操作，80%左右施工人员为当地劳务，中安劳务配比平均为 1∶7。施工人员按工序配置如表 1 所示。

表 1 施工人员配置表

序号	工班名称	人数	主要工作任务
1	清模班	12	清理钢模内残余混凝土
2	喷脱模剂班	4	钢模内喷脱模剂
3	钢筋编组班	22	钢筋编组入模
4	镦头班	8	钢筋镦头
5	张拉班	8	钢筋入模张拉
6	绑箍筋班	22	绑扎钢模内箍筋
7	灌造班	6	混凝土灌模
8	拌和站	6	搅拌混凝土
9	振动班	12	平补混凝土
10	压花班组	8	混凝土轨枕压花
11	清边班组	12	清理压花多余混凝土
12	养护组	4	养护轨枕
13	放张班	2	放张轨枕内预应力
14	脱模班	8	混凝土轨枕拖模
15	摩擦锯组	4	锯断轨枕连接主筋
16	码垛组	8	轨枕码垛出库
17	钢筋班	24	加工箍筋、螺旋筋
18	修理班	4	定期修理维护机械设备
19	电工班	3	保障厂区线路安全
20	其他	15	后勤人员，值班人员，司机，厨师

3.2.2 设备配置

卡凌卡轨枕厂生产线设备按日生产 2 000 根轨枕规模进行配置，主要包括混凝土制造设备、轨枕模型设备、成品吊装设备、试验检测设备等几方面，具体设备配置如表 2 所示。

表 2 生产设备配置表

序号	产品单元	名 称	规格型号	数量
1	混凝土搅拌站	混凝土搅拌站	HZS75	1 座
2		张拉小车		1 台
3	张拉及缓慢放张设备	缓慢放张小车		1 台
4		张拉放张系统		1 个

技术管理篇

续上表

序号	产品单元	名　称	规格型号	数量
5	混凝土养护控制装置	养护温控系统		1个
6	模型	轨枕钢模	1 067 型(2×4)	110 套
7	混凝土灌造成型设备	下混凝土车		1台
8		初振动台		1台
9		压花振动台		1台
10	模型移位装置	模型辊道		8条
11		成品辊道		3条
12		横移门吊		1台
13		自动吊架		2个
14		横移小车		2组
15	脱模设备	翻模机		1台
16		无齿锯		1台
17	成品库吊装设备	成品出库车		2台
18		码垛机		1台
19		桥式起重机	HS10 t/19.5	1台
20		门式起重机	MH10 t/24 m	2台
21	锅炉	蒸汽锅炉	GB T 9142-2F	1座

序号	产品单元	名　称	规格型号	精度等级	数量
1	压力及水泥	2 000 kN 数字式压力机	DYE-2 000	Ⅰ	1台
2		100 kN 万能试验机	WE-100B	Ⅰ	1台
3		电动抗折试验机	DKZ-6 000	Ⅰ	1台
4		箱式电阻炉及火钳	4—13		1台
5		电热鼓风恒温干燥箱	101A-2		1台
6		水泥胶砂振动台	ZS-15		1台
7		水泥胶砂搅拌机	JJ-15		1台
8		水泥净浆搅拌机	NJ1 608		1台
9		水泥胶砂流动度测定仪	NLD-3		1台
10		水泥比表面积自动测定仪			1台
11		水泥浆稠度测定仪	FBT-5		1台
12	混凝土	混凝土试模	150×150×150 mm		100 组
13		混凝土弹性模量试模	150×150×300 mm		20 组
14		混凝土抗折试模	150×150×555 mm		4组
15		混凝土抗裂试模	100×305×425 mm		1组
16		混凝土振动台	100×100 cm		1台
17		电子平台秤	TCS-100	Ⅲ	1台
18		跳桌增实仪			1台

技术管理篇

续上表

序号	产品单元	名　称	规格型号	精度等级	数量
19	混凝土	石子筛	ϕ30 mm		1套
20		混凝土搅拌机	SJD-60		1台
21		数控水泥混凝土标准养护箱	SHBY-40B	±1℃	1台
22		标准恒温恒湿养护箱	YH-40B		1台
23		标准养护室			1间
24	专用试验设备	静载试验机	预应力混凝土轨枕静载试验机	XYE-500	1台
25		专用检具	专用测厚卡尺	0～300 mm	2把
26		专用检具	预留孔内径专用尺	0～200 mm	2把
27		专用检具	坡度样板尺		2把
28		专用检具	坡度塞尺		2把
29		专用检具	压台距测尺		2把
30		专用检具	万能角度尺	320°	2把
31		专用检具	40倍读数显微镜		1台
32		专用检具	放大镜		8个
33		3 m盒尺及钢板尺、卡尺	卷尺	3 m	2套
34		3 m盒尺及钢板尺、卡尺	游标卡尺	0～300 mm	1套
35		3 m盒尺及钢板尺、卡尺	游标卡尺	0～200 mm	1套
36		3 m盒尺及钢板尺、卡尺	钢直尺	1 m/50 cm/ 30 cm/ 15 cm	各2套

3.2.3　轨枕生产配置人员、设备的管理目标及措施

(1)管理目标

严格按照管理制度、操作规程、质量标准和工作职责做好轨枕厂的生产管理工作，并要以安全质量、进度、成本这三大目标进行控制，严格履行各自的职责，保证轨枕厂的正常和有效的运行。

(2)管理措施

①人员管理

建立自上而下的责任目标考核体系，以工班为单位，责任到班组、岗位负责人，分别从生产进度、业务水平、工作态度、安全质量、成本控制五个方面进行考核，厂队负责人按月对所属班组、员工进行综合评分，同个人绩效工资挂钩，切实保证轨枕生产的产量、质量；加大对当地劳务的使用及培训，实行对当地劳务“传、帮、带”导师带徒的工作理念，既可以有效降低人工成本，又可以培养一大批掌握流水线作业生产技能的熟练技术工人，为项目属地化管理奠定了基础；加强当地劳务的管理工作，实行计件工资制度，直接从经济上激发劳务的工作热情。图3为当地劳务正在进行流水线作业，图4为当地劳务正在熟练操作螺旋筋下料机。

图 3　当地劳务进行流水线作业

图 4　当地劳务熟练操作螺旋筋下料机

②设备管理

设备入场时组织专业人员进行检测，尤其是特种设备、计量、检验等高精密器具均须经过法定计量检定部门检定合格后方准使用；制定切实有效的设备管理制度，确保操作人员有章可依、有据可循；坚持定人定机制度，落实责任到机位、到个人；加强设备的定期维护保养，确保在高强度作业环境下设备的正常运转，并做好维修保养记录；加强设备操作人员的业务能力培训与提升。

4　轨枕生产工艺及质量控制

毫无疑问，轨枕生产对于本铁项目而言是一项全新的领域，经过多年的摸索实践和试验论证，我们总结出了一整套适用于本铁项目的轨枕生产方案，同时加强轨枕质量控制，成品质检合格率在99%以上，圆满地完成了施工生产任务。

4.1　轨枕生产工艺流程

安哥拉铁路工程使用1 067 mm轨距有挡肩预应力混凝土轨枕，预应力主筋选用ϕ6.25 mm螺旋钢丝，其中P10主筋选用ϕ6.25 mm的螺旋钢丝，P15主筋采用的是8根ϕ6.25 mm螺旋钢丝，水泥、减水剂从国内运输，碎石、砂子等材料由当地供应。轨枕生产采用机组流水法工艺，该工艺流程因建厂时间短、占地少、产量高、质量稳定等诸多优点被国内外广泛采用。轨枕的生产工艺流程如图 5 所示。

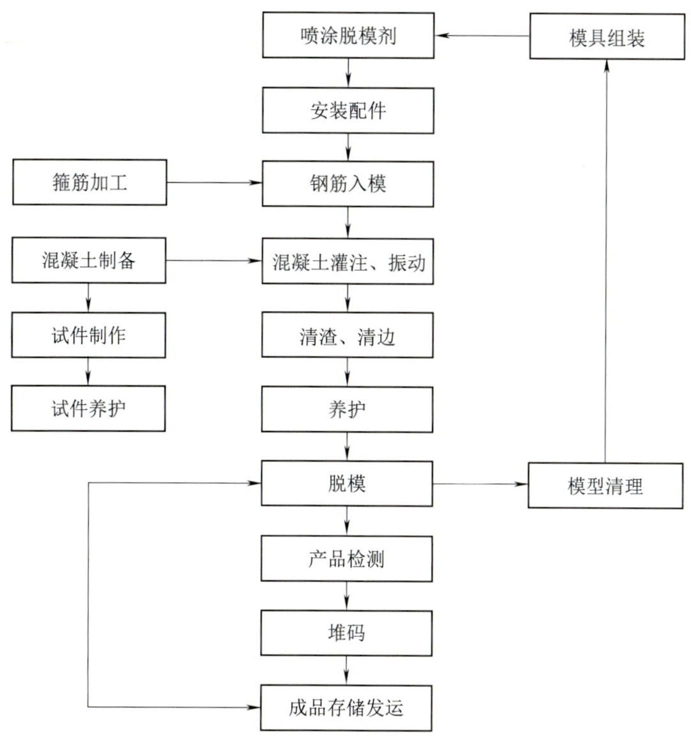

图 5　轨枕生产工艺流程图

4.2　轨枕生产的质量保证

轨枕作为一种预应力混凝土结构，在生产过程中影响质量的因素太多，必须对生产的每个环节加强控制才能确保轨枕质量符合设计和规范要求。

4.2.1　原材料的质量保证

轨枕生产所需的原材料包括水泥、骨料（分为粗骨料和细骨料）、拌和用水、外加剂、钢材五个方面。

（1）水泥

安哥拉窄轨铁路轨枕施工生产中我们选用的是 P.O 52.5 普通硅酸盐水泥。对于水泥我们需要特别关注的是其碱活性（最好能使用低碱水泥），注意控制最大水泥用量，不要使轨枕混凝土的碱含量超过安全限值而造成轨枕缺陷。

质量保证措施：水泥进厂时须有生产厂合格证、碱含量、试验报告单。每批水泥进厂后保障部须及时通知试验室进行复检，复检合格后方能办理入库，不同品种、不同厂家、不同强度等级的水泥应分批分仓存储使用，在同一批轨枕中不许使用不同品种、不同厂家、不同强度等级的水泥；水泥如有受潮变质或超过出厂日期三个月，应由安质部和试验室取样检验合格后方可使用。

（2）骨料

安哥拉窄轨铁路轨枕粗骨料采用碎石或经破碎的卵石，其颗粒最大粒径为 25 mm，含泥量不大于 0.5%。细骨料采用天然砂，其细度模数 M_x 为 2.6～3.2(中粗砂)，含泥量不大于 1.5%。

质量保证措施：不得使用含有活性二氧化硅或其他活性成分的骨料。采用新骨料或石矿中出现新地层或新的采掘面时，在生产轨枕前都要对其碱活性进行试验评价；每批砂、石骨料进厂时，须做含泥量、筛分检验，不合格的砂、石骨料严禁使用；砂、石含水率由试验室每班开工前检测一次，并根据含水率调整并下达施工配合比；上料人员应严防砂石混仓，如已发生混仓，应及时报告生产主管处理。

(3)拌和用水

安哥拉窄轨铁路轨枕拌和混凝土用水应为清洁水，不含油、酸、碱、有机物及其他有害物质。水质检验须符合《预应力混凝土枕　Ⅰ型、Ⅱ型及Ⅲ型》(TB/T 2190—2002)的规定。

质量保证措施：生产基地选址时应考虑生产用水的供应及检测水质是否符合生产需要；施工中如发现不合格的水，应立即停用，并报告生产主管及时处理。

(4)外加剂

安哥拉窄轨铁路轨枕混凝土采用了高效减水剂，主要目的是为了提高混凝土早期强度，在正常养护时间内尽快达到脱模强度要求，提高生产效率。现场试验证实，减水剂的性能对轨枕的脱模强度和静载值均有着较大影响，性能指标越好，生产出的轨枕静载值越高且质量比较稳定。

质量保证措施：减水剂进厂时，首先须进行质量检验，然后由项目试验部门综合考虑其他主材材质作配合比试验，确定满足生产规范后方能大批量投入使用。在主材材质变化时应重新试验，及时调整配合比。

(5)钢材

安哥拉窄轨铁路轨枕主筋采用的是 ϕ6.25 mm 螺旋钢丝，张拉采用一端整体张拉方式。张拉主要控制张拉应力，同时对预应力钢绞线伸长量复核验证。张拉应力要按照轨枕的技术要求严格控制，张拉力小会严重影响轨枕的静载值，过大又会对轨枕的疲劳产生严重损害。此外张拉过程还应特别注意钢绞线的定长入模，因为机组法施工采用的是轨枕钢模活动端整体张拉，四根钢绞线长度不一则会造成轨枕内部张拉应力不均匀，会严重影响轨枕性能，所以要求同一根轨枕中预应力主筋定长误差不得超过 2 mm。

质量保证措施：每批预应力钢丝，须有生产厂的质量合格证明书，进厂后由质检人员现场选样，送试验室进行抗拉强度、伸长率和弯曲次数检验，复验合格后方可入库；不同厂家的首批钢丝进厂时，除需进行上述检验外，还需做钢丝镦头强度试验，镦头强度不小于母材强度的 95%，经试验室试验检测合格后方可入库；张拉机使用前首先需要对设备进行校准，在使用过程中也必须定期进行校准，一般情况下其校准周期为 1 个月。

4.2.2　生产工序的质量保证

(1)钢筋预制

钢筋拉伸调直后不得有死弯，不带弯钩的钢筋下料误差为±15 mm，带弯钩及弯折钢筋下料误差为±d(d 为钢筋直径)。

(2)钢筋骨架绑扎

钢筋骨架绑扎必须严格按照图纸规定尺寸进行。

(3)清模

模具使用前要先用钢丝磨头把内表面抛光,并用扁铲将上口及边上的浮灰清掉。

(4)喷涂脱模剂

模具清理干净后在内表面喷涂脱模剂。脱模剂要喷洒均匀,严禁滴状或线状进入模型,不得存有积液,防止粉肩,不得漏喷。

(5)安装配件

安装前先检查模型内有无杂物,并清理杂物。将加工合格的钢丝组按设计位置入模,并检查钢丝是否错位或交叉,若发现钢丝错位或交叉,应及时调整或更换。同时安装橡胶挡板、挡浆板等配件,配件安装完毕后应检查是否齐全,位置是否正确。

(6)混凝土的制备与灌注

①混凝土的配合比由工程技术部确定,并下通知单。

②拌和:混凝土拌和设备采用强制式搅拌机。总搅拌时间不少于 1.5 min,以保证搅拌均匀。混凝土稠度严格按照《混凝土拌合物稠度试验方法 跳桌增实法》(TB 2181—1990)的规定执行。混凝土拌制采用强制式搅拌机,搅拌时间参照搅拌机相关规定,一般情况下搅拌时间不低于 90 s,以保证搅拌均匀。

拌制干硬性混凝土需要精确控制水的用量,否则就改变了混凝土的水灰比,严重的会改变混凝土的性质,严重影响轨枕质量。

为保证混凝土严格按配合比进行拌制,搅拌机称料用的电子秤需要定期进行校正。正常情况下的校准周期为不大于三个月,日常使用时应密切注意,发现异常时应立即校正,如果更换了称量元器件,需经校准后才能投入使用。

③灌注:混凝土灌注前先检查模型是否清理干净,钢筋笼是否放好。向模型中加混凝土时要用钢筋棍固定钢筋笼,以防止钢筋笼移位。应合理控制每次搅拌的混凝土方量,避免因混凝土量不足中断振动,或者因富余量太多存放时间过长而失效,严禁使用停放时间超过 30 min 的掺加减水剂的混凝土,以免影响轨枕质量。

④振捣:轨枕生产普遍使用振动台模式进行振捣,振捣时应控制普振和加荷振动的时间。振动时间过短,混凝土不能达到较高的密实度;振动时间过长,容易在轨枕端头部位产生漏浆而影响混凝土性能并造成气孔等缺陷。一般情况下普振时间控制在 2～3 min 之间,加荷振动时间不应低于 1 min。混凝土振动成形后按要求压花或抹平。

(7)蒸汽养护

机组法轨枕生产中使用蒸汽养护,提高早期强度,以加快生产效率。蒸汽养护分为静停期、升温期、恒温期和降温期四个阶段。静停期一般设定 2 h,恒温期温度不能大于 60 ℃,升、降温速度不大于 20 ℃/h,脱模时轨枕表面温度与环境温度之差应不能大于 20 ℃。在安哥拉工程施工中,经试验验证,60 ℃恒温下需要 8 h 方能达到设计要求的脱模强度。

由于轨枕生产使用干硬性混凝土,轨枕振捣密实成型后,必须盖上养护窑盖静停以防混凝土失水，导致水化反应受阻，影响混凝土强度。

蒸养过程中如果静停时间不够，升温很快，恒温温度过高，由于混凝土中气、水、水泥、砂石等不同材料热膨胀系数不同，加上混凝土初期结构强度较低，高温使气、水大大膨胀，容易造成混凝土内部结构缺陷，容易引起轨枕表面特别是端头表面的混凝土龟裂、疏松，甚至造成轨枕报废。

轨枕脱模后，为了保证干硬性混凝土预制强度的形成，后期的保湿养护也十分重要，由于安哥拉炎热的气候条件，轨枕脱模后还必须洒水养护七天以获得较高的后期强度。

(8)脱模、检验

脱模后的支承块要立即检查外观和外形质量，合格品、次品、废品要分别码放。轨枕脱模后洒水保湿养护 7 天以上，当平均气温低于 5 ℃，禁止洒水，采取在室内喷涂养护剂保湿保温养护。

(9)堆放及运输

轨枕按批次分别存放，不合格的轨枕应单独存放。轨枕装卸运输时严禁碰、撞、摔、掷。

4.2.3 施工管理的质量保证

轨枕生产是一项高精度、标准化的生产工艺，对生产人员的业务能力和素质有着极高的要求，生产人员在具体施工过程能否严格执行生产标准是影响轨枕质量的重要因素之一，因此加强管理，从管理中要质量势在必行。本铁指挥部在质量管理中要求施工队伍做到预防为主，过程控制，事后反思，积极改进，具体做法如下：

(1)在项目部一级成立产品质量管理小组，组成由项目主管领导任组长，项目总工为副组长，安质部、工程部等相关部门及人员任组员的上级监管体系；在施工队一级成立由施工队负责人、生产调度、技术员、质检员、工班长全员参与的现场质量管控体系，落实责任到人。

(2)加强宣传教育，提升管理人员和生产人员的责任心。强调安全质量无小事，坚持定期开展班前教育，负责人、班组长、领工员、质检员人人都要讲，采取简单有效的方式，将作业中可能存在的质量隐患、危害、排除方法等知识告之于一线员工，提高一线员工质量排查治理的意识和能力。

(3)坚持定期召开质量工作例会，对发现的问题及时反思、纠错，要求各岗位职工高度重视，严格执行生产操作规范。

(4)坚持定期质量检查制度，每周组织一次定期检查，由项目总工主持，质检部门和有关部门的人员参加，检查发现的问题要认真分析，找准主要原因，提出改进措施，限期进行整改。

轨枕生产中影响轨枕质量的因素很多，且其经常随所处的环境变化而改变，但只要我们从以上一些方面严格控制并加强生产管理，及时发现问题并有针对性加以解决，就可以使轨枕质量始终处于受控状态，从而取得良好的综合技术经济效益。

5 结束语

随着国家“一带一路”倡议的深入发展，世界格局发生巨大的变化，国内各行各业竞争日趋激烈，越来越多的大型国企纷纷响应国家号召，扎根海外开疆扩土、滚动发展。本格拉铁路建设工程作为中铁二十局集团实施“走出去”战略，实现“三分天下”格局的先头兵，理应为集团公司在海外发展过程中如何充分发挥自身优势，在海外竞争中处于有利地位提供值得借鉴的经验。

本格拉铁路项目经过长期的实践，摸索整理出了一套技术和管理体系。海外大型铁路项目轨枕生产首先要充分结合项目整体施工方案进行生产布局，合理分割生产任务；其次，在轨枕生产基地建厂时要充分考虑当地环境影响，切实保证建厂的合理性；再次，要通过高效有力的管理、贴近实际的工艺改进保障轨枕质量。

海外铁路施工是一项长期复杂的综合性课题，仍然需要我们在实践中继续摸索前进，才能为公司创造出更大的社会经济效益。

孙印义(1978—)，男，工程师，毕业于石家庄铁道学院铁道工程专业，现任本铁项目铺架项目部经理。

Sun Yinyi (1978—), Masculino, Engenheiro, graduou na especialidade de Engenharia ferroviária da Instituto Ferroviário de Shi Jiazhuang, no momento é o Gerente da fábrica de travessas de betão.

本格拉铁路长途光电缆敷设经验总结

Resumo as experiências de colocação os cabos óptico de longa distância ao Caminho de Ferro de Benguela

（郭彦江）
(Guo Yanjiang)

【摘　要】 本文通过对安哥拉本格拉铁路长途光电缆敷设的方法、特点及应用情况的介绍，着重强调特殊地段长途光电缆敷设的方式，同时，希望此方法能够在相同领域得到推广及应用。

【Resumo】 O artigo apresenta os métodos, característica e aplicação de colocação os cabos óptico de longa distância ao Caminho de Ferro de Benguela, de referir que métodos de colocação os cabos óptico de longa distância nos alguns troços especifiais, ao mesmo tempo deseja que neste métodos pode promover e aplicar ao mesmo campo.

【关键词】 长途光电缆　敷设　复杂地形条件　偷盗　破坏

【Palavra-chave】 Os cabos óptico de longa distância　Colocação　Tipo topográfico complexo　Roubar　Danar

本格拉铁路全长 1 344 km，全线采用光缆传输，配置程控电话系统及相关数据传输系统，具备传输文字、声音图像的功能。长途光电缆在敷设过程中确保通信线路的完好，是保证整条铁路通信系统正常运行的基础。如何在保证施工进度的同时，有效的控制施工质量就显得尤为重要。针对本格拉铁路线路长，雨季施工难度大，交通通行条件差，通信不畅，资源短缺，地形复杂多样(包括石质地段、粉砂路段、沼泽地段、雷电区、白蚁区等)等特点，对本格拉铁路长途光电缆敷设施工过程中采取的一些方法措施，总结如下。

1　长途光电缆敷设施工

1.1　采用轨道车进行光电缆敷设的模式

本格拉铁路交通条件困难，施工便道大部分距离铁路较远，只有部分可以利用，但受损严重，需要进行养护。于是光电缆如何敷设的问题就变得紧迫和棘手。基于本格拉铁路特有的中铁二十局和本格拉铁路局联合管理的既有线行车调度模式，结合现场实际情况制定了以轨道车为主，汽车配合的光电缆敷设方案。

光电缆径路是以铁路中心线为基础，开挖一条与之平行的光电缆沟。所以相对使用汽车利用施工便道进行光电缆敷设，轨道车施工就大大减少了劳务的使用率，在光电缆敷设过程中对光电缆的物理性伤害大大降低，如图 1 所示。光电缆敷设、标石的撒放、技术资料的收集等相关工作一遍过，时效性更强，便于施工组织，省时省力。

图1　轨道车光电缆敷设

1.2　防白蚁光缆和普通光缆穿插使用

本格拉铁路白蚁分布广泛，且种类较多。白蚁对光缆的啃咬伤害，严重影响了光缆的通信质量及使用效果。工程前期首先对白蚁的分布区及种类进行统计，有针对性的选用防白蚁光缆和普通光缆穿插施工。这样既保证了施工质量，满足设备技术要求，又降低工程成本，减少经济损失。

1.3　石质地段对长途光电缆的有效保护

本格拉铁路米纳至库巴尔段属于山区，大部分为石质地段，地形复杂。光缆径路的选择上存在很大的局限性，开挖也只能采用人工开挖。有效开挖深度只能保证在40～50 cm之间。因此结合现场实际情况，从施工成本和工程质量进行整体考虑，以预制带筋水泥槽扣盖，外部水泥砂浆封包进行防护。此防护方法的优点如下：

(1)此方法较钢管防护方案，在保证工程质量的前提下，可以利用现有条件，降低国内采购需求，减少施工成本。

(2)预制的带钢筋水泥槽长度为1.2 m，能够有效适应径路沟底地形的起伏变化，且更便于运输。

(3)预制的水泥槽要求背面拉毛，因光电缆在水泥槽防护之后，要在水泥槽上方进行水泥封包，拉毛的表面，更有助于水泥之间的黏合，防护更加结实牢靠。

1.4　沼泽地段长途光电缆敷设及保护

本格拉铁路沼泽地段的特点是距离长，绵延数百公里，野生植物繁茂，积水量大。沼泽地段光缆沟开挖后随时有可能被泥水灌满或发生坍塌，可能需二次进行开挖，增加工程量。结合长途沼泽地特点，制定了径路沟开挖与光电缆敷设同步进行的方案。开挖径路沟的同时将光电缆一并入沟，及时回填，避免二次施工。由于沼泽地段雨季水位高，导致光电缆长时间浸泡水中，所以，光电缆就必须进行严格的密封保护，防止终端或者接头处发生进水现象，影响光电缆的绝缘参数，导致线路通信系统瘫痪。沼泽地段发生故障后，处理难度大，不仅影响工期，还会对光电缆线路产生二次伤害。这就要求对光电缆的中间接头进行绝对良好的密封处理。经分析研究决定，现场施工电缆采用灌胶式防水接头盒，光缆采用3M防水接头盒，操作如下：

(1)在进行电缆接续过程中，现场技术人员严把质量关，电缆在接续完成后，向接头盒内注入规定量的复合树脂胶，15～30 min 后，胶液会完全固化，不会有任何水和空气与电缆连接点产生接触，直接埋于地下或者水下，绝缘性能极佳。

(2)光缆采用 3M 防水接头盒，在接续完成后，所有密封胶条、堵头进行涂抹胶液处理，防止发生漏水漏气现象。

1.5 对光电缆径路沟开挖及回填的要求

本格拉铁路大部分地区为石质或硬土，可用于直接回填的土壤很少。如果直接用挖机回填，那径路沟边沿的不规则石块或硬土块必定会对光电缆造成损伤，尤其是光缆，一旦损伤将严重影响线路的通信质量。针对这一情况，对径路沟的回填做了如下要求：

(1)径路沟的开挖：径路与铁路路基的坡脚、护道或堑顶保持一定的距离，以免影响路基的稳定性，与其他建筑物的间距应符合设计要求，是光电缆线路安全可靠，便于施工和维护的前提。无论是机械还是人工开挖的径路沟，要保证径路顺直、沟底平顺，不容许有大幅度起伏，避免光电缆在回填时造成不必要的机械性损伤，影响通信线路质量。

(2)径路沟回填，必须采用先细土浅埋，然后布放连续警示带，再充分回填三步进行。光电缆入沟后，先采取人工浅埋法，用土质较好的无石细致土壤将线缆覆盖，人工浅埋深度距线缆表层不应低于 200 mm，在光电缆上方 600～800 mm 处，应敷设一条连续的警示带，避免交叉施工对通信光电缆线路的损伤。最后充分回填，严禁将较大石块回填至沟内，避免压伤光电缆。

2 针对雷电密集区对长途光电缆的防雷保护

2.1 树木密集区、高海拔地段光电缆防雷

本格拉铁路光电缆接地体的安装标准为每 4 km 安装一处接地体，但本格拉铁路地形复杂，土壤酸度高，按照安装标准无法满足现场对光电缆防雷的要求。在树木密集区、高海拔地段，接地体的安装标准变更为每 2 km 安装一处接地体，接地体安装的位置与每个通话柱所在位置保持一致，将通话柱地埋螺栓引至接地体上，避免通过接地体将雷电引入光电缆。

2.2 粉砂、石质地段长途光电缆防雷

本格拉铁路长途光电缆线路通常采用放射法埋设角铁来降低接地电阻，这种方法适用土质较好的地方，但是对于接地电阻率较高的粉砂、石质地段几乎没有效果，接地电阻不满足防雷要求，导致线路频遭雷击，引发线路故障。因此，我们在光电缆接头附近选择地势较低的地方安装一定数量的接地体，尽量深挖出潮湿的土层。将接地体与线缆接头的引线焊接，保证良好连接，进行泄流。在接地体安装到位后，将长效复合降阻剂用水搅拌至糊状，包在接地体周围，增大接地体与土壤的接触面积，减少接地体与土壤之间的接地电阻，保持接地体附近土壤的潮湿性。同时，糊状降阻剂会在土壤一定范围内渗透，向外扩散，使渗透区域的土壤电阻率大大降低，从而形成连续的接地体网络，将原本分离的区域连接起来，形成较大的散流面积，进一步的降低接地电阻。另外，降阻剂渗透到石缝中将碎石有机结合起来形成一片有效区域，将断流层变成低电阻率的导电区域有利于泄流。

综上所述，采用长效复合降阻剂灌注法解决粉砂、石质地区缝隙连贯性问题，通过液

态降阻剂流动产生的树根效应来扩大地网的接触面积，达到降低地网接地电阻值，效果非常显著。经过改造的地网阻值稳定长久，既解决了雷击电流的泄放问题，又节省了维护费用。

3 针对开放式铁路通信光电缆及附属设备的防盗防破坏措施

安哥拉本格拉铁路是开放式铁路，车辆、行人可随意穿越铁路、进入站场，且当地民众对铁路设备的保护意识十分淡薄。这对铁路的行车安全造成很大威胁，加上一些民众为了蝇头小利，偷盗区间光电缆，严重影响铁路通信系统的正常工作，甚至会导致整个通信系统的瘫痪。本格拉铁路全线电缆被盗事件发生最多的就是卡通贝拉大桥的光电缆，我们先后共 3 次对此过桥光电缆进行修复，施工成本不断累加。针对卡通贝拉大桥光电缆反复被盗的情况，在加强与业主和警察局沟通，实现共同监管的同时，改进光电缆过桥防护方案。最后决定桥身采取槽钢对扣焊接，桥头两端采取槽钢焊接深埋的方式进行光电缆防护，之后卡通贝拉大桥再未发生光电缆被盗事件。

安哥拉并没有完善的法律法规来保护铁路设施，民众的铁路保护意识淡薄，铁路设备及线缆时常发生被盗、破坏事件，导致通信系统的瘫痪。因此，必须制定出针对开放式铁路设备的防盗防破坏措施。主要措施如下：

(1)为保证已完工程完好，在我们的建议下，业主在每个车站配备了管站安保人员，负责整个车站的所有设施、设备的看护工作，效果显著。

(2)组织技术人员对站场及区间线路定期进行巡检。

(3)与地方政府和业主沟通，通过媒体对铁路基建设施的重要性进行大力宣传，提高大众保护铁路基建意识，加大对偷盗、破坏铁路设施的处罚力度等等。

(4)积极配合业主及安方警察局，进行案件侦破，势必将偷盗和破坏铁路设施、设备的人员抓捕归案。

郭彦江(1990—)，男，2011 年毕业于衡水铁路电气化学校铁路通信专业。2011 年至今在中铁二十局集团安哥拉本格拉铁路工程电务项目部工作，主要从事电务项目通信专业技术工作。

Guo Yanjiang (1990—), Masculino, graduou na especialidade de Comunicação ferroviária da Escola de eletrificação ferroviária de Heng Shui em 2011, começou a trabalhar no Departamento de serviço elétrico do projecto de Caminho de Ferro de Benguela, da China Railway 20 Group Internacional Angola, Lda em 2011, trabalha principalmente em Tecnologias profissionais de comunicação do departamento de serviço elétrico.

技术管理篇

关于长大干线通信设备调试的组织

Organização de teste os equipamentos de comunicação da linha largo

（张卫党　郭彦江）

(Zhang Weidang e Guo Yanjiang)

【摘　要】 本文针对长大干线铁路通信设备调试的特点，对具体调试方案进行介绍，着重强调大跨度铁路通信设备的调试方法，届时，希望此方法能够得到推广、应用、创新及改进。

【Resumo】 O artigo apresenta as características de teste os equipamentos de comunicação da linha largo，e também apresenta os planos especificações de teste，enfático os métodos de teste os equipamentos de comunicação da ferrovia com longo distância. Ao mesmo tempo deseja que neste método pode promover e aplicar ao mesmo campo.

【关键词】 大跨度　通信设备　调试　组织方案

【Palavra-chave】 Longo distância　Equipamento de comunicação　Teste　Plano de organização

本格拉铁路全长 1 344 km，属于长大干线铁路通信工程，设备调试跨度大，周期长，联调联试更是困难重重。一是本格拉铁路属于开放式铁路，通信线路存在随时被破坏而导致通信中断的可能。二是本格拉铁路线路长，交通条件差，部分车站便道不通，只有通过轨道车才能到达。三是各车站采用柴油发电机供电，光电缆线路在调试期间要进行反复的测试，发电机燃油补充难度大。四是光纤在线监测系统设备由两个不同厂家提供，调试时业务对接程序复杂、难度大。因此，结合本格拉铁路特点，针对困难，制定合理有效的调试方案，不仅能检验设备性能，又能提高调试效率，降低施工成本。

1　本格拉铁路通信系统概况

1.1　传输及接入系统

洛比托（LOBITO）至卢奥（LUAU）段的 67 个车站中，部分新设 STM-4 光传输设备和光传输中继设备。LOBITO 至 LUAU 段的 67 个车站全部新设 STM-1 光传输设备，设 2/4 W 音频接口及 POTS 接口。STM-4 系统采取 1＋1 线路保护，STM-1 系统通过自愈环构成本系统保护，列调系统和 TDCS 等通道经过 STM-4 系统保护。系统传输组网如图 1 所示。

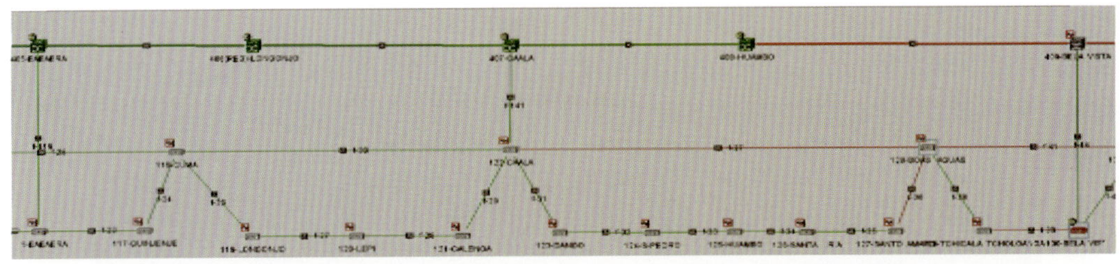

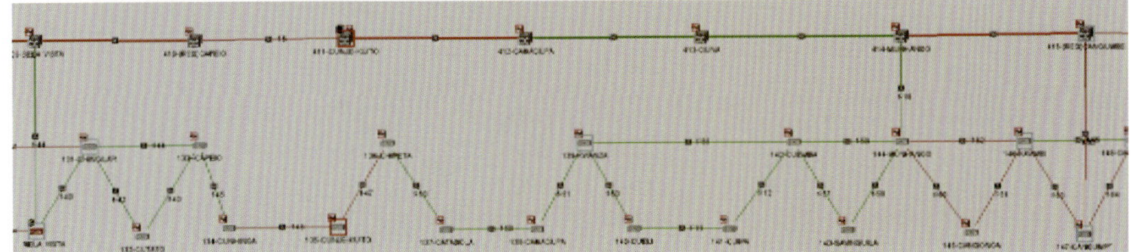

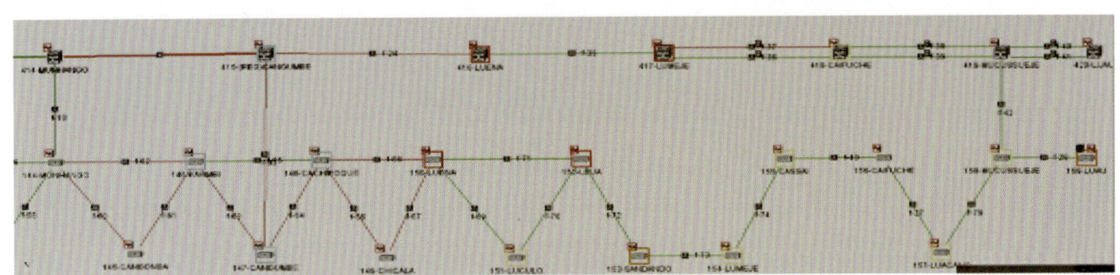

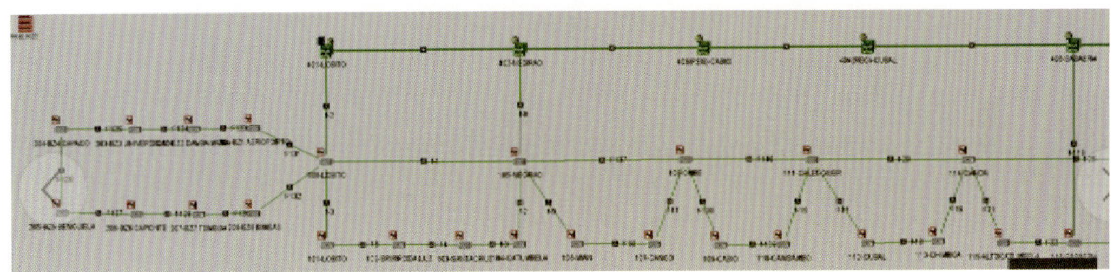

图 1　传输系统组网图

1.2　电话交换系统

LOBITO 新设 1 500 门程控交换机；万博(HUAMBO)新设 1000 门程控交换远端模块；LOBITO 交换设备接入本格拉(BENGUELA)省内的车站用户；HUAMBO 交换设备接入 HUAMBO 省内的车站用户；程控交换机和 1 个程控交换远端模块，均分别设置话务台和计费系统。接入网组网如图 2 所示。

1.3　列车调度系统

(1)BENGUELA 铁路调度中心设在 LOBITO 调度综合楼，楼内设置列车调度电话主系统。LOBITO 至 LUAU 的 67 个车站，设与 LOBITO 站列车调度电话主系统配套的列车调度电话分系统设备，各车站利用列车调度电话系统组成各自站场通信指挥系统。

(2)按 BENGUELA 支线和本格拉(BENGUELA)、万博(HUAMBO)、比耶(BIYE)、莫希科(MOXIKO)四个省划分调度区段，共设置 5 个调度台。调度一台指挥 BENGUELA 支线境内的 9 个车站的列车运行；调度二台指挥 BENGUELA 省内共 15 个车站的列车运行。调度三台指挥 HUAMBO 省境内 14 个车站的列车运行。调度四台指挥 BIYE 省内共 15 个车站的列车运行。调度 5 台指挥 MOXIKO 省境内的 14 个车站的列车运行。数调系统网管拓扑图如图 3 所示。

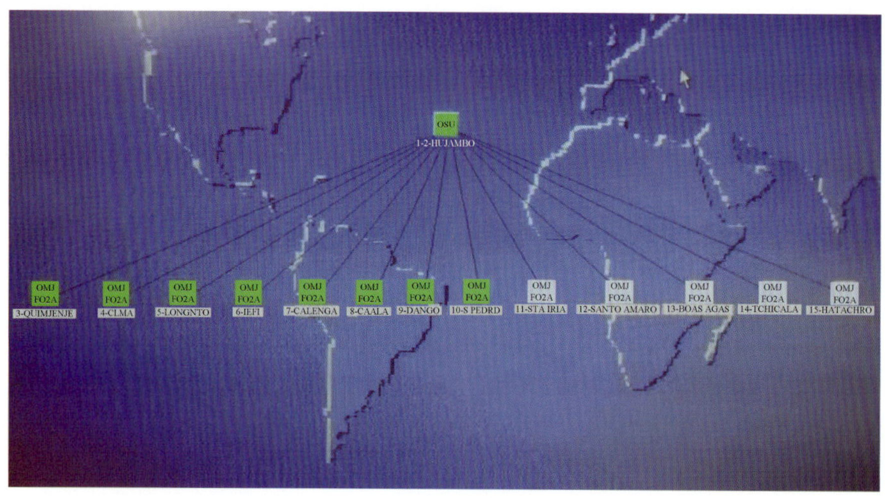

图 2　接入网组网图

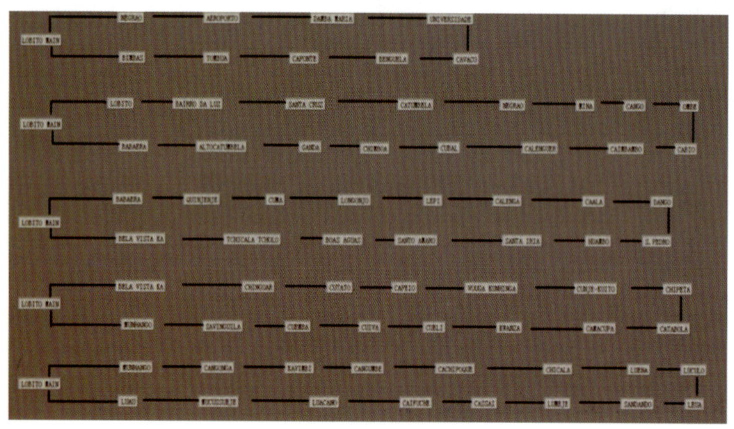

图 3　数调系统网管拓扑图

1.4　列车无线调度电话系统及站间行车电话

LOBITO 调度中心指挥本格拉铁路全线的无线列车调度，无线列调设备采用 160～174 MHz B 制式系统，不考虑区间弱场区补强设备，列车无线调度电话系统的区段划分与列车调度区一致。

LOBITO-LUAU 67 个车站新设列车无线调度车站设备各一套，含车站电台、天线铁塔以及便携台等。

相邻车站设置站间行车电话，站间行车电话纳入列车调度电话系统，长途低频电缆为站间行车电话提供实回线备用通道。

1.5　光纤在线监测系统

根据光传输系统设计现状，光缆线路自动监测系统监测总中心设立在 LOBITO 调度综合楼，远程监测站 RTU 共设置 11 个。各远程监测站将监测到光缆数据信息上传的监测中心并存储，告警信息根据设置发送到各级监测平台。远程监测站、监测客户端、监测分中心及监测总中心的之间通过计算机网络系统的业务内网承载相关信息，本系统中采用 E1 线路搭建 IP 承载网络，承载监测数据和监测应用的网络通信。各级监测机构的管理权限均可以通过上一级监控中心授权。

1.6 车站客运信息系统

67 个车站中，一等站房设置有客运广播系统、旅客引导显示系统、网络和电话系统（不含网络设备）；二等站房设置有客运广播系统、旅客引导显示系统、电话系统；三、四等站房设置有客运广播系统、电话系统；五等站不设本系统。

1.7 电源系统

在 LOBITO 调度综合楼设置－48 V/210 A 高频开关电源设备，备用电源采用－48 V/500 Ah 阀控式密封铅酸免维护蓄电池组（一主一备）。HUAMBO/KUITO/LUENA/LUAU 车站，设置－48 V/120 A 高频开关电源设备，备用电源采用－48 V/400 Ah 阀控式密封铅酸免维护蓄电池组（一主一备）。其余 62 个车站设－48 V/60 A 高频开关电源设备，备用电源采用－48 V/100 Ah 阀控式密封铅酸免维护蓄电池组。

2 长大干线通信设备调试的特点

格拉铁路沿线许多车站没有手机和网络信号，通信极其不便，影响车站设备的调试工作，导致人员、车辆的反复调动，调试进度缓慢，严重制约调试进度。针对本格拉铁路跨度大和站场通信不畅等特点，在本格拉铁路沿线设置本格拉、卡因班博、卡阿拉、奎托、卢埃纳、卢奥 6 个调试临时驻点将全线分为 6 个区段，采取先分段调试，后集中、汇总的模式进行设备联调，施工组织如图 4 所示。

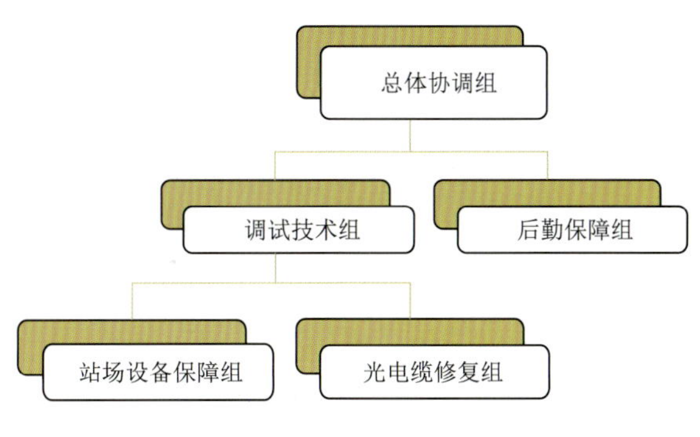

图 4　施工组织图

3 大跨度通信设备调试的方案制定

3.1 调试内容

本格拉铁路全线 67 个车站的设备调试。

3.2 合理配置驻站人员

本格拉铁路通信设备调试，最多时需要开启 40 座车站的通信设备，仅依靠通信专业的人员是远远不够的。对跨专业参与通信调试的人员，在调试准备工作初期，对其进行有针对性的通信知识培训，在相隔3个站点处安排通信专业技术人员，来保证前后6座车站通信设备突发问题的处理工作，从而减少跨专业参与通信设备调试工作的人员由于对通信系统的不了解而影响调试进度。同时，在调试期间设置通信专业机动组，哪个站有问题及时进行问题排查和处理保证调试工作正常进行，各段落调试安排如表1所示。

表1　各段落调试安排汇总表

序号	段落	车站数量	调试内容	人数	车辆
1	洛比托至宾巴斯	13	电源系统:13套	职工:23人 当地劳务:13人	轨道车:1辆 汽车:6辆
			无线列调系统:13套		
			广播系统:13套		
			旅客引导显示系统:3套		
			时钟系统:1套		
			数调系统:14套		
			传输系统:14套		
			交换机:1套		
			ONU:13套		
			OLT:1套		
			实验架:1套		
			在线监测系统:2套		
			洛比托站安装网管:24套		
2	米纳至巴巴埃拉	11	电源系统:11套	职工:29人 当地劳务:16人	轨道车:2辆 汽车:7辆
			传输系统:14套		
			ONU:11套		
			旅客引导显示系统:2套		
			广播系统:7套		
			在线监测系统:3套		
			数调系统:11套		
3	金仁热至嘎休古	14	电源系统:14套	职工:33人 当地劳务:20人	轨道车:2辆 汽车:8辆
			无线列调系统:14套		
			广播系统:14套		
			旅客引导显示系统:3套		
			数调系统:14套		
			传输系统:18套		
			交换机:1套		
			ONU:14套		
			OLT:1套		
			实验架:1套		
			在线监测:4套		

续上表

序号	段落	车站数量	调 试 内 容	人 数	车 辆
4	神瓜尔至穆尼扬戈	14	电源系统:14 套	职工:37 人 当地劳务:23 人	轨道车:3 辆 汽车:6 辆
			无线列调系统:14 套		
			广播系统:11 套		
			旅客引导显示系统:4 套		
			数调系统:14 套		
			传输系统:19 套		
			交换机:1 套		
			ONU:14 套		
			OLT:1 套		
			实验架:1 套		
			在线监测:5 套		
5	甘贡嘎至卢奥	15	电源系统:15 套	职工:44 人 当地劳务:28 人	轨道车:4 辆 汽车:6 辆
			无线列调系统:15 套		
			广播系统:13 套		
			旅客引导显示系统:2 套		
			数调系统:15 套		
			传输系统:21 套		
			交换机:2 套		
			ONU:15 套		
			OLT:2 套		
			实验架:2 套		
			在线监测:6 套		

3.3 油料供应

本次联调共计 67 站，其中洛比托、卡通贝拉、万博、卢埃纳四站有市电接入，本格拉、万博、比耶省内各站可利用站场发电机进行供电调试，其他站可利用蓄电池和小型汽油发电机根据现场情况配合使用。

4 调试过程中的应急措施

(1)针对超长途光电缆线路不稳定性，随时可能导致通信线路中断而影响调试进程，在调试期间临时成立光电缆修复机动队，及时处理调试期间光电缆线路突发性问题，保证通信设备联调的顺利进行。

(2)调试四五六段时，主要依靠轨道车进行站场人员及备品备件的运送，轨道车正常工作是调试工作的重点，本格拉铁路属单线铁路线路，轨道车已使用多年，故障发生率较高，这就使调试工作的进度大打折扣。为了防止在调试期间由于轨道车故障影响调试的一系列问题发生，在调试期间，需提前联系好各个项目做好轨道车救援的应急协助工作，一旦轨道车发生故障，可及时联系就近项目进行救援。

本格拉铁路通信工程是目前中铁二十局承建的最大的海外通信工程，设备调试需要严密组织，精确分工，合理安排，以上为长大干线通信设备联调的一些经验进行了总结，希望在以后的施工生产过程中得以借鉴、改进及推广。

张卫党（1978—），男，工程师，1998 年毕业于南京铁路运输学校铁道光纤通信专业。2011 年至今在中铁二十局集团安哥拉本格拉铁路工程电务项目部工作，主要从事电务项目管理工作。

Zhang Weidang（1978—），Masculino，Engenheiro，graduou na especialidade de Comunicação de fibra óptica ferroviária da Escola de transporte ferroviário de Nan Jing em 1998，começou a trabalhar no Departamento de serviço elétrico do projecto de Caminho de Ferro de Benguela，da China Railway 20 Group Internacional Angola，Lda em 2011，trabalha principalmente em Gerenciamento do serviço elétrico.

本格拉铁路信号设备联锁试验

Ensaio de interbloqueio os equipamentos de sinalização do Caminho de Ferro de Benguela

（刘向斐　丁鹏飞）

（Liu Xiangfei e Ding Pengfei）

【摘　要】 本文根据安哥拉共和国的国内实际情况，阐述本格拉铁路信号专业设备选择6502电气集中联锁的必然性。讲述6502电气集中联锁在特殊情况下试验方法，为6502电气集中联锁在海外的发展提供技术资料。

【Resumo】 O artigo apresenta as situações acutais do Angola, e dar conhecimento como os quipamentos de sinalização do caminho de ferro de benguala escolha intertravamento centralizado de electricidade do N° 6502. Apresenta os metódos de teste com intertravamento centralizado de electricidade do N°6502 na situação especial, e oferecido os documentos técnico para devolvimento de intertravamento centralizado de electricidade do N°6502 estrangeiro.

【关键词】 6502电气集中　选择　联锁试验　成品保护

【Palavra-chave】 Intertravamento centralizado de electricidade do N°6502　Escolha　Teste de interbloqueio　Proteção os produtos

1　历史背景

本格拉铁路最早由葡萄牙人于1902年开始修建，直至1929年通车至刚果边境，建设过程长达30年。1975年安哥拉独立后，在长达27年的内战中，本格拉铁路线路几乎全部被炸毁。实现和平后，战后重建全面展开。政府采取一系列改革措施，优先解决关系国计民生的基础设施项目。中铁二十局承建的本格拉铁路就是在这种环境中孕育而生。

2　信号系统制式的选择

安哥拉人口主要集中在大城市，本格拉铁路沿线大部分地区人烟稀少，工业发展严重落后，对铁路的运输能力要求不大，行车密度小，因此，结合安哥拉的实际情况和未来一定时间内的发展规划，我们选取了6502电器集中联锁设备作为安哥拉本格拉铁路的信号系统，此套系统是我国自行研究开发的一套铁路信号设备，该套设备符合安哥拉现状，并且完全能够满足本格拉铁路运营需求。具体表现在以下几个方面：

（1）本格拉铁路设计速度为90 km/h。此套设备完全能够满足要求。

(2)此套设备在我国应用长达几十年,其性能稳定、安全可靠。

(3)安哥拉教育基础设施较差,全民整体水平不高,而该套设备操作简单、易学,便于安方技术人员快速掌握。

(4)此套系统费用较低,能够降低工程造价,减少整体投资。

(5)此套设备在使用过程中故障几率低,大大降低后期使用中的维护成本。

3 信号工程简介

本格拉铁路全线 1 344 km,共设 67 座车站。信号专业站内采用 6502 电气集中联锁设备,区间采用 64D 半自动闭塞。联锁试验内容为:室内设备模拟试验 67 站、电动转辙机的调试 545 台、信号机的调试 1 143 架(高柱信号机的调试 456 架、矮型信号机的调试 687 架)、轨道电路区段的调试 964 个(一送一受区段调试 752 个、一送二受区段调试 156 个、一送三受区段调试 56 个)。

4 联锁试验

本格拉铁路联锁试验方法和国内大致相同,常规联锁试验的方法及步骤不再具体介绍。基于本格拉铁路站线长、所涵盖车站多、信号室外设备被盗和被破坏情况严重等特点,下文主要讲述 6502 电气集中联锁在特殊情况下的试验方法。

4.1 轨道电路模拟试验

本格拉铁路大修工程全线设 67 座车站,每座车站站场大小、形状各不相同,在进行轨道电路模拟试验时,轨道电路模拟盘的制作成为一大难题,不能按常规做法,每座车站按照比例量身定制。经技术人员研究,在木板上根据全线最大的一座车站的站场形状绘制站场平面图,按照相应的轨道电路的位置进行打孔并安装钮子开关,再将钮子中间接点进行串联,每个钮子开关上接点各引出一根电源线,按规律进行编号。进行区段模拟实验时,根据站场形状在对应的区段钮子开关处贴上标签,表明轨道区段名称,然后在分线盘将所有的轨道区段的一个端子环接,引至钮子开关中接点,再将轨道区段的另一个端子引至相对应的钮子开关前节点。搬动钮子开关即可控制和监督区段轨道继电器的吸起和落下,模拟列车的行驶情况。

4.2 特殊情况下联锁试验

本格拉铁路存在以下问题:一是铁路线路长,车站多,成品保护工作极其困难。二是本格拉为开放式铁路,车站及区间周围没有设置护栏,无法杜绝非铁路工作人员进出车站。三是地方政府、企业、群众对铁路成品设备保护意识淡薄。以上因素造成安装完毕的信号室外设备大面积损坏。例如:信号机玻璃、灯泡、灯丝转换单元、内配,甚至整个机构;转辙机末端连接线、动作杆、表示杆;室外各种箱盒等损坏严重。单位也曾组织修复,但损坏设备更换后又遭再次破坏。经与本格拉铁路局协商,为节约成本,偷盗和破坏的设备暂不修复,这就为联锁试验增加难度。在这种特殊的情况下,决定针对不同的设备损坏状况,制定出不同的试验方法。

4.2.1 信号机

根据信号机破坏程度采取不同的试验方法:信号机玻璃损坏的不予恢复;灯泡损坏的,介于成本低,安装方便,更换其灯泡;对于灯丝转换单元损坏的安装新灯转,等试验完毕后，在取回；内部配线遭破坏的，使用临时配线，将灯转和底座端子连接，待信号机和灯光调试完毕后，取回临时配线，用以进行下一组调试；整个机构遭破坏的，在室内分线盘处送电，在电缆末端测量电压，检测电缆的通断。

4.2.2 转辙机

转辙机末端连接线遭到破坏情况十分严重，为检查电缆配线和转辙机内配线的完整性，检验转辙机是否能够正常工作，在联锁试验时，带上已经焊接好的道岔插接器(单动、一动、末动)，将插接器插入相对应的道岔，将引接线引入转辙机电缆盒配线端子，由室内操纵，检验转辙机是否能够正常工作，试验完毕后将插接器拆除，进行其他道岔转辙机试验。

5 总　　结

信号设备联锁试验是信号设备施工过程中的一项综合检查验收工作，其不仅考核了设计质量，还检查了工程施工质量及设备质量，同时在开通过程中，减少了设备的停用时间和范围，以保证设备安全可靠的投入使用，提高铁路运输效率。在类似安哥拉发展靠后的国家施工时，首先，从开始施工就要与当地政府、业主联系，通过媒体宣传、法律制裁、警察驻站看护等方式，保护已完成品工程；其次，一定要对当地人文、民风、社会特点等信息进行全面收集，处理好地区社会关系，尽量避免人为因素对设备造成的损坏；最后，对一些容易被破坏和偷盗的部件不进行安装，仅通过上述方法进行试验，确定系统的正确和完整性即可。

刘向斐(1980—)，男，助理工程师，2004 年毕业于洛阳铁路信息工程学校铁路信号专业。2011 年至今在中铁二十局集团安哥拉本格拉铁路工程电务项目部工作，主要从事电务项目技术管理工作。

Liu Xiangfei(1980—), Masculino, Engenheiro assistente, graduou na especialidade de Sinais ferroviários da Escola de engenharia da informação ferroviária de Luo Yang em 2004, começou a trabalhar no Departamento de serviço elétrico do projecto de Caminho de Ferro de Benguela, da China Railway 20 Group Internacional Angola, Lda em 2011, trabalha principalmente em Gerenciamento de tecnologias do departamento de serviço elétrico.

本格拉铁路供电系统解析

Análise o sistema de alimentação de electricidade do Caminho de Ferro de Benguela

（张君明）

(Zhang Junming)

【摘　要】 本文结合本格拉铁路的特点，通过对本格拉铁路供电系统的优缺点比对，以及目前各种主流供电系统的分析，明确海外供电系统类型的选择，为今后在海外的设计与施工提供参考依据。

【Resumo】 O artigo combina as característica do Caminho de Ferro de Benguela, comparação os vantagens e desvantagens do sisitema de alimentação de electricidade do Caminho de Ferro de Benguela, e análise as várias sistemas de alimentação principal, confirma bem claro de escolha os tipo de sistema de alimentação de electricidade estrangeira, e oferecido os documentos referência para desenhar e construir do futuro estrangeiro.

【关键词】 本格拉铁路　主流　供电系统　分析

【Palavra-chave】 Caminho de Ferro de Benguela　Principal　Sistema de alimentação de electricidade　Análise

技术管理篇

1 前　　言

本格拉铁路大修工程是中铁二十局在海外承建的最长的一条铁路线，全线分设 67 座车站。与国内不同，安哥拉经历战乱时间太长，战后重建不久，大规模的国家电网及高压输变线路匮乏。只有一些大城市具备供电能力，且电压极不稳定。而本格拉铁路沿线大部分车站又远离城市，供电得不到保障，因此铁路系统设备供电成为本格拉铁路大修工程的重中之重。

2 低压供电系统设备简介

本格拉铁路低压供电系统设备主要由两部分组成。一是发电机，根据站场的等级采用不同功率的发电机：一等站采用 300 kW；二等站采用 150 kW；三、四等站采用 100 kW；五等站采用 50 kW。每个车站设两台发电机，互为主备。二是配电柜，每个车站设六面低压配电柜。其中两面进线柜（1 号柜和 6 号柜）将电源引入配电系统，再经过一面母排连接柜（4 号柜）通过一系列电气联锁控制将电源引入三面出线柜（2 号、3 号和 5 号柜），再通过各输出回路的空气开关输出到站场各用电设备。和国内相比较该条线路供电系统灵活性较高，尤其是在客流量小的山区及边远城市，一天可能就一趟列车，因此在大部分无列车经过的时候可以自行断电，满足运营条件的同时，大大节约成本。

3 低压供电系统设备优缺点分析

本格拉铁路当前供电系统相对于国内已经相当成熟的大规模高压以及超高压输变电系统而言仅仅只是个起步，但是作为本格拉铁路供电系统而言有其存在的必然性和实用性，符合安哥拉国情。其优点为：

(1)柴油发电机供电方式是两路电源进线具有一定的独立性，即使一路因故障停电，另一路也可继续供电。

(2)柴油发电机组具有效率高、功率范围大(从几千瓦至数百千瓦)的等特点。

(3)使用柴油作为燃料便于储存运输。

(4)柴油发电机组的可靠性能较高，能迅速起动，且操作简便。

其缺点为：

(1)柴油发电机存在着中断供电的可能性，从起动至供电需要一定时间，会引起短暂的停电。

(2)噪声偏大，过载能力较差，对付起动冲击容量能力偏小。

(3)后期使用费用过高。全线 67 座车站，67 台发电机同时启动，油耗非常大。

(4)线路太长，车站分散，导致维护费用高，且维护极其不便。

4 目前各种主流供电系统的分析

在当前全球提倡环保的大趋势下，科技化能源、新能源以及绿色能源迅猛发展，以后必然成为主流。比如风力能源、水力能源以及太阳能等都是一大趋势，风力能源的利用很大程度上受到季节及地理环境的影响，而水力能源在安哥拉来讲受这两大因素的影响则更大，所以，相对而言这几种自然能源当中只有太阳能更为适用。太阳能取之不尽，用之不竭，地球表面接受的太阳辐射能，足够满足目前全球能源需求的 1 万倍。只要在全球 4%沙漠上安装太阳能光伏系统，所发电力就可以满足全球的需要。作为新能源的使用，太阳能在应用中具有以下优缺点：

优点：

(1)太阳能发电安全可靠，不会遭受能源危机或燃料市场不稳定的冲击。

(2)太阳能随处可得，可就近供电，不必长距离输送，避免了长距离输电线路的损失。

(3)太阳能不用燃料，运行成本很低。

(4)太阳能发电没有运动部件，不易损坏，维护简单，特别适合于无人值守情况下使用。

(5)太阳能发电不会产生任何废弃物，没有污染、噪声等公害，对环境无不良影响，是理想的清洁能源。

(6)太阳能发电系统建设周期短，方便灵活，而且可以根据负荷的增减，任意添加或减少太阳能方阵容量，避免浪费。

缺点：

(1)地面应用时有间歇性和随机性，发电量与气候条件有关，在晚上或阴雨天就不能或很少发电。

(2)能量密度较低,标准条件下,地面上接收到的太阳辐射强度为 1 000 W/m^2。大规格使用时,需要占用较大面积。

(3)目前价格仍比较贵,为常规发电的 3~15 倍,初始投资高。

值得欣慰的是在本格拉铁路线路中已经看到太阳能的身影了,虽然仅限于单站的单座站台灯的应用上,但是我想这终归是一个良好的开端,为日后大规模使用这一新能源奠定了基础。

本格拉铁路采用的发电机组供电系统在安哥拉当前经济不景气的大环境下,与组建大型发电厂和远距离超高压输变电线路相比较,无疑是相当经济实惠了。加之安哥拉的自然环境,煤炭、水等自然能源的相对不足,所以能建火力和水力发电厂的地方寥寥无几。建造风力和太阳能供电系统的可能性比较大,但成本都太高,所以就目前来看即便是当前的供电系统存在着一些不足,但仍然是最适合安哥拉当前状况并且能短期内创造效益的一套供电系统。

技术管理篇

张君明(1982—),男,2002 年毕业于武汉船舶职业技术学院市场营销专业。2013 年至今在中铁二十局集团安哥拉本格拉铁路工程电务项目部工作,主要从事电务项目电力技术工作。

Zhang Junming(1982—), Masculino, graduou na especialidade de marketing da Escola de Tecnologia Profissional de Navio em 2002, começou a trabalhar no Departamento de serviço elétrico do projecto de Caminho de Ferro de Benguela, da China Railway 20 Group Internacional Angola, Lda em 2013, trabalha principalmente em Tecnologia de energia do departamento de serviço elétrico.

物资设备管理篇

Gestão dos Equipamentos e Materiais

海外项目的物资设备采购管理流程

Processo de gerenciamento e compras dos materiais e equipamentos do projeto no exterior

（张　振）
（Zhang Zhen）

【摘　要】 伴随我国经济和科技水平的快速发展和全球经济一体化进程的加速，国内的众多工程施工企业开始积极拓展国际市场，承建的海外工程项目日益增多，海外EPC工程项目的设备采购是其中的重要环节，本文从采购管理的实施流程、组织机构设置、供应商管理的方法进行探讨。

【Resumo】 Com o rápido desenvolvimento do nível econômico e tecnológico da China e a aceleração do processo de integração econômica global，um monte das empresas chinesas de construção começou a explorar ativamente o mercado internacional，os projectos construídos por elas aumentam gradualmente，fazer compras dos equipamentos dos projectos EPC no exterior é um segmento muito importante. Este artigo discute os aspectos de：processo de gerenciamento de compras，configurações de organização，métodos de gerenciamento de fornecedores.

【关键词】 国际市场　海外工程　EPC工程项目

【Palavra-chave】 Mercado internacional　Projectos exteriores　Projectos EPC

1 引　言

海外项目物资设备采购管理是对海外总承包项目实施过程中所有的设备物资采购进行全方位、统一的管理，包括从编制采购申请计划、通过招标、询价等方式选择供货商，采购执行、验收、包装运输、保险、报关报检、退税、安装调试、售后服务、采购结算等一系的管理，是一项伴随项目整个施工周期的系统工程。基本流程为：根据施工设计编制采购申请计划→选择合格供货商→签订合同→催交监造→出厂检验→出口商检→报关出口→退税→保险→海洋运输→进口清关→到达现场检验→安装调试（或入库）→维护保养→报废。在实施设备物资采购的过程中要对采购过程的各环节进行有效的控制，各环节的工作都需要按计划有序地进行，某一环节出现问题都会影响到工程质量和成本，对于每个环节都要给予充分的重视。

2　海外项目物资设备采购的特点

2.1　物资设备种类多

由于海外项目所在地多为落后的不发达国家，当地社会生产力低下，基础设施落后，工业技术差，基础建设十分薄弱。当地的可用资源缺乏，需从国外大量进口，特别是工程建设所需的基础设施物资，只能通过国内采购途径解决，而且物资规格繁多，品种复杂。

2.2　计划偏差大

设备物资相关管理人员缺乏对工程项目所在地区的环境条件全面系统了解，导致设备运行期间的故障分析难度加大，常常发生故障的配件以及物资数量储备不足，难以准确预测设备物资需求时间和数量。

2.3　供应周期长

与国内物资采购供应相比，由于海外项目物资采购供应受到时间和空间的影响，以及采购供应程序和手续相对复杂，从计划的提报与审核、供应商的选择和确定、合同谈判与签署、物资加工生产及备货组织、物资初检与装运、集港和商检手续办理、报关发运、办理免税资料、清关和转运到现场复检与清点核对，手续繁琐。同时海运距离远，运输周期长，国内采购物资从启运港装船到指定港口一般需要很长一段时间。

2.4　运输过程复杂造成设备物资损坏严重

大量物资设备从国内辗转运至现场过程中，设备物资丢失、损坏现象时有发生。这主要是由于安哥拉道路条件差、内陆运输时间长，在此过程中，设备物资难免受到不同程度损坏。此外，另一个致使设备物资损坏的环节可能出现在港口卸货过程。设备物资到达港口后，一般由货运公司直接交于目的国港口，由于承包方和货主双方均不能派代表实地核查，导致相关设备物资到港后，后续装卸情况是否符合要求无法获知。

2.5　制约和影响因素多

首先，海外项目所需办公生活用品、施工生产用料、小型机具、周转材料等都需从国内采购供应，由于物资数量庞大，型号和规格多样，以及品质要求不一，国内采购人员为了解项目最终的采购需求，需与前方人员多次联系和沟通，但受到距离限制和时差影响，信息不能在第一时间得到反馈、回复和确认。同时受到产品技术要求和标准不统一的限制，部分物资需专门加工定做，影响到产品价格和交货时间。其次，因为物资进、出口国海关监管要求不同，为便于物资进出口和合理规避风险，根据物资的品名、属性进行物资归类，选取相应的 HS 海关商品编码，并根据海关监管的具体要求，对需办理出口许可和商检的物资提前办理必要的出口手续。再次，出口物资需经过国内运输、集港、装船、海运、到港后转运等多次倒运装卸，因此，其外包装需做好防雨、防晒、防潮、防挤压碰撞，满足多次倒运和长途海运要求。

2.6　现场采购难度大

施工企业对当地设备物资价格以及厂商的质量、资金、信誉保障缺乏深入了解，导致价格虚高、交货延迟、质量不达标等现象时有发生，这会极大影响施工进度。原因主要是国外设备物资的价格不仅与其质量、规格、型号有关，还随订货数量、付款条件、交货方式、服务要求等相关内容不同而变动，包括运输方式及其费用、税率和保险等均不固定。与此同时，其当地价格还将受到币值汇率变化、国际市场需求等相关因素影响。

3　项目物资设备采购的具体做法

3.1　做好前期市场调查

为做好本铁项目的物资设备供应，物资设备采购业务部门前期已做好全面、细致、详尽的市场调查，主要调查内容有：境内物资资源和市场的价格水平、能够办理物资出境检验检疫手续的供应厂商、经验丰富和服务周到的货运代理公司、以及依据海运线路和时间周期制定安排合适的港口。

3.2　编制全面合理的采购计划

采购计划是指实施工程项目时对设备物资采购工作的总体规划和安排。做好采购计划有利于资源的合理配置，有效地规避风险，减少损失，以取得最佳的经济效益。

由于安哥拉当地物资资源匮乏，且价格普遍偏高，订货供应周期长，无法满足现场施工生产需求，除少数种类设备物资外，其他只能从国内采购解决。而从国内采购供应受到地域、距离、季节、使用习惯、供应方式等多重因素的限制，其供应的及时、有效、合理性将成为保障施工生产的最大制约因素。为保证供应质量，国内采购人员提前对物资的具体需求数量、要求和时间，做了经济比对分析，以确保从国内采购的经济合理性。对采购计划谨慎审核、严格把关，保证计划的详实、准确、配套，在充分考虑境外工程施工风险的因素下，力求做到既满足施工生产需求又避免积压和浪费。

3.3　选取优秀供应商

为做好设备物资的备货和发运，对物资供应商的选择也更为严格。首先，由于物资供应的品种、规格、数量繁多，备货周期短，任务重，而供货周期长，回旋余地小，海运费用大，任何质量和数量的偏差都会给工程造成严重的后果，故所选供应商须具备一定的备货实力，且信誉好、产品质量可靠。其次，向境外发运物资属国际贸易范畴，要求供应商具有丰富的国际贸易专业知识和办理相关业务的能力，特别是部分物资由于受到海关监管条件限制，在对外出口前需办理出口许可、商检等相关手续，要求供应商具有办理此项业务的渠道和能力。最后，境外物资需经长途海运和内陆运输，必须经过装卸、搬运环节，为防止货物在转运途中损坏或变质，对货物包装应采取相应的防潮、防晒、防锈、防腐蚀、防震动及其防止其他损坏等保护措施，供应商同时也要具备临时储存和重新完善包装、装箱的能力。

3.4　整合资源，集中采购

物资设备采购集中化，可以集中采购数量，对供应市场产生影响，使采购处于有利地位，达到降本增效的目的。

另外在进行设备采购时，采用集中采购的方式不但可以得到厂商的重视和价格优惠，也可提高合同履行度及较好的售后服务。同类型的设备选用同一家的产品，一是便于管理，也可降低配件储存量，减少资金占用。

3.5　完善采购合同条款，控制风险

采购合同直接关系到采购项目实施是否顺利，合同双方各自的利益能否得到保障，是否能够最终实现预期的目标效益。对于海外项目来说，物资设备采购至施工现场以后，在使用或安装调试过程中，发现产品存在质量缺陷，但又因距离遥远，会产生不能退换的情况。本铁项目在物资设备采购工作中，将其作为重要的风险管控点，在供应合同当中除了

必要的合同标的、FOB(离岸价格)价格、支付方式、交货和运输、包装与标记等内容之外，同时也对此项拟定了相应条款，做出了明确的约定，有效的控制了风险。

3.6 统筹安排集港发运并保证运输监控连续性

海运工作是本铁项目国内物资采购工作的最终落脚点，与国内项目物资采购供应相比是一个全新领域，其工作内容新、环节繁琐、监管部门多。为确保货物集港、报关、发运工作的顺利开展，国内物资采购业务部门安排了专业的人员具体负责此项工作。

物资设备运输按厂商—国内港口，国内港口—安哥拉港口，安哥拉港口—施工现场三个阶段进行：发货前国内采购部门相关人员核对设备物资的数量、规格、型号、包装等，进行货物验收；抵达国内港口后，对货物拍照留档进行二次验收；抵达安哥拉港口后，安排相关人员负责完成清关工作，并做好货证不符、箱件破损、丢失等相关记录；到达施工现场后，现场物资人员进行开箱检验并做好细节记录。通过上述做法，使得运输过程形成了全程持续性监督，明确了责任，避免了因他人责任而导致施工成本的增加。

3.7 设备物资采购的报关及后续财务处理

本格拉铁路项目的国内采购后勤保障工作，与国内项目采购保障工作最根本的区别，在于需要远洋出口报关等手续。每批物资设备境内采购完成后，都按照国家进出口货物的规定，进行出口商品检验检疫。对有国家许可配额限制的，如粮食、润滑油等国家管控物资，还按照程序办理了相关出口的配额手续。最终，物资设备的通关单的取得，不仅保证了后勤保障工作的顺利完成，同时也为后续申请出口退税 、实现项目二次创收打下了基础。如轮胎、电力电缆等物资，国家的出口退税率分别达到 9%和 17%。做好了这方面工作，也给本格拉铁路项目带来了良好的利润回报。

4 总　　结

综上所述，全球化背景下，国内企业践行“走出去”发展战略，国际竞争力日益增强，对国际承包工程而言，采购工作是重点，采购模式由传统模式至全球化采购的转变，从而降低采购总成本，是提高核心竞争力的关键。同时，设备物资采购管理要紧跟海外工程项目发展需要，落实责任制度，规范设备物资采购程序，强化管理人员专业素质，落实好设备物资采购各环节的管理工作，并结合海外工程项目施工过程中出现的新问题采取多种策略进行处理应对，以实现企业经济效益最大化。

张振(1984—)男，助理工程师，2008 年毕业于西安工程大学机械制造及其自动化专业。2012 年至今在中铁二十局集团安哥拉本格拉铁路工程指挥部第一项目经理部工作，主要从事物资设备管理工作。

Zhang Zhen(1984—), Masculino, assistente do engenheiro, graduado da Universidade de polytechnic, desde do ano 2012 até momento presente, servido no departamento de gerente do projeto 1° ao comando da obra do Caminho de Ferro de Benguela, é responsável principalmente de gestão os materiais e equipamentos.

关于海外项目清关工作的探讨

Discussão sobre desembaraço alfandegário dos projectos no exterior

（刘 凯）

（Liu Kai）

【摘　要】 随着我国众多跨国公司不断进行海外业务的拓展，非洲市场已经越来越成为中资公司经营领域的重要组成部分，目前，已经陆续有大量的设备和物资到达非洲海关，而在运输到过程中，这些设备和物资要经历诸多复杂程序才能运达项目。为了不使货物积压滞港，就必须不断总结清关技巧，以降低风险、减少成本。

清关工作的具体内容是指进口货物、出口货物和转运货物进入一国海关关境或国境必须向海关申报，办理海关规定的各项手续，履行各项法规规定的义务；只有在履行各项义务，办理海关申报、查验、征税、放行等手续后，货物才能放行，货主或申报人才能提货。本篇文章以本铁项目建设为背景对安哥拉的清关工作作了一个简要的叙述，为今后安哥拉的清关工作起到一个借鉴的作用。

【Resumo】 Com a expansão do negócio no exterior das empresas chinesas, o mercado de África torna-se uma parte cada vez mais importante nas áreas de negócios delas. Atualmente, têm chegados um monte de materiais e equipamentos na Alfândega africano, no entanto, durante o transporte, os materiais e equipamentos têm de passar muitos procedimentos complicados para chegar ao projeto. Para evitar acumulação e estadia dos bens, deve resumir constantemente as habilidades de desembaraço alfandegário, para reduzir o risco e custos.

O desembaraço alfandegário significa: quando os bens importados, exportados e de transbordo entram *à* alfândega ou território aduaneiro devem ser declarados *à* alfândega, tratam os procedimentos prescritos pela Alfândega, e cumpra as obrigações estipuladas nos regulamentos; depois de cumprir as obrigações, tratam os procedimentos de declaração aduaneira, inspeção, tributação, liberação e outros, os bens podem ser liberados, o dono de bens ou requerente podem pegaros bens. Esta parte *faz* um *resumo* dos desembaraço alfandegário de Angola, com base na construção de Caminho de Ferro de Benguela, pode ser uma referência para os trabalhos posteriores.

【关键词】 海外物资　清关　税务

【Palavra-chave】 Materiais no exterior　Desembaraço alfandegário　Tributação

1　海外清关工作的重要性

所谓清关，就是指国际贸易物流的海关费用清理，包括国内和国外两部分。做好清关工作，对于公司海外业务至关重要，减少风险和损失，保证公司效益。由于海外欠发达地区物资匮乏，根据工程设计需要，本铁项目有诸多大型设备、大宗物资、小型机具等需要从中国或第三国进口。因此进口物资采购工作，关系到项目是否能够正常运行，对项目的经济效益有着直接影响。然而海运清关是进口物资采购工作的关键点，从时间和空间上完全影响项目的进度和经济效益。如果能把海运清关工作中每一环节做好，势必对本项目产生积极影响，也是保障施工生产顺利进行的必要环节。现就海运清关工作流程，从货物采办、装货、资料申报、货物运输到清关等工作环节进行分析，论述海运清关对海外工程的重要性。

2　国内清关细节

2.1　物资集港

设备物资采购到位后，首先要向海关报检，但必须搞清楚哪些货物是免检的，哪些货物是退税的，哪些是需要特殊申报的，这些全部由货代办理，并且会附有报关单以及办理发货单。

2.2　选择船运公司和保险公司

一般选择大的运输公司，尽管价格相对高一点，但事实证明这样的船运公司航期比小公司的要快，沿途装货不会转船，并且办事效率快以及对货物的跟踪有保障。保险要选择能保证货物安全运到工地的险种，不能是到岸就结束的保险。

2.3　资料准备

设备物资装箱后，要详细登记集装箱箱号和封箱号，以便于查询和防止丢失，等发船后，公司应尽快将货物清单按照制式表格制成箱单以及详单连同形式发票、发票发送给海外办事处清关工作人员。

2.4　国内发设备应注意的问题

为了方便国外的清关工作，在国内准备发货时就要做好到货时的准备工作。每一个设备都必须标清 A 发动机编号和 B 底盘号，没有时，在国内必须自己打上，否则清关时无法清出，并且设备必须有明显的牌码标识，否则清关后，海关不让运往工地，需要我方提供有效证明。标识一定要牢靠清楚，经得起海上的风吹和腐蚀。所发货的配件清单要详细、准确。

2.5　国内做好防盗工作

安哥拉的港口偷盗行为相当猖獗，只要能拆下的部件都可能被拆下变卖。我们的随车备件及设备上的附件，如倒车镜、大灯、发电机、皮带、烟筒、备胎等能拆的部件全部拆卸装箱，最后统一装入集装箱随设备一起装运，到安哥拉后再进行组装。

3　国外清关细节

3.1　"DU"打孔

海外办事处收到国内货物的箱单、发票、提单复件、保险等资料后，尽快向当地国家商检局提供上述证件申请进出口许可备案（也就是办理"DU"打孔文件，此文件的申请由发票上的品名和金额决定，所以发票的完善关系到"DU"文件的正确与否，当地费用 100 000

宽扎，扣完补交）。需提供所在地注册的国际公司商贸许可证、登报声明、统计登记证明、公司章程、进出口许可证以及法人代表护照复印件。

3.2 税务局关税

每一票货物的每一种产品在全世界都只有唯一的一个编码，这个编码关系到产品本身申报的正确性，和产品所要缴纳关税的多少。安哥拉工业落后，国家收入几乎全靠税收即 VAT(在国际贸易中一般是指增值税的意思，根据各个国家税率不同，外贸人员交的增值税也有所不同）。税务局根据货物的种类进行列项分类，种类不同税费就不一样（基本关税为货值的 8%～25%，VAT 为货值的 18%）。待我方交完税后，带着完税单据进行下一个环节。海关收取各种费的同时，还要开箱检查，在检查的过程中只要有清单与实物不符的情况就必须补交税款，多数有重复，费用很高。

3.3 清关的费用组成

商检办公费 100 美金；设备，货物等到港的检查费；给 TRA 缴税：①关税为到港货物总值的 10%～25%不等；②VAT(附加税或增值税）为到港货物总值的 18%；③杂税，CIF(到岸价)的 1.2%(包括保险费在内）（固定）；转场费 115 美金/箱（20 尺的 100 美元，40 尺的115 美元）（固定）；清关费 200 美元/小箱，250 美元/箱（可谈判）。如要遇上开箱，还要交开箱费（靠运气，费用可谈判）。陆运费根据距离远近不同收取价格不同（可谈判）；港杂费是由以下四种费用组合而成：①码头费为 CIF 的 1.6%/箱，散货为 CIF 的 0.8%(固定）；②移动费根据货物的多少，重量的不同，每次收费不一样；③吊箱费（卸船费，装车费），正常装卸每次 USD4/ton/cbm，如果有超重的情况，在 10 吨之内，每装卸一次 6 美元，在 20 吨之内，每装卸一次 10 美元，在 40 吨之内，每装卸一次 18 美元；④若是滞港，40 尺的箱子滞港费 150 美元/（箱・天）；20 尺的箱子滞港费 90 美元/（箱・天）（固定）；散货8 美元/[天・吨（或立方米）]。

3.4 清关工作中的陷阱

在安哥拉所有谈判的价格不是最终价格，因为这个价格不含 18%的 VAT(比如我们采购了一台仪器，谈判的价格为 1 000 美元，我们最终要付给对方 1 180 美元），签清关合同时一定要明确所谈费用包含不包含 VAT，以免后面付款时扯皮。运输设备时，必须明确什么设备用什么样的板车，且我们要投保险。

3.5 提　　货

钢筋、水泥等大宗货物可以车辆直取，2 天之内交税，剩下 3 天必须卸完船，必须在 5 天内办完所有的事，货物在 5 天之内离港。这样就可以省吊装费、转运费、场地费等。由于我们的付款方式相对较慢，手续办理不完，会产生滞港费，因此需要提前做好安排。

4　清关工作的具体实施

4.1 DU 打孔文件资料

因当地政府办事效率低，速度慢，考虑货物要及时办理清关工作事宜，在国内组织集港之前请务必将此批货物的形式发票（葡语版、中文版。注：如办理免关税形式发票，货物价值按照相应货值较低的申报；如办理非免关税形式发票，货物价值按照采购价格申报。港务局要求单张形式发票总金额不能超过 1 000 000 美元，并与正式发票金额一致）、装箱单（葡语版、中文版。中文翻译葡文后由于语法表述的原因，并且当地港务局也不熟悉国内的一些货物，故需要项目部提供装箱单相应的实物照片）以及详细的装箱记录清单（部分物资安哥拉政府需要办理相应的政府批文,如附属油、粮食等)扫描件、电子版以邮件形式发至清关公司提前办理清关手续,由于安哥拉政府办事效率较低,这个过程可能需要15～20天时间,遇到节假日时间可能还要延长。

4.2 资料办理和传送

DU 打孔文件办理完结后,本铁指挥部将以邮件的方式将扫描件发至项目国内发运办事员处办理国内 CNCA 证书、提单正、副本以及正式发票,办理完以上文件后,将原件以国际快递或者上场人员携带等方式带至安哥拉本铁项目,项目凭以上文件办理当地港务 CNCA 证书后提取货物。

4.3 资料提供不及时会产生的费用

资料如不能及时提供或拖延会产生如滞港、港杂等费用,项目将以实际票据报销。

4.4 货物的提取

资料办理完结后,一般会在 10 个工作日内完成物资的提取和物流运输(除节假日外)。如出现资料不齐全,不能及时办理清关工作,货物的提取将滞后,并可能导致货物周转至陆地码头(周转仓库)并导致额外费用。

5 总　　结

做好清关工作有很多的窍门,针对安哥拉当地情况建议成立清关公司并组建专业的团队,指派专人负责,因为清关公司事情繁多而人员又少,从费用的支付到资料的递交等都需提前,否则每次缴税一般到第二天才能办完款项,到账还需要时间,就是"正常"的办理速度,拖来拖去,清关时间已到手续还没有办理完,造成滞港。由于清关工作中不可避免的会出现各种问题(尤其是滞港、货单不符合等),因此,在工作中加强与清关部门的沟通与协作,及时消除工作中的矛盾,保障清关工作的顺利进行。清关工作是海外项目施工发展的输送带,有它不可或缺的重要性,为了立足长远,成立自己的清关团队,培养专业的技术人才,可更好的开展物流商贸经营活动,推动海外市场份额进一步扩大。发挥 CR20 品牌优势,扩展更大的市场空间。

刘凯(1985—),男,2015 年毕业于陕西省西安交通大学本科(函授)。2008 年至今在中铁二十局集团安哥拉工程工作,主要从事物资保障,对外经营工作。

Liu Kai(1985—), Masculino, formado em Universidade de Tráfego Xi'an, na Província de SHAANXI, curso de graduação(ensino por correspondência) no ano 2015, trabalha na obra de Angola da CR20 desde ano 2008 até momento presente, trabalho principalmente é garantia de materiais e trabalho de negócios exterior.

大型海外项目的物流管理

Gestão de logística para grandes projetos no exterior

（文　波　葛　亮）

（Wen Bo e Ge Liang）

【摘　要】 海外项目由于距离远、风险大、施工任务紧等特点，使得材料和设备的物流运输在项目建设中占有举足轻重的作用。采取什么样的方法和措施将设备和施工材料及时安全的送达施工地点，保障工程的顺利进行。海外欠发达地区的施工，采取国内设备物资集中采购、发运，国外建立物流基地，统一协调发放，实现资源共享是目前最适合施工企业的一种模式。本文以本格拉铁路物流基地的建设和管理工作归纳总结了一些经验，供大家参考。

【Resumo】 O transporte logístico de materiais e equipamentos desenpenham os papeis muito importantes durante a construção da obra, por causa das características: distância longa, risco grande, trabalhos pesados. Tem de tomar os métodos e medidas adequados para transportar os equipamentos e materiais de construção para destinos, garantindo o bom andamento do projeto. Para os projectos que ficam nas áreas subdesenvolvidas, o modelo mais adequado para empresas de construção é: fazer compras centralizadas dos materiais e equipamentos no interior do país, depois de transportar para o país do projecto, os materiais e equipamentos ficam armazenados na base logística, poeteriormente fazem coordenação unificada e distribuição, realizando o compartilhamento de recursos. Esta parte apresenta-se algumas experiências com base em construção e gerenciamento de base logística do Caminho de Ferro de Benguela, para sua referência.

【关键词】 物流　管理　建设

【Palavra-chave】 Logística　Gerenciamento　Construção

1　海外物流基地的必要性

中铁二十局承揽本格拉铁路的大修工程，西起大西洋港口城市洛比托，向东途经本格拉、万博、奎托、卢埃纳等重要城市，直抵与刚果民主共和国接壤的边境城市卢奥，线路全长1 344 km，项目总投资 18.3 亿美元，由中铁二十局设计、采购、施工总承包。

本铁工程施工线路长，当地资源匮乏、物资短缺。部分材料即使现场有货源，但也存在市场容量小造成货源不稳定问题，货物质量差且价格昂贵，工程所需的绝大部分工程材料、设备、生活物资仍需要从国内进行采购。从国内集中海运的物资、设备到安后，货物的清关、接卸、运输、清点入库、储存保管、收发管理、长途转运到施工现场等工作需要一个大型的中转仓库，建设一个位置合理、大小合适、功能齐全的物流基地就显得特别重要。

2　物流基地概况和主要职能

本格拉铁路物流基地位于安哥拉本格拉省，处于洛比托和本格拉两大城市中间地带，距离国内货物海运的目的港洛比托港约 20 km。洛比托至本格拉铁路(本铁支线)直接和基地库区铁路专用线连接，从洛比托港口的接卸的货物可以直接从港口铁路抵达库区，国家公路(EN100)从门口经过，交通十分便利。

本格拉铁路物流基地由原中国国际基金公司物流基地移交组建，设施齐全。物流基地占地面积 32.4 万 m^2，现有各类大型库房 12 间，大型钢结构大跨度超大库房 3 个，储存货物的自备集装箱 200 多个。建有大型存储场地，各类露天存放物资的场地按功能进行分区，其中轨料、钢材、水泥等主材存放区建有铁路专用线，配备有各型龙门吊。基地建有油库、木材加工厂、砖厂等生产设施，基地设置有运输队，配备接卸货物的高低平板、汽车起重机、叉车等生产运输设备 78 台套，办公区、生活区设施一应俱全。

基地组建于 2007 年 12 月，主要职能是负责安哥拉工程所需所有物资、设备的接卸、运输、清点入库、储存保管、收发管理、结算等工作。下设三部一室和运输队，分别为业务部、仓管部、财务部、办公室和运输队。在编人员 37 人，其中职工 17 人，外聘 20 人，当地劳务 10 人，业务的重心是仓管部和业务部。

从组建到本铁验交期间，共完成接卸万吨级散装船 60 条，提取标准集装箱 2216 个；完成收发实物工作量约 190 多万吨，钢轨到货 16 万吨，水泥到货 40 万吨，钢材到货 4 万吨。

3　管理职能、制度建立以及人员分工情况

3.1　核心部门职能及人员分配

业务部和仓管部为物流基地两大核心部门。目前，业务部共 3 人，其中设部长 1 人，业务骨干 2 人，负责到货物资的清关、点验、发放和结算等物资账务处理工作。仓管部主要负责到岸物资设备的接卸、运输、清点入库、储存保管、收发管理等物资的实物处理工作。部门建立有安哥拉工程物资现场管理办法、物流基地管理制度、物流基地设备管理、物流基地业务操作规程规定等管理办法。该部门共 7 人，设部长 1 人，库房保管员 6 人，部门人员分工明确、职责分明。

3.2　物流基地基础业务管控

(1)材料分类管理

物流基地保管设备、配件、物资基础分为钢材、水泥、轨料、工具、五金、机汽配、机械、车辆等 25 类。

(2)业务坚持三项守则

点验单必须与材料来源、清单明细、来料批次三相符；发料单需与审批计划、库存情况单价金额、单据编号日期、收料单位和经办人核对无误；物资出门必须开具车辆通行证明。

(3)国内来料清单点验程序

接收清单→分发清单原件到相关人员→核对整理清单→按文件规定点验作价。

(4)发放流程

审核审批计划→按审批计划开发料单→交领料人员领料→业务人员做领料核对→据发料单开具出门证。

(5)货损业务流程

发现物资损坏或与清单不符→现场核实拍照做如实记录→在期限内提报货损现场统计表→通过本铁指保障部向国内发出出险通知。

4 物流基地一般工作流程

4.1 清　　关

物流基地接收到国内集采中心发货通知后及时了解货物的运输状态及到港时间,提前准备清关所需资料,及时办理清关手续。

4.2 提　　货

清关手续完成后,组织车辆人员卸船。

4.3 点验入库

仓管部对从港口提回到基地的集装箱进行掏取,对货物进行验收,对出现的货损及时取证上报。业务部门根据仓管的验收进行账务的处理。

4.4 货　　损

到港物资出现货损时,处理业务分为两种情况:

4.4.1 海运货损

根据国内货物发运方面保险合同条款,可通过保险公司理赔的运输损坏。如货物在途损害、意外损失等,损失低于2 000美元(含)以下的,由收货方直接拍照取证,填写相关损坏信息提供给保险公司,由保险公司进行理赔;损失大于2 000美元的,报国内发运部门,通知保险公司在当事国的保险人员出险进行取证理赔。

4.4.2 货物质量问题损坏或数量短少、型号不符

货物抵达目的地,经验收发现货物存在质量问题损坏,或者存在装箱数量短少与清单不符、型号和计划不符,现场无法使用等不能由保险公司理赔的部分。物流基地按照要求将上述货损经本铁保障部报供货合同签订的主体单位国内集采中心。由集采中心联系供货商根据合同条款协商解决。

4.5 货物保管

对库存的货物进行妥善的保管。

4.6 物资发放

业务部门根据各施工项目所需物资、设备审批单开具发料单,由保管员进行发放。

4.7 账务处理

业务部根据各施工项目的材料、设备领取单进行汇总转交财务部,由财务部处理转账事宜。

5 物流管理

物流基地的物流管理,主要涉及国内物资的到港接卸、仓储、发放、运输等环节。

5.1 装　　卸

(1)卸船:根据国内来料清单提前安排好码头值班人员,码头值班人员和港口工作人员进行沟通。安全高效的将货物装到我方运输车辆上。此装卸工作由港口工作人员操作。

(2)卸车:车辆将货物从港口运输到物流基地后,由物流基地人员将货物卸到指定的位置。

(3)装车:施工项目车辆来物流基地领取施工材料、设备等物资,由物流基地人员配合领料司机将所领物品合理的装在车辆上并固定好。

5.2 运　　输

(1)港口→物流基地

由物流基地自己车队提前做好计划,根据货物不同,合理安排运输车辆。遇到卸货量大,物流基地车辆运力不足时,协调其他施工项目车辆进行支援。

(2)物流基地→施工地

此过程主要由各项目自行安排车辆来物流基地进行所需物资的运输。物流基地车辆在没有卸船任务时,根据项目需求,协助其运输货物到各施工地点。

5.3 保　　管

因施工线路太长,工程需逐步推进以及受各施工点场地限制,从港口接卸的货物不可能全部运送到各施工点,需要在物流基地存放,大量的物资、设备如何安全的保管就尤其重要。

(1)合理规划场地:在物流基地内对水泥、钢材、钢轨等划分了不同的区域。同类物品集中存放便于管理和发放。

(2)货物分类明确保管责任:依据货物的作用和性质,将货物分为25个大类,按每个类别下货物量的大小由不同的保管员保管1～2个不同的大类,各负其责。

(3)加强物资、设备保管保养。对于不适合露天存放的材料,物流基地建立了三个特大库房:

①A库(综合库):为各保管员公用库房(备用库),由仓管部长统一协调管理。

②B库(分类库房):由办公用品库、五金库、杂品库、机配库等7个库房组成,不同保管员专人管理。

③C库(主副食库):为防止食物由于高温变质,库房安装有空调,并保持低温状态。

对于露天存放的物资、设备做好苫盖工作。对于所有的物资、设备做到“六无”保存,即无损坏、无丢失、无锈蚀、无腐烂、无霉烂变质、无变形。

5.4 物资、设备发放

5.4.1 业务部

物流基地业务人员核对各项目的物资审批单(设备调拨单)手续是否完善,确认无误后开具发料单,由领料人员持发料单到保管员处领取物资、设备。待保管员发放完成后收回单据业务联、财务联、对方财务联(料单由五联组成:一、保管联;二、业务联;三、财务联;四、对方财务联;五、随货同行),并根据保管员填写的实发数填写随货通行联并开具出门证。

物资发放后要及时入账,并做好相关台账。按月汇总材料收支存单据给基地财务部入账,并将收支存情况上报本铁指挥部相关部门。

5.4.2 仓管部

仓管部保管员依据业务部门开具的料单核对好物品的数量、规格型号经和领料人员核对无误后方可发放。为了防止错发、重发和漏发，要求做到："三核对"，出库单与实物相核对、出库单与物卡相核对、物卡与实物相核对；"五不发"，无批复计划不发、手续不齐不发、涂改不清不发、规格型号不对不发、未验收入库不发。物资发放后，做好物资的规整及苫盖。即时将所发物资、设备登记入账，做好手工台账，并整理有关凭证资料。

5.4.3 财务部

物流基地财务部收到业务部的各项目领料汇总后进行核对复检，无误后开具转账通知书给各项目领料。

6 总 结

(1)海外物流管理对企业承担海外项目来说意义重大，需要做好详细周全的计划。培养专门团队做好运输计划，对货运公司的运输过程进行管控并加强信息沟通，熟悉清关流程和当事国海关的相关法规，组建自己的清关团队等。

(2)在国内采购装箱的过程中必须保证货物包装、装箱单、提单等信息的正确性和一致性。否则将对后续的工作包括清关以及货物的点验和发放影响特别大。

(3)运用现代化的管理模式对仓储工作进行管理。由于历史原因，前期使用较原始的手工记账方式管理物资，对货物的保管和发放存在效率低下，容易出错等诸多的不便。引入物资管理软件按照大型仓储式超市的管理模式管理物资，是现代化的物流基地所必备的基本条件。

海外市场是企业战略发展的需要，也是国家经济全球化的必然选择。海外物流虽然是全新的挑战，但在认真的学习和与各方的合作中，通过典型项目的实际操作取得成功的经验。尽最大努力将每个项目运行好，培养优秀的海外物流管理人才，建立专业的海外物流基地，为在国际上树立中铁二十局的品牌打下基础。

文波(1972—)，男，工程师，毕业于北方交大工程管理专业。2008 年 4 月至今在安哥拉本格拉铁路工作从事设备物资管理工作。

Wen Bo(1972—), Masculino, Engenheiro, graduou na especialidade de Gerenciamento de engenharias da Universidade de Transporte de Norte, começou a trabalhar no comando do projecto de Caminho de Ferro de Benguela desde Abril de 2008, trabalha principalmente em Gerenciamento de material de equipamento.

现场物资的运输与管理

Transporte e gestão de materiais no local

（周晓东　张　振）

(Zhou Xiaodong e Zhang Zhen)

【摘　要】 物资的运输与管理是本格拉铁路工程物资供应体系的重要环节和保障，是组织生产、获得经济效益的基础。它主要包括物资供应计划的编制，物资领用，物资运输，物资保管，物资发放及使用，以及物资储备量的控制、物资消耗定额的制订、物资的节约代用以及急需物资的采购等工作。

【Resumo】 O transporte e gestão de materiais é um segmento importante e garantia do sistema de fornecimento de material do Caminho de Ferro de Benguela, é base de produção e obtenção de benefícios econômicos. Inclue-se principalmente: elaboração de plano de fornecimento de material, recepção e consumo de material, transporte e conservação de material, controle das reservas de materiais, a elaboração de cotas de consumo de materiais, a poupança e substitutos de materiais, a aquisição de materiais, etc.

【关键词】 现场物资　物资运输　物资管理

【Palavra-chave】 Materiais no local　Transporte de material　Gestão de material.

物资设备管理篇

1　现场物资的运输

本格拉铁路全长 1 344 km，西起大西洋港口城市洛比托，东至与刚果民主共和国接壤的边境城市卢奥，途经本格拉、万博、奎托、卢埃纳等重要城市，是安哥拉洛比托经济走廊的重要通道。所需工程物资包括钢轨 16 万 t，水泥 40 万 t，钢材 4 万 t，其他材料等共计约 60 万 t 都需要通过运输及时送至施工一线。

1.1　运输条件及可采用的运输方式

本格拉铁路(洛比托至卢奥)全长 1 344 km，大修前因设计标准低、路龄长，同时由于战争影响，基本中断运营，后期随着本铁线的建设和分段运营，部分物质可由铁路来运输；安哥拉国内主要靠公路运输物资，但安哥拉公路状况较差，路窄坡大，维护保养不及时，长途行车耗费时日。并且长途运输期间，因当地治安形势时好时坏，运输物资被盗、被抢时有发生，物资的运输安全没有保障。

本格拉铁路项目物资储存基地设在距起点洛比托市 30 km 的本格拉市，沿线没有水路运输，因为条件的制约，决定了运输方式只能是公路和铁路两种。

1.2 运输量及运输能力分析

本格拉铁路运输物资总量约有 60 万 t,简单计算一下:用 30 t 的载货汽车运输需2 万辆,按平均 4 天/趟而组织 200 辆的运输队需运输 400 天(约 14 个月);按平均 3 天/趟而组织载重量在 60 t(50 节车皮)的火车运输则需 20 个月。

1.3 运输方式优缺点分析

(1)公路运输,优点:机动灵活、物资损耗少、运送速度快,可实现门到门运输。缺点:运输能力小、能耗高、成本高、劳动生产率低。

(2)铁路运输,优点:运行速度快、运输能力大、受自然条件限制小、通用性能好、时间准确性高、运行平稳安全可靠。缺点:机动灵活性差、要求大运量中长距离运输、时间计划性要求高。

1.4 运输方式的确定

在本格拉铁路施工前期,我方建筑物资及生活物资只能通过公路和施工便道运输。战后公路损毁严重,路面遍地是炮弹坑,汽车行车速度慢,雨季因道路水毁,车辆行驶更是举步维艰,所以不难想象,本格拉的物资运送至卢奥需将近一个月时间之久的事情就很常见了。本格拉铁路大修完成后,物资大多通过本格拉铁路运输,本格拉至卢奥仅用两天多时间即可到达,节约了大量的时间。运量也由原来的几十吨增加为几百吨、上千吨。通过上述分析,结合各种运输方式优缺点,充分考虑运输成本和及时供应等因素,再加上本铁项目物资采购途径的特殊性质,除可在当地生产及供给的地材和燃油外,其余物资均采取了前期公路运输,铁路阶段性开通后实行铁路公路相结合的运输方式。

1.5 招聘人员、组建机构、成立运输队

本格拉铁路运输物资任务繁重,运输司机又极度匮乏,本格拉铁路项目部经过实地调查,上会分析、讨论后,从国内大量招聘实践经验丰富的运输司机 200 名,火车司机 20 名,成立了大小 10 个汽车运输队(200 台套汽车),1 个机务队(4 组内燃机车)。

1.6 长途运输中存在问题管理措施(运输期间,丢失、偷盗、倒卖等)

物资长途运输,尽量安排随车军人(安保人员)押运,发生丢失、偷盗均与司机、押运人员责任心有关。所以,提高两者责任心,落实货物看管、安保制度是解决问题的根本。随车军人,由于与我方仅为协作关系,我方无法直接管理,只能通过相关领导,尽量挑选工作态度端正、友好的军人押运,并尽可能提高押运军人的待遇。对我方司机,严格落实行车规范,细化运输物资报单、出库、装车、途中运输、卸车点验等管理办法,运输前沟通、运输中全程监控、入库时认真点验,切实做到人人尽责、层层落实,才能解决偷盗、倒卖、丢失的问题。

2 现场物资的管理

根据《中铁二十局集团公司设备物资集中采购管理办法》中按权限实施集中采购,严禁越权采购的要求,本格拉铁路项目所运输除个别种类物资以外,几乎所有工程材料均由国内采购部门在国内集中采购并组织供应,运输至安哥拉后储存在本铁项目设在安哥拉港口城市本格拉的仓储中心(保障中心),各子项目按照现场施工需要,向指挥部提报材料申领计划。对于某些具有经济合理性及现场可采购的物资及保障中心无库存的急需物资,子项目可按月提报现场采购物资申请计划,经本铁指挥部批准后,方可进行现场采购,

因此本格拉铁路物资的管理重点不全是物资采购，而是除物资运输之外的现场物资管理。

2.1　现场物资管理的概念

现场物资管理是基层物资部门对物资进行计划、采购、验收、保管、存储、使用、核算等管理工作的总称，是施工项目物资管理的重要环节及施工现场综合管理的重要组成部分，做好现场物资管理工作对于降低材料成本、提高项目经济效益起到了至关重要的作用。

2.2　现场物资的管理流程及物资保管

2.2.1　材料计划的编制与上报

本格拉铁路开工，各子项目必须依据施工图编制材料需求计划，将计划上报指挥部保障部门，指挥部保障部门汇总后编制总的需求计划，经指挥部总工、指挥长批准后作为采购依据，将需求计划发回国内，由国内后勤组负责实施采购。工程用料总计划在正式开工后 4 个月内上报；年度材料计划提前 2 个月上报；季度材料计划提前 20 天上报；月份材料计划提前 10 天上报；调整变更计划可随时上报。材料计划可根据施工现场的实际情况，确定编报种类或调整编报时间，以不影响采购供应为原则。

2.2.2　现场物资的保管

(1)物资存放必须分类编号、标识清楚、有序排列、合理苫垫。笨重、难移动的物资，可放在施工作业方便的地方，配套物资集中存放。

(2)对自然条件有要求的物资，如水泥、火工品、防水材料、优质钢材、小型钢材、机具配件等必须存放在有通风条件的库房，定期检查，做好记录。

(3) 场库内物资短距离搬运、堆码作业，应按技术规程操作，以保证物资完好。

(4) 到达物资必须执行入库点验制度，及时按点验单内容填制，签字手续齐全。

(5) 随着工程的进展，对库存物资及时清点，合理调配，确保主要材料工完料清，避免超存积压。

(6)化工危险品管理，必须按公安部有关规定计划采购、搬运、检验、储存、发放，严格交接手续，防止丢失、被盗，确保使用安全。

2.3　现场存料材料堆码、存放标准

(1)现场物资管理是整个物资供应管理的最后一个环节，规范物资搬运管理，能减少材料的现场搬运损耗；规范物资的贮存、堆码、管理，能减少材料保管不当造成的损坏和非自然损耗。加强现场物资管理，规范物资的使用管理，搞好用料核算，有利于减少加工损耗，节约材料用量，可以使业务工作规范化、系统化，可以减少现场日常工作的忙乱现象，提高工作效率，增强保障供应能力，满足施工生产需要。合理规划储备场地、库房，为材料保管、装卸、倒运、周转等提供便利。

(2)现场的各种材料要分门别类整齐堆码，堆码方式要便于计数和发放，砂石料的堆码要尽可能堆高成几何形状，以防零散堆放造成损失浪费；易碎物品要防止重压和碰撞，易变性材料要防止挤压变形，自身产生有害气体而对其他材料造成损害的材料要单独隔离存放或与其他材料保持一定距离；水泥的堆码一定要考虑防潮，其垛周围与棚库四周要保持一定的距离，便于通风和作业，垛底部应高出地面，最好用水泥抹面或用木板垫底；对有毒和腐蚀性材料要单独存放，并注明标志，防止中毒或对其他材料造成伤害；火工品按危爆物品管理办法专门建立炸药库进行管理。

2.4 现场物资的发放、使用及核算核销

现场物资管理人员严格根据本铁指工程部门提供的主材计划以及本铁指保障部的批复执行定额、限额发料制度。每月项目物资部门对施工现场材料定期盘点，核算出单位、单项工程物资消耗量，结合批复进行节超分析，对无故超耗的项目应及时分析，查找原因，制定纠正措施。对工程主体消耗的物资应依据单位(分部)工程项目实施连续累计控制。发放必须坚持先进先出的原则，有保质期的物资如水泥、外加剂、火工品必须在保质期内发放使用。

2.5 周转材料的维护保养和废旧物品回收

(1)对下场的脚手架、模板等周转材料要进行校正、除污、除锈、防锈处理，并整齐堆码，防止随便堆放造成变形损坏。

(2)对施工下料后的边角余料、废旧物资要回收利用，不能利用的要分别集中堆放，及时处理，防止零星堆放造成现场散乱。

(3)对电缆盘、水泥袋等包装物回收后集中存放并处理。

3 结 束 语

总之，现场物资的运输与管理是本格拉铁路物资管理的重中之重，是一项综合性工作，是和许多部门联系在一起的，需要全体人员的参与、配合、协调才能把现场物资运到位、管理好。运输司机和物资业务人员要有丰富的经验和高尚的职业情操，严把职业操守，爱岗敬业，遵守物资工作纪律，时刻维护企业利益，对企业忠诚；要积极与各部门、各人员沟通、配合。物资管理人员要对现场物资的运输、保管、发放、使用、代用及回收处理的全过程进行有效监督，对管理要素、管理项目、职责分工、管理目标进行督促落实，并对落实情况及时提出整改意见，充分发挥监督、检查、指导、服务和考核职能，为本格拉铁路建设做出应有的贡献。

周晓东(1969—)，男，工程师，毕业于石家庄铁道学院铁道工程专业。2013年至今在中铁二十局集团安哥拉本格拉铁路工程指挥部第一项目经理部任项目经理，主要从项目管理工作。

Zhou Xiaodong(1969—), Masculino, Engenheiro, graduado do Universidade de ShiJianZhuang TieDao, especializado em projeto de ferrovia, desde do ano 2013 até momento presente, servido um gerente do projeto no departamento de gerente do projeto 1° ao comando da obra do Caminho de Ferro de Benguela, é responsável principalmente de gestão do projeto.

浅谈本格拉铁路项目设备的维修与保养

Visão sobre a manutenção e reparação dos equipamentos do projeto Caminho de Ferro de Benguela

（马国伟　王　闯）

（Ma Guowei e Wang Chuang）

【摘　要】 中铁二十局作为世界500强企业——中国铁建股份有限公司的全资子公司，以明锐的目光、超人的智慧，积极响应国家“走出去”战略，率先带领团队进入安哥拉市场，开启了集团公司海外大发展的征程，本格拉铁路项目是集团公司在安建设的最大的铁路项目。本文针对本格拉铁路项目设备维修与保养的特点，概括介绍了该项目设备维修与保养中遇到的问题，同时重点介绍了本格拉铁路项目在设备维修保养方面采取的好的经验做法，为后续海外项目及类似工程建设项目设备的维修与保养提供借鉴资料。

【Resumo】 A CR20 é a filial da empresa China Railway Construction Corporation Limited, uma das 500 empresas mais poderosas no mundo, sob a orientação de estratégia “vá global”, e com previdência e inteligência excelente, a CR20 *assume a liderança* com responsabilidadededa equipa, explorando o mercado de Angola, dou o primeiro passo do desenvolvimento no exterior da Empresa-mãe, o projecto de Caminho de Ferro de Benguela é o maior projeto ferroviário construído por China Railway Construction Corporation Limited em Angola. De acordo com as características de manutenção e reparação dos equipamentos do projeto Caminho de Ferro de Benguela, esta parte faz um resumo dos problemas encontrados, ao mesmo tempo, enfatizam as boas experiências e métodos têm sido tomados, oferecem os documentos de referência para outros projectos posteriores e semelhantes.

【关键词】 设备维修保养

【Palavra-chave】 Manutenção e reparação dos equipamentos

1 前　　言

本格拉铁路全长 1 344 km，全线共设车站 67 座，设计时速 90 km，西起大西洋港口城市洛比托，东至与刚果民主共和国接壤的边境城市卢奥。该项目是由中铁二十局设计一采购一施工总承包，是本世纪以来中国企业全部采用中国标准在海外一次性建成的最长铁路。该项目战线长、工期紧、任务重，工程机械设备种类繁杂、数量庞大。面对艰巨的工程任务，如何保障设备正常运转，满足施工需要，是本格拉铁路项目需要克服的重点难点。

2　本格拉铁路项目设备维修与保养的难点

海外项目设备的维修保养工作不同于国内。在国外，设备的维修与保养面临比国内更加复杂的环境、更加棘手的问题、更具挑战性。就本格拉铁路项目而言，在该工程建设中，机械设备的维修与保养工作遇到了很多难题，一定程度上制约了施工的顺利推进。本格拉铁路项目设备的维修与保养工作，不仅受当地交通、气候等地理环境的制约，而且受到配件采购难、机械设备型号多、维修机具设备不全、维修工人水平参差不齐、设备维修保养意识不到位等客观条件的影响。

2.1　当地地理环境影响大

本格拉铁路项目地处安哥拉，该国家贫穷落后，公路、铁路等公共交通条件非常差，公路大多是沙土路面，给行车带来诸多不便，甚至有些地方车辆根本无法通行。安哥拉全年分旱、雨两季，5～9 月为旱季，相对凉爽，潮湿无雨，是施工大干的黄金阶段；10 月～次年 4 月为雨季，气候炎热，几乎每天都下雨，该季节施工难度非常大。本格拉铁路全线长 1 344 km，自西向东经过本格拉、万博、比耶、莫希科省份，沿途地形复杂多变，到达卢奥还要经过一望无际的沼泽地和无人区。由于交通不便和气候的原因，严重影响了施工机械设备的性能，降低了设备的寿命，造成设备轮胎、电路、液压管路等部件过早老化，各种金属配件严重腐蚀，设备故障频发。

2.2　机械设备种类多，配件采购难度大

本格拉铁路项目全线所用机械设备种类多，品牌多，给备用配件的采购及日常管理工作带来很大的难度。安哥拉当地市场机械配件资源匮乏，大多依靠进口，少数配件当地可以采购，但价格非常昂贵，因此本格拉铁路项目前期所有配件都从国内发运，但安哥拉国际货运方式主要靠海运，海运运输周期相对较长，另由于安哥拉港口基础建设条件差，货物到后不能及时清关卸货，造成部分配件在船上因腐蚀而损坏。在安哥拉机械设备配件的采购难度大，无疑增加了设备维修与保养的难度。

2.3　维修用机具、设备不齐全，维修难度大

在安哥拉当地，大多数机械车辆出现大的机械故障后便无法修复，只能报废，这主要是因为没有先进的故障检测、维修设备等。在国内，各种机械设备都有专用的工具和维修设备，且大型机械设备修理厂到处可见，车辆设备一旦出现大的故障问题便会及时得到解决。本格拉铁路项目拥有上百种机械设备，且施工地点分布广，要配备齐全的维修机具、设备相当困难，这也是造成设备维修难度大的一个重要原因。

2.4　维修工人水平参差不齐

维修行业从业人员的理论水平与实际动手能力不成比例，不是理论缺乏就是动手能力弱，因而人员整体素质较低。由于收入较低，维修行业人才的价值取向很容易发生变化，修理人员水平参差不齐，技术较全面的修理工招聘不易，许多在岗维修技术人员纷纷改行或是另谋高就。在海外由于工作环境的原因，维修人员的流动性较大，能够长期坚守

海外工作岗位的修理工寥寥无几，而维修人员技术水平的高低往往决定设备维修与保养的质量。

2.5 维修保养意识不强

设备操作人员及管理人员由于缺乏设备维修保养意识，尤其对设备定期保养的重要性认识不到位，容易造成不必要的损失，给设备维修工作带来困难，严重影响设备的正常寿命。雇佣的当地司机缺乏设备维修理论知识，他们只知道怎样操作设备，却对如何保养设备一窍不通。当遇到施工大干期，设备的使用更加频繁，不能为保证工期而忽视了设备的保养工作。

2.6 维修质量普遍不高

对于海外工程项目，由于各方面的原因往往造成设备的维修质量不高，特别是施工现场的临时维修更是难以保证质量。“就维修论维修”，机械设备运行不正常或是发生故障时，大家采取的措施往往是“就问题解决问题”。只要经过简单的修理使其能够运作就行，不会对设备进行全面而彻底的检查维修保养，一些隐患问题往往被忽视，机械设备带病工作现象屡见不鲜。

3 本格拉铁路项目设备维修与保养采取的举措

本格拉铁路项目扎根安哥拉，非常重视设备的维修保养管理工作，对设备维修保养方面遇到的诸多问题进行全面分析，不断总结经验和教训，不断创新改进，经过长时间的努力尝试和探索，总结出了一整套比较完善的设备维修保养做法。通过建立健全设备管理组织机构，明确权限和职责，制定完善设备使用操作规程、设备维修保养、设备配件管理、日常教育培训及奖惩等一系列规章制度，使项目设备管理工作有章可循、有法可依。除了在组织机构及制度建设方面加强项目设备维修保养管理工作外，该项目还采取了一系列措施保障设备维修保养工作的顺利开展。

3.1 建立健全各项规章制度

无规矩不成方圆，自上场伊始，该项目就针对设备管理工作制定了一系列规章制度，在后期执行过程中又不断改进和完善，各项制度科学合理、流程简洁、使用方便。本格拉铁路项目不断建立健全设备管理组织机构，强化基础管理工作，“养、修、用”三结合，保证设备安全生产和正常运转，主要技术和经济指标还列入单位目标管理和岗位责任制的考核内容。通过制定完善设备管理、设备维修保养、各种机械设备操作规程、职工技能培训、检查考核等制度，为项目设备管理工作提供了理论依据和章程。

3.2 成立专业维修机构——万博维修中心

2011 年，本格拉铁路全线展开施工大干，所有机械设备全部处于工作状态，这就需要加强设备的维修保养工作。本格拉铁路项目在本铁全线都设立了维修工班，负责施工设备的维修与保养工作，该项目还针对一些比较棘手的设备故障，成立了专业维修机构——万博维修中心，负责解决本铁全线所有机械设备维修保养中遇到的疑难问题，保证全线施工设备性能良好，为全线顺利竣工创造了有利条件。维修中心配置了四轮定位仪、汽车故障诊断仪、高压泵试验台、双柱龙门举升机等专用设备 33 台套，还采购了足量的机械设备常用配件，各种硬件设施全部配置到位。一个专业的维修团队，最重要的是要配备一支具有高素质的专业维修人员团队，因此维修中心从国内招聘选派了一些专业维修人员上场，为有效管理这支队伍，项目建立健全了维修中心组织机构，挑选专业能力强、具备丰富管理经验的人员担任维修中心负责人。在本格拉施工大干期间，维修中心各类专业技术人员达 20 余人，能够完全保证本铁全线所有机械设备的维修与保养工作。

3.3 现场加工紧缺配件

在设备维修过程中，往往会遇到一些设备的重要配件被损坏，而项目无库存且当地市场很难买到，从国内采购周期又很长，为节约成本、合理利用现场资源，缩短维修时间，本铁指要求各参建单位展开自主维修，就地加工紧缺配件的活动。本铁项目施工前后持续 10 年时间，项目在用的机车、轨道车、平板车和石砟漏斗车普遍存在轮缘严重磨损问题，均需进行镟修或更换，如果成批量的更换新轮对，成本高昂。为此本铁项目转变思路，从国内采购机床镟修设备，尝试对车辆轮对进行镟修，在数控车床安装调试完毕后迅速组建了轮对镟修小组，通过对机车轮对镟修数控车床工作原理的研究和论证，大胆尝试和技术创新，形成了一整套轮对镟修技术，并将此技术提升到为对车辆轮对的镟修应用上，成功解决了车辆轮对的镟修难题。此外维修中心具备各种机床，如车床、插床、钻床、铣床等设备，能够加工各种设备常用的简易配件，还可以加工一些比较复杂的零部件，如轴承座、齿轮、花键轴、传动轴等，第一时间解决维修设备时遇到的难题，如图 1 和图 2 所示。

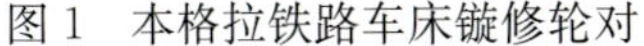

图 1 本格拉铁路车床镟修轮对

图 2 本格拉铁路镟修好的轮对

3.4 根据需要设立维修流动站

本格拉铁路东西战线长，施工面分布广，各种机械设备流动性也较大，为满足施工现场机械设备的维修保养，本格拉铁路项目专门设立了多个维修流动站，随工程施工的推进进入到施工一线负责指定区域设备的维修保养工作，在每个维修流动站配备专业修理工和流动维修工程救援车。由于安哥拉施工现场条件有限，设备配件保障、厂服人员配备、维修机具供应等不到位，一旦设备出现突发故障便无从着手，因此设立维修流动站作用巨大，意义非凡，不但能够第一时间抢修故障设备，提高设备维修效率，解决现场棘手问题，还节省了大量人力、财力和物力，降低了维修成本。

3.5 开展“导师带徒”活动，培养当地劳务维修力量

近年来，本格拉铁路项目维修中心为加强属地化管理，降低人工成本，积极开展“导师带徒”活动，大力培养当地劳务修理力量，为项目在安健康稳定发展提供人力保障。由于当地招聘的修理工专业技能都比较差，缺乏专业理论知识。在“导师带徒”活动中，挑选一些理解能力强、工作认真负责、具有一定专业技能的当地修理工作为重点培养的对象，对他们进行“一对一”的指导和培训，先从简单的修理工序入手，逐步深入；导师耐心教导，充分发挥“传、帮、带”的作用，从思想认识、专业技能提升等方面言传身教，根据徒弟的学习情况及时调整指导方案，放手让徒弟自己动手操作掌握工作要领，独立完成工作任务，对工作中出现的问题及时纠正并加以指导。维修中心“导师带徒”活动取得了显著的成绩，被培训的当地修理工目前完全能够独立自主开展部分维修工作，如可熟练使用轮胎拆装机更换轮胎、使用打气泵打气，部分当地修理工还可以独立拆卸、安装汽车发动机，检修设备故障等。维修中心成立 6 年来，培养了大量当地修理工，为他们提供了广阔的发展平台，也为项目施行属地化管理奠定了基础，如图 3 和图 4 所示。

图 3　中方人员培训当地劳务车床操作

图 4　修理工指导当地劳务维修发电机

3.6 设备及备件资源的共享

本格拉铁路项目完善了各驻地设备使用及备件库存动态信息共享机制，通过每月统计《完好设备实力统计表》、《待修设备实力统计表》和《设备配件台账》，随时掌握各个驻地设备技术状况动态和配件信息，根据各驻地施工生产情况，合理调配设备及备件资源，加强了各单位之间横向联系，互相调剂。

3.7 设备保养的有效做法

机械设备要想达到预期的使用寿命，就要把保养工作放到至关重要的位置，要坚持按照“养修并重，预防为主”的原则，有计划地对机械设备进行技术保养，使设备经常保持整洁、润滑、安全状态，将机械设备日常保养、定期保养和特殊保养三者相结合，全面提高设备保养实效。要建立健全机械设备台账和技术档案，认真填写《设备保养记录表》；大型设备实行“三定三包”（定人、定机、定责，包使用、包保养、包管理）的原则。对于在用设备要按照设备保养说明及使用状况定期进行保养；对于完好闲置设备要做好保养和防护工作，裸露螺栓、连接件等要采取涂抹润滑油等防锈措施，轮胎、液压油管等配件要进行覆盖，防雨防晒。

4 结束语

随着国家"一带一路"倡议的深入发展,越来越多的企业选择主动"走出去",海外项目发展前景十分广阔。海外项目的发展必须重视机械设备的维修与保养,本格拉铁路项目经过长时间的不断探索与总结,在设备维修与保养方面取得了优异的成绩,全面保证了本格拉铁路施工生产期间各类机械设备的正常运转。希望本格拉铁路项目在设备维修与保养方面取得的成绩和一些经验做法,能够为后续海外项目的经营发展做出积极的贡献。

马国伟(1988—),男,助理工程师,毕业于天水师范学院材料成型及控制工程专业。2015 年 3 月在安哥拉本铁项目工作,目前负责铺架项目部的办公室、工程部及保障部业务工作。

Ma Guowei(1988—), Masculino, Engenheiro assistente, graduou na especialidade de Formação de materiais e engenharia de controle do Instituto de formação dos professores de Tian Shui, começou a trabalhar no projecto de Caminho de Ferro de Benguela em Março de 2015, no momento está responsável por trabalhos de escritório, departamento de engenharia e departamento de seguros de produção.

本格拉铁路大修工程线上设备运用与检修

Uso e manutenção dos equipamentos da linha de construçaõ do Caminho de Ferro de Benguela

（王建军）

(Wang Jianjun)

【摘　要】 全长 1 344 km 的本格拉铁路，西起大西洋港口城市洛比托，东至与刚果民主共和国接壤的边境城市卢奥，途经本格拉、万博、奎托、卢埃纳等重要城市，是安哥拉内陆经济走廊的重要通道。作为中铁二十局有史以来在海外以 EPC 总承包方式修建的最长铁路线，从 2007 年 5 月本格拉铁路大修工程开工建设至 2017 年 7 月全线交付，项目累计投入各种线上设备三百多台套，保证本铁临管期间各种线上设备的安全运行、保持良好的线上设备机械状况是机务工作的重点。

【Resumo】 O caminho de ferro de Bneguela tem uma extensão de 1344 quilómetros e se estende de cidade litoral de Lobito no oeste, na costa atlântica para a cidade fronteiriça de Luau no leste que compartilha uma fronteira com a República Democrática do Congo. Esta linha também passa muitas cidades importantes como Benguela, Huambo, Kuito e Luena e assim por adiante e constitui um canal importante para o corredor econômico interior de Angola. O Caminho de Ferro de Benguela é a linha ferroviária mais longa que CR20 construiu no estangeiro de modelo de contratação geral de EPC. Desde o início da construção em Maio de 2007 à recepção da linha total em Julho de 2017, mais de 300 conjuntos equipamentos foram dedicados ao este projecto. A prioridade de trabalho de manutenção é garantir a operação segura dos equipamentos e boas condições dos equipamentos durante o período de gestão provisória deste linha.

【关键词】 机务运输　线路大养　机务安全　设备维修

【Palavra-chave】 Transporte de manutençaõ　Manutenção da linha　Segurança de manutenção　Reparação de equipamento

1　前　　言

本格拉铁路大修工程机务工作主要内容是围绕机车运输、大型设备线路养护两大主题进行。从本铁开工到验交，十年间项目累计投入各种线上设备 330 台，其中大型铁路捣

物资设备管理篇

固车 2 台、配砟整形车 1 台、架桥机 1 台、铺轨机 3 台、内燃机车 9 台、石渣漏斗车 127 辆及平板车 79 辆。由于安哥拉交通条件差，本铁项目所需的物资大部分需要通过铁路运输，本格拉铁路铺轨一段，开通临管运营一段，逐步从单一施工，转变为施工与运营并存的施工管理模式。

可靠的调度管理系统，保障了各种线上设备的行车调度安全。而良好的设备机械状况，也保证了铁路物资的运输及机械设备本身的运转安全。加强铁路机械的设备运转安全和检修工作，满足海外工程铁路机械设备“重在保养、减少维修”是本文的重点。

2 各类主要线上设备担负的任务和要求

2.1 铁路运输

本格拉铁路运输主要由内燃机车、铁路平板车、石渣漏斗车、铁路棚车、罐车、宿营车等组成，其中机车是最重要的部分。建设初期机车运输主要负责运输铺轨架桥所需的钢轨、轨枕、轨排以及施工所需物资等，全线贯通后负责整条铁路线的道砟运输、物资配送、施工队转场，以及线路维修运输等工作。

2.2 大型设备线路养护

大型设备线路养护主要由 08-32、DC-32N 大型抄平起道液压捣固车(简称大养机)和 SPZ-440N 配砟整形车完成。

大养机组承担全线 1 344 km 铁路养护 3 遍的任务。该设备可根据工程部门提供的测量数据对轨道自动抄平、起拨道，同时对道砟进行捣固作业，提高道床石砟的密实度，增加轨道的稳定性，消除轨道的方向偏差、左右水平和前后高低偏差，使轨道线路达到线路设计标准和线路维修规则的要求，保证列车的安全运行。

SPZ-440N 配砟整形车用于完成道床的配砟和整形以及收集和回填道砟，使道床布砟均匀，道床断面按技术要求的规定成型，作业后达到线路道床布砟均匀，外观整齐、美观。

3 机构和驻地的设置

为保障机车车辆和各种线上设备在本格拉铁路的正常运行，提供机车车辆运转所需的各种物资补给、维修保养和人员轮换等工作，需要在本铁沿线设立机务驻地，经过综合考虑，本格拉铁路机务共设立 3 个固定驻地和一个流动驻地，分别为：K384 卡棱卡维修基地、K699 卡玛库帕中转驻地、K780 队部驻地和大养机、配砟车和宿营车组成的流动驻地。其他各车站和各项目驻地也可以随时给列车提供物资补给和人员轮换。

3.1 K384 卡棱卡维修基地

主要负责机车、车辆维修保养工作，以及铁路运输物资转场和机务人员中转工作等。人员由调度、维修人员、厨师、司机等组成。

3.2 K699 卡玛库帕物资中转驻地

由于卡玛库帕—卢奥区段铁路沿线没有公路连接，卡玛库帕驻地自然成了人员及物资中转点，副食、蔬菜等生活用品、机车和大养机等各种设备运转的油料需要在卡马库帕中转。驻地人员由调度、看守兼厨师组成。

3.3 K780 库恩巴驻地

机务队队部所在地，该驻地由于公路交通不便，是机车补充燃料的主要基地，主要负责铁路运输人员及转场人员休息补给，人员由调度兼办公室、厨师、医生、列检员等组成。

3.4 大养机组宿营车

大养机连挂宿营生活用车，负责整形车及捣固车作业人员生活起居，根据施工安排随时更换作业地点。

4 机务行车调度安全和设备运转安全

4.1 行车安全

本格拉铁路运输点多线长，列车运行区间多为施工的临管线路，线路标准低，受自然因素和人为因素影响较大，一旦存在安全隐患而不能及时排除，将对行车安全造成极大的威胁。其自然环境因素也是重要问题，众所周知贯穿安哥拉的本格拉铁路全线地形复杂，大部分线路所经之处自然条件恶劣，不可预测的山体滑坡、塌方、泥石流对行车安全构成了极大的威胁，加之铁路沿线对灾害的监测和预报方面比较薄弱，这些不可控因素往往会带来意外的事故发生。

为解决行车调度的安全，确保列车的安全运行，本铁制定了严格的行车管理和大型养护机械线路封闭作业保障制度；机务部门根据调度中心安排的行车计划，合理制定行车方案，根据每一趟的行车路径，详细了解列车的运行情况、交接情况、机车乘务员的姓名及倒班情况等，周密的做好班前预想，对事故多发地点及公路道口列入司机手账，加强与调度中心、道路巡检人员和大型线路养护机组作业区间的双向联系，保持各部门联络畅通，确保机车准时安全的发车，减少机车始发站与终点站的时间消耗，避免机车在线上长时间滞留，从根本上解决机车的行车安全问题。

4.2 设备安全

本格拉铁路采用的是米轨标准，全线受地理条件的限制，线路曲线半径最小处只有180 m，最大坡道17‰，线路条件十分严峻，导致车辆轮对轮缘磨耗严重超限。由于是海外工程，受列车维修检测设备短缺的影响，本格拉铁路在机车车辆走行和辅助部分诊断设备近乎空白，使技术人员对机车缺乏可靠的检测数据，加上施工期间线路标准低、机车配件选择不合理且现场库存备件不足，导致部分配件存在寿命短、故障率高而无配件更换，给设备安全运转造成隐患。

机车机组人员、列检人员应加强对列车进行技术检查和简单的维修保养，及时发现并排除机车车辆走行部分的转向架和制动系统出现的问题和故障，列检工作就显得尤其重要。机车机组人员上班前保持充分休息，对即将展开的运输任务充分了解，认真读取调度命令和路票内容，按其内容做好运输工作；机车启机前认真检查机车走行部分，比如闸瓦是否到线，闸瓦行程是否符合规定；认真检查油路状况，对缺油的部件及时加油；检查各线路是否存在问题，做好制动机实验，检查各照明是否完好；检查车辆装运的道砟及物资是否按规定装放；做好一切准备工作后按规定时间发车，确保列车安全运行的同时，也保证了机车车辆本身的机械设备安全运转。

实施分类管理的办法对各类安全风险进行管理，制定科学的管理方法，闭环管理，确保管理机制的良性循环。要做好设备运转的安全风险应急预案，完善预案处置措施，确保处置流程合理有序,职责分工明确,操作简单易行。将安全风险管理贯穿于设备的运转过程中,确保铁路设备安全。

5 线上设备的保养和检修

线上设备在使用过程中,其零部件会逐渐产生磨损、变形、腐蚀等现象,为了满足其正常使用功能,加强日常保养和检修,降低设备的故障率,就显得尤为重要。

5.1 机车、车辆检修方式

机车车辆满足正常的保养之外,经常采取两种检修方式:

(1)计划预防检修:根据车辆主要零部件的损伤规律和使用期限,确定合理的检修循环结构和检测周期,在尚未发生故障之前就对机车车辆进行检修,消除车辆零部件的缺陷和隐患,预防车辆故障发生。

(2)按技术状态检修:车辆在运用过程中发生故障时进行维修,发现一件修理一件,每次修理无固定的作业范围及检修工作量,对机车车辆进行恢复性修理,使车辆寿命达到或超过规定的使用年限。

在机车车辆工作寿命期内,将运行设备按照规定的状态值来监察运行参数,当运行参数超出规定的状态限界值时,按照检修规定工艺进行检修,使其恢复到规定值内后继续运行,设备达到有效的使用寿命期则予以更换。在确保安全运输的前提下,充分发挥机车车辆质量的内在潜力,利用本身的可靠性做到不失修,不提前修,不过剩修,把检修工作量减少到最低限度,把检测办法现代化,制定合理的监测周期,充分掌握运行参数的动态,逐步实现维修现代化管理体制。

5.2 提高线上设备保养和检修水平

如何提高机车车辆、养路机械的设备完好率和出勤率,提高相关人员维修保养水平,近年来总结了以下几点:

(1)提高设备检修技术管理和业务水平,保证设备检修人员完全掌握养路机械的结构性能和部件功能,及时与厂家沟通学习,掌握检修新技术,加强业务知识培训,深入检修现场研究检修过程中出现的各种问题,不断修正完善检修工艺。

(2)采用新技术、新设备,提高检修质量,通过对检测数据的统计和分析,能够准确的判断设备的使用情况和运行状态,制定出设备重点部件的故障原因和磨损极限指标,对检修和保养工作进行指导。

(3)做好应急准备,线上设备出现的故障不同,易损部件也不一样,要依据设备的使用周期,根据部件磨损情况,备件要随车配备。一旦发现损坏,及时更换,没有办法在施工现场处理,要制订应急预案,确保行车和设备安全。

6 总　　结

由于受海外施工条件限制,机车车辆维修专业人才短缺,尤其是机车核心部件卡特彼勒柴油机维修技术的空白,大型检修设备和零部件的缺乏,造成本格拉铁路维修力量薄弱,远不如国内资源丰富,检修技术也无法借鉴国内,这就需要本铁机务工作人员因地制宜、自我突破。目前主要采取列检、维修人员随车作业和驻地蹲守两种方式，加强列检、维修保养工作，杜绝列车带病作业，随时解决设备运行中出现的各种问题，尽可能的减少机车车辆出现故障的机率；机车车辆使用一定周期，安排进入卡棱卡检修基地进行全面检查，把各种可能发生的故障消灭在萌芽状态，满足“重在保养、减少维修”的设备维修保养宗旨；机车车辆出现大的故障后，组织专业人员进行评估，自己解决不了时才考虑邀请厂家或者维修服务机构进行处理，在提高维修人员水平的同时避免维修经费流失或故障扩大。

王建军(1974—)，男，2016 年至今在中铁二十局集团安哥拉本格拉铁路工程第四项目部工作，主要从事机务运输工作。

Wang Jianjun (1974—), Masculino, tendo trabalhado na área de transporte de manutenção na Gerência do 4° Projecto de Obra de Caminho de Ferro de Benguela em Angola de CR20.

人员管理篇

Gestão dos Empregados

海外生产管理人员上场程序的探讨

Discussão sobre formação da equipe de trabalhadores de gerenciamento e produção no exterior

（王全义）

（Wang Quanyi）

【摘　要】 以安哥拉本格拉铁路为例，差旅、签证、保险等费用昂贵，进出场等成本较高，海外生产管理人员的选择、把关显得尤为重要，需要一套简便易行国内人员上场程序指导人员上场，总结了生产管理人员选定时的一些注意要点。

【Resumo】 Citar o Caminho de Ferro de Benguela como exemplo, como os custos de viagens, vistos, e seguros são caros, é importantíssimo escolher e avaliar os trabalhadores de gerenciamento e produção no exterior, é preciso de um conjunto de regras para guiar, nesta parte, tem um resumo sobre algumas precauções e pontos importantes em escolher e avaliar os trabalhadores.

【关键词】 海外人员上场程序　注意　要点

【Palavra-chave】 Formação da equipe de trabalhadores no exterior　Procedimentos　Precauções

安哥拉本格拉铁路工程项目全长 1 344 km，EPC 总承包模式，项规模大，施工周期长，施工管理难度大等特点，投入管理人员、专业工种较多，高峰期在安中方生产管理人员达到 3 000 人以上。

1　生产管理人员上场流程

1.1　编制生产管理人员计划

根据总工期安排，编制总体人员计划，结合不同的施工阶段，动态的修正项目人员进出场计划，通过对施工现场进行实地考察，按现场需要进行“定点、定编、定员”，并严格按人员进退场计划实施，做到有法可依，有法必依，切忌盲目安排。

1.2　人员上场国内管理部门设置

由参与施工的各子公司，成立本格拉铁路项目分部，各子公司人力资源部，根据前方项目的人员计划，负责联系、安排、招聘、考核上场人员。

1.3　企业职工上场流程

（1）项目分部及施工队的管理人员和专业技术主管，原则上由企业正式职工任职。

（2）由各子公司人力资源部严格把关，挑选多年现场管理经验、业务能力强、专业技术过硬、身体健康、遵纪守法、综合素质较高的优秀员工参与上场人员选拔。人员的选拔不局限于本公司人员，集团公司范围内符合条件的优秀管理人员均可作为选拔对象。对符合条件的员工的个人简历，由人力资源部搜集整理后，分类报至海外项目分部办公室，由办公室初步分析挑选后，择优报至本格拉铁路项目部，经项目部逐级审批后确定，相关流程如图 1 所示。

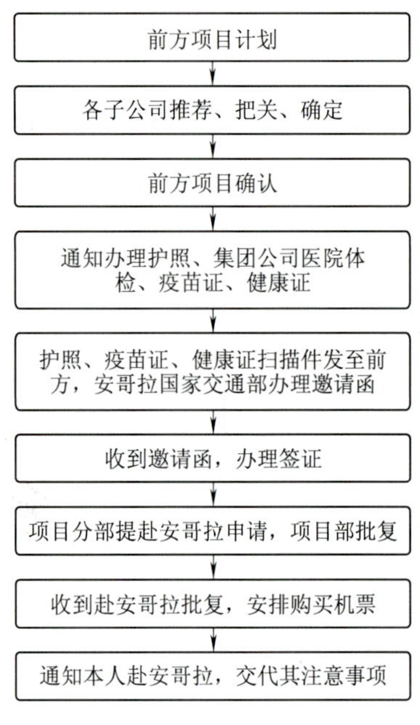

图 1　企业职工上场流程

2　国内外聘劳务上场流程

根据建筑施工专业程度越来越高的要求，公司不可能配备所有专业工种的员工，加上安哥拉国情，专业工种的缺失，所以组织海外项目施工时，必须进行专业工种外部招聘。主要有木工、混凝土工、水电工、特种机械设备操作手、设备修理工、线路工、架子工、爆破工、火车司机、大型捣固机操作人员、通信信号专业人员等。外部招聘专业工种，由人力资源部自行招聘或委托社会上有资质的中介公司负责办理，或委托劳务公司进行劳务派遣。

(1)项目分部根据所承担的工程任务情况，将所需专业技术工种数量，报给子公司人力资源部，由子公司人力资源部联系中介公司或劳务派遣公司，并与中介公司或劳务派遣公司签订劳务用工合同。由中介公司或劳务派遣公司承担专业用工风险。

(2)中介公司或劳务派遣公司提供的专业技术工种，经人力资源部考核达不到技术要求，我方可无条件退还给中介公司或劳务派遣公司，合同中需明确责任。即使通过人力资源部考核，进入现场后，根据岗位、工种等进行二次技能鉴定，经鉴定后，上岗录用；对达不到业务能力及技能水平的，降级录用或清退回国，并由中介公司或劳务派遣公司承担招聘劳务成本、上场费用，相关流程如图 2 所示。

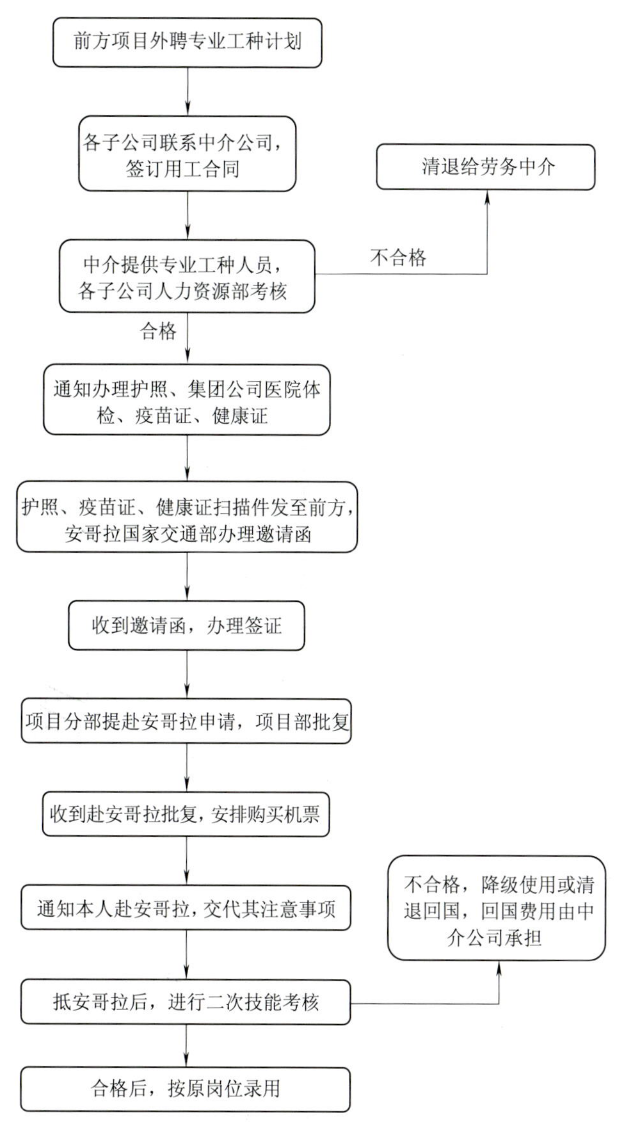

图 2　国内外聘劳务上场流程

3　员工抵安后开展相关培训

上场的人员素质参差不齐，为维护良好的国家形象、企业形象，抵达安哥拉后，不论企业职工或是外聘员工，都必须再次参加短期培训学习，内容包括：

(1)语言培训，力求掌握安哥拉日常用语，工程交流用语，做到工作交流无障碍。

(2)安哥拉法律、法规培训，了解安哥拉劳工法、合同法、民事法等基本条款，力求在工作生活中避免不法者打法律的擦边球，谋取不正当利益，给企业造成损失。

(3)熟悉安哥拉当地的风土人情、当地人的生活习惯，尊重安哥拉的宗教习惯，不可与当地居民发生宗教冲突，对当地风土人情、宗教活动、政党方针不妄加评论，避免产生不必要的麻烦。

(4)提高自我修养，言语谈吐得当，维护国家、企业形象。

（5）开展项目（队）管理制度、安全教育等注意事项的学习教育。

4 人员上场注意要点

以本格拉铁路职工上场的程序为例，根据这些年的实际操作经验，避免少走弯路，总结了以下注意要点，确保项目人力资源正常运转。

（1）降低人力资源风险。首次上场企业职工海外定岗不得高于国内岗位的硬性要求，杜绝人事管理的以权谋私现象，造成不符合岗位要求，影响队伍甚至项目的正常运转。上场后考察其工作能力等方面能否达到岗位要求，在项目需要的情况下可提拔使用。

（2）严格国内体检制度。因部分海外国家的医疗条件受限，员工身体出了问题得不到及时就医，集团公司咸阳医院体检关非常重要，对有相关疾病影响出国工作的人员，坚决制止，就非洲安哥拉而言，医疗水平不高，小问题得不到及时治疗可能会造成生命危险。

（3）外聘劳务人员工作岗位不对口。例如，现场需要的是线路工，上场人员报名的工种是也是线路工，经过现场二次考核，无法作为合格的线路工使用，导致现场无人可用，上场人员只能另做安排，人力资源浪费，说明初步筛选、考核程序尤为重要。

针对以上情况，采取各子公司职工写保证书推荐外聘专业工种的模式，由谁推荐谁负责，如经考核岗位不满足要求的，对本人进行清退或降级使用处理，对推荐职工进行相应处罚，此模式大大规避了专业工种滥竽充数，提高了专业工种的整体技能，为项目实施过程创造良好的条件。

（4）做到各子公司项目分部间人力资源共享，对于短期内使用的专业工种，本格拉项目内部间相互协调，可大大降低人力成本。

只有严格人员上场程序，充分利用合同约束效力，才能筛选出合格的施工管理人员、技术工人，才能提升企业海外形象，建设优质海外工程，才能降低工程成本，创造最大效益。

王全义（1959—），男，会计师，咸阳铁路干部管理学院毕业，大专学历。2016 年至今在中铁二十局集团安哥拉本格拉铁路工程指挥部第一项目经理部工作，主要从事财务工作。

Wang Quanyi (1985—), Masculino, Contabilista, graduado do Universidade de instituto administrativo cadres de Xianyang, desde do ano 2016 até momento presente, servido no departamento de gerente do projeto 1° ao comando da obra do Caminho de Ferro de Benguela, é responsável principalmente de trabalhos de finanças.

海外项目员工属地化管理探讨

Discussão sobre gerenciamento localizado dos empregados nos projectos exteriores

（张　峰　梁钲浩）

(Zhang Feng e Liang Zhenghao)

【摘　要】 建筑施工属劳动密集型工作，如何提高海外的市场竞争力，降低工程的人工成本，员工属地化已成了一种必然的趋势，如何管理好当地员工，发挥其主管能动性，通过员工属地化一系列的管理措施，使当地员工从自由散漫到敬业、爱岗，更好的服务于企业。

【Resumo】 O atributo da indústria de construção é *trabalho-intensivo*, como melhorar a competitividade do mercado no exterior e reduzir os custos de mão-de-obra do projeto, a solução é o gerenciamento localizado dos empregados, quer dizer, gerenciar bem os trabalhadores locais, ativar a iniciativa subjetiva, transformar os trabalhadores em empregados dedicados e responsáveis, servir melhor a empresa.

【关键词】 海外员工属地化　成本　管理措施

【Palavra-chave】 Gerenciamento localizado dos empregados no exterior　Custo　Medidas de gestão

1 前　　言

随着国家"走出去"战略、"一带一路"倡议的实施，企业扬帆出海，走在了中国企业的前列，在海外工程承包领域扮演着越来越重要的角色。为增强企业国际化经营能力，提升项目管理水平，培育企业核心竞争力，海外工程承包商必须实施属地化管理。员工属地化管理是海外项目属地化进程的重要组成部分，也是海外项目属地化程度的重要指标之一。

本格拉铁路全长 1 344 km，自西向东横跨四省，规模大、建设周期长，属劳动密集型工作，企业在海外发展必须属地化用工，通过大量使用当地员工来减少使用中方员工的成本。安哥拉大部分地区经济较为落后，许多当地青壮年以种植粮食、捕鱼等维持生活，社会就业岗位有限，本格拉铁路施工期间累计使用当地员工十万人次以上，提供了一万多个工作岗位。

2 了解当地文化，融合、认可当地文化

充分认识文化融合的巨大力量，第一，国内新上场的员工进行当地文化学习，尊重当地文化的对施工管理的重要性，月底作为考核项对中方员工进行考核；第二，将国内文明

工地的管理理念延伸到当地员工的统一管理，一经录用，发放印有企业标志的劳保用品，提升当地员工的企业归属感和荣誉感；第三，做好文化工作还要特别注重每个重大节日的策划与安排，在中国节日期间组织开展文化娱乐活动，邀请当地员工参与；第四，尊重当地宗教信仰，不议论，不诋毁；第五，对当地员工困难家庭进行走访，并予以物资和现金救助。

3　海外项目员工属地化管理措施

3.1　因地制宜，制定员工属地化实施方案

结合本格拉铁路项目特点，全线横跨四省，不同地域市场薪酬、饮食习惯等也有所差别，结合当地政府部门相关规定，制定合理、适用的员工属地化实施方案。该方案包括属地化配比、员工日常管理制度、岗位配置、招聘、选拔、培训方案、薪酬福利、激励机制等。本格拉铁路项目前期对各个不同地域劳动力市场进行详细调查，并制定了属地化管理实施方案，指导用工。

3.2　加强中方员工的培训，提高属地化管理能力

本格拉铁路项目，很多中方员工是第一次出国工作，所在国官方语言葡萄牙语，面临人员语言不过关，缺乏相关非洲项目的管理经验，真正施工一线的带班人员，无法将自己的工作安排正确的传达给当地员工的一系列问题，对项目的进度和效率造成了一定的影响；在海外国家的文化、国情、法律法规、语言及海外项目管理等方面，新员工上岗前和项目实施过程中必须不断地对中方员工进行培训，制定严格的培训制度，通过培训，提升中方员工的素质和能力，本格拉铁路项目在中方人员上场前学习入境需知、注意事项、当地风土人情介绍等，发放葡萄牙语常用手册。项目实施过程中，项目部各级定期开展葡萄牙语培训、当地劳务管理、专业技术等方面培训，设激励、考核机制，充分提升员工的学习热情。

3.3　建立当地员工的信息档案

为当地员工建立信息档案包含姓名、身份证、地址、家庭状况、个人特长、工作经历、工种鉴定、薪酬等级、无犯罪记录证明、工作表现等，并及时动态更新，设专人每月对当地劳务的工作表现进行记录，并在全线各驻地进行共享，严格控制当地劳务因辞退后流窜到其他驻点工作，使当地员工更加珍惜在“CR20”的工作机会。

充分尊重当地员工的宗教信仰和风俗习惯，做好文明管理，友好合作，团结当地员工，与当地员工建立良好的关系，给予优秀的当地员工提高待遇、岗位，发放奖金、证书，并记录在个人档案，不仅增加当地员工的收入，而且培养他们的企业归属感。

3.4　提高当地员工的生活条件，更好的服务企业

安哥拉经济较为落后，当地人民收入有限，甚至很多连温饱都难解决，饮用水一般都是没有经过任何处理的河水，生活条件极差，住宿条件差，大部分当地员工家里连床都没有，一旦被企业录用，提供一日三餐和住宿，并配备床上用品。饮食方面：当地员工的每日生活标准 5 美金/天，超过当地平均生活水平，因饮食习惯的不同，配备当地厨师，采购当地的相关主副食、荤素营养搭配，饮用水为净化水，大大保障了员工的身体健康。住宿方面：企业给当地员工配备架子床和床上用品，房间内安装空调，建洗浴室。为当地员工的创造良好的生活住宿条件，使当地员工更珍惜来之不易的工作机会，更好的为企业服务。

3.5 “传、帮、带”培养属地化专业人才，授人以鱼不如授人以渔

本格拉铁路涵盖专业广，需求的工种多，招聘的项目管理人员有法律顾问、翻译、专业技术人员、生产管理等人员，施工一线主要工种有各类机械司机、钢筋工、模板工、混凝土工、普工等，当地招聘时发现普遍员工的技能水平无法达到要求，没有经过系统的学习，基于安哥拉国情，最后还是予以聘用，这是普遍现象。

项目立即采取导师带徒，充分发挥铁道兵“传、帮、带”的优良传统，不仅要求当地员工学会干，还要知道为什么这样干，一是利用图文并茂的解说形式对新招聘的员工进行培训，让当地员工了解工作性质和提升安全保护意识、熟悉工作环境、掌握操作规程、学习专业技能；二是开展“导师带徒”活动，加大履约奖惩机制，签订责任书使当地员工在规定时间内技能达到约定水平；三是积极开展“技能比赛”活动，创新方式，中非员工间的比赛项目，当地员工间的比赛项目，以及团队协作方面的比赛项目，有效激发当地员工的比学赶超意识；四是建立严格的劳动纪律和业绩考核奖惩制度，对无故迟到、早退、随意旷工等情况进行处理，超过规定给予辞退。

3.6 有效的激励机制，提高属地员工的上进心、荣誉感

就安哥拉国家而言，当地员工的技术水平和能力素质偏低，有着自由散漫、惰性强等特点，没有什么太高的追求，今天可以解决温饱，今天就不愿意出门工作，周末要彻夜喝酒、跳舞，节假日不工作的习惯。

进场初期发现当地员工的这些习惯后，项目部立即采取相应对策。一是制定不同等级技能的基本岗位薪酬，提高了当地员工的提升自身技能的积极性；二是周日工作双倍薪酬，提高了当地员工的工作热情；三是每月进行优秀员工评选，对表现优异的员工发放奖励；四是设公告栏，公示每月优秀员工、技能提高和薪酬调整人员、旷工和辞退人员等有关切身利益的信息，增强当地员工的荣辱感。

3.7 发展当地员工小组长，形成“当地员工管理当地员工”模式

让聪明能干的当地员工任小组长，作为中方员工和当地员工之间的桥梁，是新上场中方员工学习过度和适应的有效途径，有以下几个方面的优点：一是没有文化和观念的差异；二是熟悉本地人的特性，更有效的去沟通；三是语言交流无障碍，同时中方人员能多学习葡语；四是有着相同的宗教信仰，相互不会产生对立情绪，尤其是在劳资纠纷的时候，有着不可替代的作用。当地小组长考察选拔必须满足几个条件：在当地员工心目中有一定威望，工作踏实，思想上追求进步，工作思路清晰，拥护项目管理制度。

4 人性化管理，让当地员工感受到企业的温暖

当地员工家里有“婚丧嫁娶”重大事情时，项目采取让员工带薪休假，并派专人对员工家庭进行走访，送去慰问，让当地员工感受到企业的温暖。期初也有个别员工钻空子，一经走访调查将对其进行严肃处理，记录在个人档案，通报批评，张贴公示处理结果，个人岗位提升受到严重影响。

安哥拉普通居民的生活水平相对落后，电视均没有普及，业余生活枯燥，为当地员工驻地配备电视机，开阔眼界，提高对外认识；项目部从国内购买收音机、电子手表等，发放

给当地员工；当地员工对足球运动非常热爱，在当地员工驻地修建简易足球场，用于工作后娱乐。

5 履行社会责任，扩大企业在海外影响力，取得良好的社会效益

企业走出去的同时，不仅在海外经营中实施属地化用工管理，提升管理水平，培育企业核心竞争力，更要履行作为企业在海外应做的社会责任。根据安哥拉国情，经济相对落后，执政党（政府）提供的就业岗位有限，存在大量的闲置劳动力，反对党派常常以此作为舆论做文章，导致执政党压力很大。企业自进场以来大量招聘当地员工，不仅解决了就业，而且大大改善了当地员工的生活条件，在企业工作过的当地员工，都以在“CR20”工作过感到自豪，沿线居民已经传开，看到铁路中方工作人员，热情的竖起大拇指，再说上一句“CR20，打崩（最棒的意思）”。这是对企业的一种认可，同时也让我们企业能更好、更快的被当地社会所接纳，在当地树立良好的国际企业形象，扩大企业在海外的影响力，取得了良好的社会效益，为项目生产经营活动及进一步开拓市场创造了有利的条件。

6 属地化用工带来的经济效益

在本格拉项目实施过程中，对于项目的非关键岗位及大多数可替代的工作采取属地化方式录用当地员工，这样大大降低了因中方人员休假调遣和国内员工相对高昂的工资带来的成本，同时推进项目属地化进程。国内上场员工平均每人每年工资、生活保障、医疗、进退场等成本在 25 万元人民币，而当地劳务每人每年的成本在 3 万元人民币，相差甚远，属地化用工是企业在海外提高竞争力的核心，也是企业长远发展的必经之路。

本格拉铁路经过长期的员工属地化管理，分析和总结后，得出在项目前期一定要熟悉当地的劳动法，与录用的当地员工签订劳务试用期合同，经过 3 个月的考核合格后，签订正式的劳务合同，完善其社会保障福利。

非洲市场的本土化缺乏理论支持和系统设计，目前的项目管理模式与属地化长期可持续发展不相适应，只注重短期项目的执行，没有在所在地长久经营的明确方向。现阶段国内的企业在非洲市场虽然也使用一定数量的当地人力，绝大部分的人员层次较底，施工属于一线和项目业务人员，没有项目中层管理人员和项目领导层，离人力资源属地化的要求还有一定的差距，这是值得我们进一步思考的地方。

张峰（1973—），男，政工师，目前任安哥拉国际公司副书记。2006 年到安哥拉工作，负责办公室、党建及项目管理工作。

Zhang Feng (1973—), Masculino, Engenheiro partido, servido em vice-secretário na China Railway 20 Group Internacional, Angola, Lda. Começou trabalho em Angola no ano 2006, é responsáve os trabalhos de secretário, construção de partido e gestão do projeto.

海外工程如何处理社区关系

Como os projetos no exterior tratam as relações com a comunidade

（梁　健　刘全胜）
（Liang Jian e Liu Quansheng）

【摘　要】 随着中国经济突飞猛进，2005 年初期中铁二十局集团“走出”国门，开拓海外市场，但在海外投资过程中受当地政治、宗教信仰、风俗习惯等诸多因素影响，工程项目施工在投资国社区的阻力非常值得关注，企业的海外行为也是公共外交的一个重要组成部分，直接影响中国的大外交战略，所以妥善的处理海外工程的社区关系问题非常重要。本文通过中铁二十局本格拉铁路工程在非洲所在地区社区关系，提出了一些可以用于解决此问题的建议，希望借此提高中国海外工程对此问题的重视和处理能力。

【Resumo】 Com o desenvolvimento dinâmico da economia da China, a CR20 começou a explorar o mercado exterior no início de 2005, no entanto, no processo de investimento no exterior, foi afetado pelas políticas, religiões, costumes locais e muitos outros fatores, é digno de mais atenção para dificuldades e obstáculos na comunidade do país de investimento, as ações de uma empresa também faz parte da política diplomático do país, influencia Estratégia Diplomática da China directamente, por isso, é bem importante tratar adequadamente as relações com a comunidade. Através das relações com a comunidade que existem no projecto de Caminho de Ferro de Benguela construído pela CR20 na África, propõem-se umas sugestões, espera que possa chamar atenção e melhorar a capacidade de processamento deste problema dos projetos no exterior da China.

【关键词】 海外工程　社区关系　公共外交

【Palavra-chave】 Projetos no exterior　Relação da comunidade　Diplomacia pública

1 前　　言

本格拉铁路位于安哥拉共和国中部，西起大西洋沿岸的洛比托港，途经本格拉省、万博省、比耶省、莫希科省，终点为莫希科省卢奥市与刚果边境交界处，全长 1 344 公里，采用 EPC 总承包模式。安哥拉是多党制国家，国内民众官方语言为葡萄牙语，有 42 种民族语言，主要民族语言有温本杜语（中部和南部地区）、金本杜语（罗安达和内陆地区）和基孔戈语（北部地区）等。49％的人信奉罗马天主教，13％的人信奉基督教新教，其余人口大多信奉原始宗教。认真做好社区关系，有利于避免施工期间的干扰，创造良好的施工环境，树立负责任的企业形象，提升海外市场竞争力。

2 主要社会关系

本格拉铁路工程前期为安哥拉军方直管工程，后期变更为由安哥拉交通部管理，项目线路长，跨度大，穿越本格拉省、万博省、比耶省、莫希科省四个省，涉及不同的当地宗教信仰、风俗习惯，与各方做好沟通、协调，有利于项目的顺利进行。

2.1 业 主

本格拉铁路工程投资方为安哥拉交通部，本格拉铁路局(CFB)作为交通部直属单位，负责本格拉铁路工程管理工作。

2.2 监 理

本格拉铁路工程监理单位为 A2 公司，代表业主监督和管理施工单位严格履行合同，对工程质量进行监督、检验。

2.3 军 方

由于本格拉铁路工程前期为军办所属工程，安哥拉军方负责我单位施工人员安全等问题，各个驻地均有安哥拉军方人员驻守，保证施工人员及驻地安全。

2.4 政府、当地居民

铁路工程的顺利进行，需各地政府部门的配合协调，当地居民的大力支持。部分当地居民成为工程建设的直接参与者，为项目的提供了大量劳动力。

3 提升海外社区关系的方法建议

3.1 尊重当地宗教信仰、风俗习惯

加强中方员工当地文化培训，了解当地的风俗习惯，不干预当地人的宗教活动，并且不参加当地的宗教活动，也不干预和参与当地党派的政治活动，特别是言谈举止不得代表当地党派的立场。完善当地员工休假制度，要切实保障安方员工节假日利益和权利。

3.2 加强语言培训，加强交流

加强对当地语言(葡萄牙语)的学习，特别是日常用语的学习，做到工作，吃、住、行都可以和当地居民顺利的进行沟通和交流。和当地人员进行沟通过程中如果出现不能解决的问题或语言无法沟通时应及时联系项目翻译人员进行协商解决。

3.3 加强与社区各方沟通协调

企业要与社区各方建立良好的沟通机制，以便在项目实施过程中，及时反馈信息，调整策略。在海外项目中，政府、业主、军方、监理，社区等方面的影响因素较多，企业要形成有针对性的有效沟通，赢得他们的理解、认可和支持，为项目的实施提供有力的保障。

3.4 规范中方员工管理，提高自身素质

根据安哥拉当地习俗，制定中方人员的行为规范，熟悉当地劳动法。工作期间要管理好当地的劳务，和处理好和当地劳务之间的关系，不得出现与雇佣劳务之间发生纠纷，更不能辱骂和殴打当地劳务，有耐心的去教导当地劳务，和对专业知识的讲解，如果出现当地劳务不服从管理，先进行交流沟通问清原因，如实在得不到当地劳务的理解，即可解除劳动关系并进行教导，并结清劳务的薪金。如果和当地居民产生矛盾，在矛盾初期，尽量不要让事态扩大，其次要利用手中的资源，做对方的思想工作，大事化小，小事化了。如当

地劳务出现违法行为问清原因可将其交给当地执法部门处理，不可私自打骂和侮辱来解决。

3.5 履行社会责任，开展社区公益活动

充分发挥自身优势，开展公益、慈善活动，积极支持当地社区交通、饮水、卫生等公共基础设施建设，拉动地区经济产业，支持文化和教育发展，回馈当地居民和社会，为当地社区人员提供就业岗位，进行技能培训，树立负责任的企业形象，提升市场竞争力。本格拉铁路项目在实施过程中，先后援建穆尼扬戈市小学，维修卡玛库帕市政道路，义务清理卢埃纳市区垃圾等公益活动，赢得了当地政府和民众的一致好评。

3.6 保护当地生态环境

在铁路建设的同时也会尽最大努力保护当地树林及保护动物，尽可能的减少对树木和动物的破坏和伤亡，减少当地居民对我们铁路项目的负面印象，和当地社区居民，一起保护美丽的自然环境，积极为当地社区发展提供最大可能的支持。

4 结束语

在海外项目建设中，认真处理好社区关系，学会尊重当地风俗并加强沟通、积极履行社会责任能较好的促进当地社区居民和当地劳务与企业和员工的关系，为企业在海外施工创造良好的施工环境，确保项目的顺利推进，同时可树立良好的企业形象，提升市场竞争力，为企业进一步扎根安哥拉创造良好的外部环境。

人员管理篇

梁健（1987—），男，技术员，2010 年毕业于湘潭铁路工程学院土木工程专业。2016 年至今在中铁二十局集团安哥拉本格拉铁路工程第四项目部工作，主要从技术工作。

Liang Jian(1987—), Masculino, Técnico, formado na área de construção civil pela Xiang Tan Obra de Ferrovia Instituto e tem trabalhado na Gerência do 4° Projecto de Obra de Caminho de Ferro de Benguela em Angola de CR20 como um técnico.

浅谈海外员工“职工之家”建设

Sobre a construção de “casa dos trabalhadores” no estrangeiro

（王书善）
（Wang Shushan）

【摘　要】 安哥拉历经多年内战，国家基础建设大部分都消失在弥漫的硝烟中，造成了交通不便、缺水少电、病虫肆虐、物资匮乏、医疗条件极差的一个客观状况，职工生活保障工作难度极大。结合此现状，为保证本格拉铁路项目顺利进行，我们以建设“职工之家”为主要思路，从人员最基本生活需求、医疗保障、精神家园和业余文化生活等方面入手，彻底保证员工生命安全和身体健康。

【Resumo】 Depois de muitos anos de guerra civil, a maior parte de infraestrutura angolana desapareceu na fumaça da guerra e gerou os problemas como inconveniência de trânsito, falta de água e electricidade, uma praga de insectos e doenças e falta de material. Uma situação objectiva de condição médica extremamente pobre faz o trabalho de garantia de vida dos trabalhadores muito difícil. Para garantir o bom andamento de projecto de Caminho de Ferro de Benguela, nós construíamos uma “casa de trabalhadores”e dobramos nosso esforços nos aspectos como as necesidades básicas de vida, segurança médica, vida espritual e vida cultural amadora etc. , assim garantindo a segurança e boa saúde dos trabalhadores

【关键词】 职工之家　精神家园　文化生活

【Palavra Chave】 Casa de trabalhadores　Vida espritual　Vida cultural

1　“职工之家”建设的必要性

本格拉铁路项目，面对战后一个千疮百孔，大部分基础建设被破坏的国家，面临交通不便、缺水少电、病虫肆虐、物资匮乏、医疗条件极差的一个现状。在项目实施的过程中，必须全面、彻底保障员工生命安全、身体健康。可是，生活中的难题错综复杂多样，不可能做到对所有情况进行分析，因此，必须以“家”的概念，做好“职工之家”建设，来解决这一难题。

2　物质生活保障

基本物质生活方面都大同小异，这里仅针对安哥拉的一些特例，进行叙述。

2.1　“菜园子工程”

安哥拉当地蔬菜品种单一，不能满足需求。为解决这个难题，各项目部积极组织大力开展“菜园子工程”，种植各类蔬菜，如图 1 所示，丰富职工饮食生活。本格拉铁路全线共开垦菜园驻地 11 个，饭菜由最初的“一菜一汤”变成“四菜一汤”，使员工在国外，也能感受到与国内一样生活。

图 1　菜园一角

2.2　解决生活用水

在国内，拧拧水龙头，水就哗哗流，但在非洲“滴水成金、水比油贵”，是真实的写照。在原始森林，在常年人迹罕至的地区，水比电影《上甘岭》的画面还要紧缺，职工生活用水保障难度极大。为解决用水难题，根据不同区域，充分考虑水源的安全性和运水的合理性，制定了以下用水原则：

(1)大城市内各驻地，接入自来水管道，提供生活用水。

(2)大城市周边驻地，采用水车去自来水厂拉水，通过驻地安装的净水设备净化后使用。

(3)偏远地区驻地，首先对当地人使用的水源进行检测，选取完全符合饮用标准或者通过净化和药物处理能够达到饮用标准的水源，采用水车拉运。

(4)偏远且公路交通无法通行的驻地，根据所处位置的运水距离，选择自来水或其他能够满足饮用条件的水源，利用铁路进行运输。

(5)各驻地储水器、罐必须定期进行清洗，保证水质。

3　医疗保障

安哥拉平均气温高达 35 ℃，疟疾、血吸虫、登革热等传染疾病频发，工地蚊虫、毒蛇时常出没，严重威胁职工生命安全和身体健康。为此，在安哥拉罗安达市内设立工地医院，在重要地段城市卢埃纳和库巴尔员工集中地区设立中心卫生所，在各施工队配备医务所，彻底保证职工医疗救助工作的可靠性、及时性。据不完全统计，本铁施工高峰期，沿线共设置医务所 20 多处，各医务所平均间隔 50 km 左右，确保职工能够及时就诊。同时，通过加强疾病预防宣传，加强驻地内卫生管理，定期安排职工体检等方式，最大程度做好医疗保障工作。

4　精神家园建设

4.1　美化驻地，创造一个轻松舒适的生活环境

驻地办公区、生活区精心布置，栽花、种草、种树，美化家园，提供轻松舒适的工作和生活

环境，如图 2 和图 3 所示。

图 2　内格朗第四项目驻地

图 3　卢埃纳第一项目驻地

4.2　关爱员工，暖人心

(1)海外项目职工生活枯燥单调，通过开展“夏送凉、冬送暖、金秋助学”活动，尽力帮助职工解决日常生活中的实际困难。特别是近年来，随着医疗保险社会化后，退休职工因年老体弱，对医疗保险程序不了解，住院、报销有一定困难，项目成立了海外政策指导 QQ 群，专门解答职工的疑难问题，并积极协助职工完成审核、报销等工作，切实维护了职工自身利益。

(2)给职工过生日，增强员工归属感。“每逢佳节倍思亲”是海外项目员工的痛楚，越是条件艰苦，越是想家。无论工地多远，困难多大，项目部按照人员信息，坚持给每名职工过生日，提前一天定做“蛋糕”，送往施工现场与大家同乐。

(3)由于有些地区完全没有通信信号，项目部在没有信号的地方安装卫星通信接收器，每星期六，定期将员工集中在一块，让职工与家里人通电话、视频。所有员工每每和家人沟通过后，他们脸上都洋溢着幸福的笑容。

5　丰富员工业余文化生活

(1)各驻地配置电视，小书屋、健身器材；部分人员较为集中和有一定规模的驻地还修设了篮球场、羽毛球、乒乓球场等，如图 4 和图 5 所示。

图 4　本格拉指挥部驻地羽毛球场

图 5　奎托电务项目乒乓球室

(2)利用节假日，分片区开展各项有益的文化娱乐活动，主要有篮球赛、羽毛球赛、拔河比赛、象棋比赛、诗歌朗诵、文艺晚会、卡拉 OK 大奖赛、技术比武等等，如图 6 和图 7 所示。

图 6　2012 年五一篮球比赛

图 7　2014 年电务项目中秋节诗歌朗诵比赛

6　结束语

本格拉铁路工程完美交付运营，与“职工之家”建设密不可分，充分体现了海外工会组织的向心力、感染力、号召力和凝聚力。通过“职工之家”建设，牢牢地将企业和职工连接在一起，同呼吸、共命运，一同去探索和实践海外工程项目实施的新思路、新方法。

王书善(1970—)，男，技工，2016 年至今在中铁二十局集团本格拉安四项目部，主要从事办公室工作。

Wang Shushan(1970—), Masculino, Técnico, tendo trabalhado no escritório na Gerência do 4° Projecto de Obra de Caminho de Ferro de Benguela em Angola de CR20.

员工寄言

1. 昨天的灿烂如日挂中天，辉煌耀眼；今天的团结像十指握拳，奋力一搏；望明天的宏图如鲲鹏展翅，一飞冲天。祝愿公司齐心协力再创造新的成功。

2. 通过实施多元化国际化的发展战略，让中国技术走向世界，使公司在国际大市场的舞台上大放异彩。

3. 在最需要的地方，架一把扶梯，助你攀登高峰。在最关键的时候，撑一叶扁舟，助你畅游蓝海。我们与公司同舟共济，齐头并进，在未来的日子里，再创新高度。

4. 通过大家一起来努力，给公司创造良好的业绩。同事缘分难得在一起，开开心心生福气。已过去，更美丽。

5. 辛苦付出苦熬实干，换来了硕果累累丰收成片。预祝公司来年精诚合作宏图大展，二十局的兄弟姐妹们一起共同开创事业的艳阳天。

6. 企业发展，人人有责。愿各位同事在未来的日子，与勤奋携手，让业绩攀升。与拼搏并肩，让盈利翻番。与汗水一起，把成功留住。与欢笑同行，让幸福永驻。

7. 机遇与挑战同在，光荣与梦想共存。

8. 背靠优秀的企业文化，发扬我们吃苦耐劳的品质，使我们的企业更加充满活力，为社会创造更多的财富。

9. 10 年风雨探索路，方显英雄图。竭尽品牌之能事，共筑辉煌看中铁二十局！

10. 这里，散发着青春的活力，教我们积极、乐观、向上；这里，闪耀着希望的光芒，助我们的梦想远航；这里，凝聚着团结的力量，让我们的热情挥洒释放在这非洲大地。

11. 问题是工作的起点，目标是工作的终点，从问题出发，选取正确的方向，采取有效措施，就能达到既定的目的。所以，弄清问题是一切工作的基础。

12. 在前进的道路上，不被问题击倒，也不被歧路迷惑。不因压力放弃，也不因成绩懈怠。向前走，是一片朗朗晴空，待来年，创一番辉煌佳绩。愿我们一起奋斗，共同进步。

13. 企业是我家，发展靠大家。要做到坚持两手抓。一手抓业绩，一手抓钞票。立足于本职，创新于传统。奉献于岗位，争先于时代。踏上新征程，迎接新辉煌。

14. 没有大家的努力，就没有公司的效益；没有大家的积极，就没有公司的成绩，成功是公司的，成功更是大家的，公司是大家的安哥拉家，愿大家好好爱家，好好爱家人。

15. 成功不容易，成绩靠大家，上下一心最重要，团结才会有成绩。在异国他乡，大家要有困难的说出来，有想法的说出来，有烦恼的说出来，有压力的分出来，这样才能使事业好起来，公司强起来。

后　　记

中铁二十局集团有限公司不忘初心，牢记“建精品工程，创优秀团队”的企业使命，响应国家“走出去”的战略，完成了国内外多项重大工程项目，也遇到了很多难题，如国外陌生政治环境、社会环境和经济环境等，国内高原、高寒和富水富砂等极端地质条件。问题的解决是以无数人艰辛、智慧和汗水为代价，更是宝贵的经验和财富。

至此，中铁二十局集团有限公司为进一步提升自身整体施工技术和工程管理水平，由董事长、党委书记邓勇（教授级高工）总策划，科技开发部组织对近几年施工的国内外重难点工程的施工与管理进行了系统总结，组织编撰该系列图书，旨在总结经验、铭记历史、启迪未来。本书《本格拉铁路施工与管理实务》即为该系列图书之一。

在组织策划出版过程中，涉及时间和地域跨度大，不同工程项目和科研组织，协作组织难度大，不能尽善尽美。但通过该系列图书组织、编写与出版，提高了团队协作和创作能力，技术与管理经验得到沉淀，有助于集团的发展。最后，希望该系列图书的出版，能为正在建设和即将建设的、国内和国外的铁路项目提供参考和借鉴。